다녀왔습니다

다녀왔습니다

윤주희 지음
박상희 옮김

북하우스

자신의 아이를 포기해야만 했던 한국의 모든 어머니들과
어머니를 잃어버린 한국의 모든 아이들,
굶주린 배 대신 텅 비고 고통스런 마음을 채우기 위해
음식을 먹는 모든 이들에게 이 책을 바칩니다.

차례

01 일곱 살 조이 윤 • 9

02 진짜 네덜란드 소녀 • 33

03 가족 찾기 • 63

04 향수 • 115

05 폭식의 시간들 • 167

06 분노 • 213

07 치유를 향한 먼 길 • 259

08 용서, 되찾은 행복 • 311

책을 출간하며 • 343
추천사
진정한 사랑은 이해에서 시작됩니다 최일도 • 349

01 일곱 살 때까지 한국인으로 살던 나는 새로운 여권과 함께 네덜란드 이름을 부여받았다. 네덜란드인으로서 새로운 삶이 시작된 것이었다. 완전히 다른 세계에서의 삶……. 네덜란드 나이로 다섯 살, 한국 나이로는 일곱 살. 작은 아이는 이제 주희가 아닌 조이(Joey)가 되었다.

일곱 살
조이 윤

1

 나의 네덜란드 어머니가 자주 말씀하시던 장면이 있다. 어머니가 초등학교로 나를 데리러 올 때마다 나는 한달음에 달려가 이렇게 묻곤 했다고 한다.
 "엄마, 오늘은 뭘 먹어요?"
 이야기 속의 그 장면은 언제나 나를 웃게 한다. 먹는다는 것이 어린 나에게 그토록 중요한 명제였을까? 한국에서 굶주림으로 고통 받은 적이 없는데도? 한국에서 보낸 유년의 시간들을 되짚어볼 때면, 오히려 안정감, 근심 없음, 즐거움 같은 느낌들이 되살아올 뿐이었다. 불신이나 배고픔, 가난이나 두려움 따위와 연결된 그 어떤 기억의 파편도 나를 찾아온 적이 없었다. 내가 기억할 수 있는 시간들 속에서 나는 외할아버지, 외할머니와 살고 있었다. 어머니는 정기적으로 나를 보러 왔으며, 그 어머니와의 추억은 언제나 선명한 자국으로 내 안에 새겨져 있었다. 아버지는 거의 보지 못했으며, 그에 대한 기억의 잔상 역시 별로 남아 있지 않았다.

나는 외할아버지, 외할머니 그리고 외삼촌 둘과 아주 작은 집에서 살고 있었다. 그저 '개'라고 불리던, 개 두 마리도 함께 살았다. 사실 그 집은 '집'이라고 부르기에는 너무도 옹색한 공간이었다. 가운데 벽을 세워 둘로 나눈 방 한 칸. 부엌도 욕실도 심지어 화장실도 없었다. 다른 아이들이 그랬던 것처럼, 나 역시 거리에서 볼일을 해결했다. 그런데 볼일을 보고 난 뒤처리는 어떻게 했을까. 길거리에 화장지가 자라고 있었을 리도 없는데 말이다. 추측건대 신문지 잉크가 내 엉덩이를 검게 물들이고 있었을 것이다.

그곳에 사는 동안 외할머니가 요리하시는 것을 본 적은 없다. 그러나 기억 속의 나는 매일, 커다란 밥솥에서 외할머니가 퍼주는 밥을 받아먹었다. 밥솥에는 항상 따뜻하고 부드러운 밥이 담겨 있었다. 한국 식단에서 밥은 가장 핵심적인 역할을 한다. 물론 지금은 밥 말고도 다른 한국 요리가 많이 있다는 것을 잘 알고 있다. 그러나 내가 기억하는 한 우리는 채소가 들어간 국과 밥만 먹었던 것 같다. 어린 나는 인식하지 못했지만, 우리는 매우 가난했던 것이다. 하여간 어린 나는 한 번도 왜 부모님은 함께 살지 않는지, 혹은 왜 내가 그들과 떨어져 살아야 하는지에 대해 의문을 가져본 적이 없었다. 외할아버지, 외할머니와 함께 사는 것 외에 다른 삶은 알지 못했던 나는, 삶은 본래 그런 줄로만 알고 있었다.

네덜란드에서 10년을 보내고 다시 한국의 가족들과 연락이 닿았을 때야 비로소, 나는 입양에 얽힌 이야기를 모두 들을 수 있었다.

막 군대에서 제대한 나의 아버지는 버스 안에서 어머니와 마주친다. 그리고 세상 사람들이 흔히 이야기하듯이 '첫눈에 사랑에' 빠진다. 어머니는 스물하나가 채 되지 않은 처녀였고, 당시 한국의 처자들이 모두 그러했던 것처럼 아주 작은 키에 마른 몸매, 도드라진 광대뼈, 편도 열매처럼 둥근 눈매를 지니고 있었다. 그러나 처녀의 얼굴에서 풍기는 순수하고 소박한 기품이 아버지의 마음을 빼앗았다.

그들은 결혼했고, 얼마 지나지 않아 내가 세상에 나왔다. 당시 아버지는 버스 운전사였으며, 그때부터 지금까지 버스 운전을 하신다. 문제될 것이 없는 생활이었다. 그러나 외할머니는 아버지의 씀씀이가 매우 헤펐다고 말씀하신다. 그 돈은 가족이 아닌 다른 여자들에게 뿌려졌고 그것이 아버지 평생의 취미였다고 한다. 한국 가족들은 입을 모아 아버지가 젊은 시절, 많은 여자들이 호감을 가지는 뛰어난 미남이었다고 말한다. 아버지를 좋아했던 여인은 어머니만이 아니었다. 어머니는 그의 부인이었지만 그와 잠자리를 나누는 유일한 여자가 될 수는 없었다. 그러나 그런 모든 것을 떠나서, 그가 내게는 아주 좋은 아버지였다고 어머니는 말한다. 그는 딸을 몹시 사랑했고 자주 안아주었다고 한다.

아버지가 바람을 피우는 것을 알았지만, 어머니는 이혼할 생각을 하지 못했다. 어린 딸에게는 아버지가 필요하다고 믿었기 때문이다. 게다가 당시 한국은 여자 혼자서 아이를 키우는 데 관대하지 않았다.

그러나 돌이킬 수 없는 상황이 발생한다. 스물한 살이 채 되지 않은 여자가 아버지의 아이를 가지고, 아버지에게 자신을 책임질 것을 종용했던 것이다. 어머니를 조강지처로 여전히 사랑하던 아버지는 어머니와의 이혼을 원하지 않았다. 그러나 그 여자는 아버지에게 온갖 협박을 멈추지 않았고, 자신과 결혼해주지 않으면 자살하겠다고 위협했다. 그녀는 잃을 것이 없었던 것이다. 그녀는 결혼도 하지 않은 상태에서 임신했으며, 그것만으로 자신의 삶을 진창으로 만든 셈이었다. 미혼모가 꿈꿀 수 있는 삶이란? 없었다. 그녀의 유일한 희망은 자신이 잉태한 아이의 아버지밖에 없었다.

결국 아버지는 마음을 돌렸고, 어머니를 떠났다. 어머니는 그에게 딸자식을 안겼지만, 그의 정부는 그에게 아들을 안겼다. 그것이 그가 마음을 돌린 결정적인 이유였다고 한다.

이제, 세 살 난 아이와 함께 홀로 남겨진 어머니. 그사이 그녀 뱃속에서는 두번째 아이가 자라고 있었다. 그러나 그것조차 아버지를 붙잡기에 충분한 이유가 되어주지 않았다. 그는 그녀가 임신 6개월에 접어들었을 때 이혼을 결정했다. 절망과 분노 속에서, 아버지의 아이를 더이상 낳고 싶지 않았던 어머니는 아이를 유산시키기로 결심한다. 아이는 아들이었다. 아버지가 그토록 기다렸던 아들…….

어머니는 이제 생계를 위해 매일 일을 해야만 했다. 나는 외할머니 댁에 맡겨졌고, 외할머니는 육아의 무거운 짐을 져야 했다. 어머니는 가발을 만드는 공장에서 아침 일찍부터 저녁 늦게까지 일했다.

외할아버지는 건강이 매우 좋지 않았다. 담배를 많이 피웠던 탓으로, 언제나 기침을 달고 사셨다. 외할아버지를 생각할 때면, 항상 그의 입에 물려 있던 담배와 늘 입고 있었던 파자마가 떠오른다. 외할아버지의 얼굴은 온통 주름으로 가득했고, 숱이 많은 머리는 언제나 짧게 깎여 있었다. 그는 조금쯤 처량해 보이는 동시에 귀여운 분위기를 지닌 남자였다. 그에게는 어린아이처럼 사람의 마음을 누그러뜨리는 구석이 있었다. 외할아버지의 입술 위에는 거무죽죽한 콧수염도 한 줄 있었는데, 마치 이제 막 사춘기에 접어든 소년의 그것 같았다. 내가 아는 한 그는 직업을 가진 적이 없었다. 그는 언제나 빈 병이 담긴 넝마를 힘겹게 끌고 다녔으며, 한 병당 몇 원의 돈으로 바꾸어 받으셨다.

외할아버지와 나는 무척 사이가 좋았다. 밤마다 나는 외할아버지에게 기대고 누워, 외할아버지 쪽으로 얼굴을 돌려 외할아버지의 얼굴을 가지고 놀았다. 외할아버지의 턱 아래에는 목살이 치와와의 그것처럼 늘어져 겹을 이루고 있었다. 그 목살을 잡아 쥐어 손가락 사이에 넣고 돌리기. 나는 그 장난을 굉장히 좋아했다. 후일, 할아버지 없는 네덜란드에서 나는 양아버지를 대상으로 그 놀이를 되풀이했다. 시간이 더 흐른 후에는, 외로움을 느낄 때마다 침대에 누워 자신의 목살을 손가락 사이에 넣어 돌리곤 했다.

외할머니는 그야말로 전형적인 '할머니'였다. 틀어올려 쪽을 진 흰머리와 늘 깔끔하게 차려입은 매무새, 조용하고 현명한 분위기의 여성이었다. 당시 우리 집의 대소사는 할아버지가 아닌 할머니 손에 달려 있었다.

나는 할머니에게 결코 쉬운 손녀가 아니었다. 하고 싶은 일은 무엇이든 저지르고야 마는 천방지축이었던 것이다. 장난감은 가져본

적이 없지만 상당히 창조적이었던 나는 스스로 고안한 놀이로 즐겁게 놀 줄 알았다. 벽지 벗겨내기, 머리카락 자르기, 그리하여 항상 머리 어딘가가 뜯긴 상태로 돌아다니기. 그중에서도 가장 재미있었던 것은 성경 책장을 뜯어내는 것이었는데, 독실한 기독교인이었던 외할머니는 그것을 보시고 크게 놀라시곤 했다.

외할머니는 지금도 매일 교회에 나가시고 하루에도 수차례 긴 기도를 올리신다. 당시 외할머니는 자주 나를 교회에 데리고 가셨고, 기도하는 법을 가르쳐주셨다. 네덜란드 부모님들은 어린 내가 그토록 신실하게 기도를 '잘' 하는 것을 보고 무척이나 놀라워했었다. 어린 시절 네덜란드 말을 잘할 수 있게 된 후부터 식사 후 기도는 항상 내 차지였다. 나는 진짜 목사님이 모든 이를 위해 기도하듯, 심각한 표정으로 키우던 토끼를 위해, 개를 위해, 병원에 누워 있는 어린이들을 위해 기도했다. 기도해주어야 할 사람과 동물들의 리스트는 끝이 없었고, 그러다 보면 사람들은 웃음을 참지 못해 끙끙거리며 앉아 있었다. 그러나 네덜란드에 오래 살면 살수록, 나의 신앙은 신실함을 잃어갔다. 아니 열광이 덜해진 것이라고 해야겠다. 신에 대한 믿음에는 변함이 없었으니까.

2

다시 한국 이야기로 돌아가야겠다. 어머니의 어린 남동생 둘도 우리와 함께 살았는데, 그들은 소위 늦둥이들이었다. 당시 한국에서는 아들이 매우 중요했다. 아들을 낳을 때까지 출산을 계속한 외할머니와 외할아버지는 내리 딸 셋을 낳은 후에 결국 아들 둘을 보았다. 당시 한국에서는 첫째가 아들이 아닌 경우 어쨌거나 아들을 낳을 때까지 계속 출산을 했다. 큰외삼촌은 당시 스무 살이었고, 작은외삼촌은 열일곱 살로 고등학교에 다니고 있었다.

아직 어렸던 작은외삼촌은 나의 좋은 놀이 상대가 되어주었다. 그는 입으로 물총 쏘는 방법을 가르쳐주면서, 상대방을 젖게 하는 핵심 기술도 아낌없이 전수해주었다. 술래잡기 또한 빼놓을 수 없는 놀이였다.

큰외삼촌은 나를 훈육하거나 필요한 경우 벌을 주는 역할을 맡고 있었다. 사실 거의 날마다 벌을 받았다. 가느다란 회초리로 손바닥을 맞는 벌은 낯설지도 않았다. 약이 너무 써서 먹지 않겠다고 버틸 때마다 그 벌을 받았다. 가장 선명하게 기억나는 벌은 손을 위로 뻗고 있는 것인데, 팔이 저려올지라도 내리면 안 되었다. 작은외삼촌이 쾌활하고 분주하며 외향적이었던 반면, 큰외삼촌은 매우 조용하고 내성적이었다. 그는 자신이 맏아들이며, 부모님을 책임질 사람이라는 것에 대한 의식이 확고했다. 그는 훗날 부모님을 모시고 경제적으로 가족을 책임져야 할 사람이었던 것이다.

골목 몇 개를 사이에 둔 지척에 이모네가 살고 있었다. 이모와 이모부, 그리고 두 딸들. 나보다 두 살 많은 희진과 나보다 한 살 적은 유진이 그들의 딸이었다. 서양에서는 그냥 이름을 부르지만, 서열이 매우 중요한 한국에서는 이름 대신에 관계의 타이틀로 서로를 부른다. 따라서 희진에게 나는 항상 '언니'라고 불렀고, 유진은 '동생'이었으므로 이름을 불렀다.

우리는 날마다 함께 놀았고, 날마다 싸웠다. 특히 유진은 다툼이 있을 때마다 나를 꼬집으며 괴롭혔다. 그 둘과 나 사이에는 질투도 많았는데, 둘은 내가 외할머니, 외할아버지와 함께 살며 그들의 관심을 독차지하는 것을 늘 부러워했다. 10년 뒤 희진은 내게 보낸 첫번째 편지에 이렇게 썼다.

"우리가 함께 놀던 시간들을 잘 기억하고 있어. 그러나 그중 가장 선명한 기억은 홍시에 관한 거야. 홍시처럼 맛난 것들이 드물던 시절이었지. 어느 날 외할아버지가 홍시 하나를 가지고 오셔서 우리가 보는 앞에서 그걸 너한테만 주셨어. 네가 그 홍시를 맛있게 먹어치우는 동안, 우리는 할아버지가 우리를 생각해주시지 않는 것이 분해서 울었단다."

나는 홍시 사건을 기억하지 못한다. 그러나 추측건대, 외할아버지는 그때 이미 내가 외국으로 입양될 것을 알고 계셨고, 연민 혹은 죄책감에 그 홍시를 주셨던 것이 아닐까.

외할아버지는 내가 어머니와 함께 살지 못하고, 아버지에게서도 환영받지 못하는 것에 대해 많이 측은해하셨다. 그러나 안정된 삶을 위해 어머니는 재혼을 해야만 했다. 당시에는 이혼녀와 결혼하고 싶어하는 한국 남자는 이혼남 말고는 없었다. 다행히도 외할아버지는 내 어머니와 결혼하기를 원하는 이혼남을 찾아냈다. 자신을 돌봐주고 아들을 낳아줄 여인이 필요한 남자였다. 일은 신속하게 진행되었고, 어머니는 그 이혼남과 결혼했다. 외할아버지는 어머니를 붙잡고 말했다. "네가 아직 젊어서 운이 좋은 거야. 10년 뒤에 이혼을 당했더라면, 이혼남과의 재혼도 불가능했을 거야." 이것이 이혼녀에 대한 당시 사회의 시선이었다.

아이로니컬하게도 사랑으로 결정되었던 어머니의 첫번째 결혼은 예식도 없이, 신부를 위한 순백색 드레스도 없이, 그저 삶의 막간을 이용해 치러졌었다. 이제 삶에 대한 분별력으로 결정된 어머니의 두번째 결혼을 위해서는 커다란 피로연이 계획되었고, 신부를 위한 순백색의 드레스가 준비되었다. 그러나 그 '축복된 날'이 나에게는 한 편의 커다란 드라마였다.

나는 종일 울었다. 어째서 결혼식에 참석할 수 없는지 이해할 수가 없었다. 심지어 내 사촌들까지 포함한 모두가 파티를 위해 집을 떠났다. 오직 나만이 집에 머물러야 했다.

그러나 특별한 날 눈물을 흘렸던 사람이 나만은 아니었다. 내 어머니 역시 가슴 후비는 슬픔을 안으로 삭이고 있었다. 그녀는 안정된 미래를 약속받는 대신 비싼 대가를 지불해야만 했다. 그 시절 한국 사람들은 다른 이의 자식을 용납할 수도 없었고 용납하려고 하지도 않았다. 따라서 다른 이의 자식을 양육한다는 것 또한 있을 수 없는 일이었다. 결혼식을 올리기 전 그녀의 새로운 남편은 이렇게 말했다. "주희는 외가에 머물러야 해. 주희가 우리와 함께 살 수는 없어." 어머니는 그 말에 고개를 끄덕이며 속으로 생각했다. '일단, 결혼식을 올리고 나면 어떻게든 주희와 함께 살자고 설득할 수 있을 거야.' 그래서 결혼식 제단 앞에서, 어머니는 기쁨에 넘치는 신부가 아니었다. 그녀는 그녀의 작은 꼬마소녀를 생각하며 신을 향해 기도했다. '제발 주희를 보살필 수 있도록 허락해주세요! 주희를 제게서 떠나보내지 말아주세요! 그런 가혹한 선택을 하지 않을 수 있도록 도와주세요!'

어머니가 결혼한 뒤로도 나는 외할아버지, 외할머니와 함께 살왔다. 그러나 이제 더이상 일을 하지 않아도 되는 어머니는 전보다 자주 나를 찾아올 수 있었다. 우리는 산책을 하기도 하고, 아주 가끔은 교회에도 함께 나갔다. 어머니는 내게 노래를 가르쳐주고, 손톱에 매니큐어를 발라주기도 했다. 우리는 그렇게 함께, 매우 행복했다. 상황이 허락하는 한에서만큼은 한껏 행복한 시간을 보냈던 것이다. 그녀가 시간에 맞춰 집으로 돌아가 식사를 준비하고 주부로서의 소임을 소홀히하지 않는 한, 그녀의 남편 역시 다 괜찮다고 생각했다.

3

아버지는 아주 가끔 나를 보러 왔다. 외할머니는 그것을 무척이나 싫어했다. 외할머니뿐만 아니라 가족 전체가 그에게 분노를 느끼고 있었다. 그는 어머니를 치욕 속에 놓이도록 한 장본인이었고, 따라서 더이상 환영받는 존재가 아니었다.
어느 날 밖에서 놀다가 지치고 배고파진 내가 집에 막 들어섰을 때 아버지의 목소리가 들려왔다. 나는 그를 향해 '아빠, 아빠'라고 외치며 한달음에 달렸다. 그의 목에 껑충 뛰어올라 매달릴 작정이었다. 그러나 아버지는 언제나처럼 팔을 벌려 나를 안아 올려주는 대신, 외할머니와 우격다짐을 벌이고 있었다. 외할머니의 비녀가 반쯤 밖으로 빠져나와 있었고, 머리카락이 외할머니의 얼굴 위로 늘어져 있었다. "나가, 나가!" 그녀는 쇳소리를 냈다. 아버지는 나를 보자 할머니를 놓고 뛰쳐나갔다. 그것이 내가 외가에서 그를 본 마지막이었다.

  나는 그후로도 여전히 가끔 아버지를 찾아갔다. 가서는 아버지가 보듬어주는 손길과, 사탕 사먹으라고 내어주는 돈을 받곤 했다. 그러고는 그의 아내가 돌아오기 전에 서둘러 그 집을 떠났다.

  어느 날 나는 아버지의 집에서 아기 울음소리를 들었다. 어딘지 모르게 끌리는 마음에 아기에게 다가가 뺨을 쓰다듬었다. 그러나 아버지의 부인, 즉 아이의 엄마는 내 뺨을 후려치며 기함을 토했다. "다시는 아이를 만지지 마. 알아듣겠니?" 울먹이며 아버지에게 달려간 나는 그의 위로를 기다렸으나, 아버지는 내게 돈을 쥐어주며 말했다. "집으로 돌아가. 가는 길에 사탕 사먹고. 그렇게 하는 것이 좋겠다." 슬픔 속에서 집을 향해 걷던 나는 그 돈을 길바닥에 팽개쳐버렸다.

  집으로 돌아왔을 때 나는 아버지 집에서의 사건을 몽땅 잊어버렸다. 외할머니가 수건과 뜨거운 물을 들고 이리저리 분주히 움직이고 계셨기 때문이다. 어머니가 나를 부르는 소리가 들렸다. 외할머니는 미역국 한 그릇을 들려주며, 그것만 어머니에게 가져다주고 바로 돌아나와야 한다고 당부했다.

  그 국을 어머니에게 전하면서, 나는 그녀가 매우 피곤해 보인다고 생각했다. 어쨌거나 어머니를 보는 것이 기뻐서 그 이상의 일들은 감지하지 못하고 있었다. 어느 순간 문득 방 한구석에 정말 아주 작은 아기가 누워 있는 것이 눈에 들어왔다. 아버지 집에서의 일이 생각나 아기에게서 멀찍이 떨어져 지켜보고만 있는데 어머니가 말했다. "가서 만져보렴." 놀라움 속에서 아기에게 뽀뽀를 해주었다. 남동생의 탄생, 하나의 새로운 생명이 시작된 것이었다. 그러나 그것은 어머니와 내가 가지고 있던 익숙한 삶의 패턴이 끝장나는 순간이었다. 이제 아기는 어머니 가족의 가장 중요한 중심이 되었고, 당연히 어머니가 나를 보러 오기 위해 시간을 내는 것은 허용되지 않았다.

그녀는 이제 아기와 함께 집에 머물러야 했으며 남편의 아이는 가장 중요한 그 무엇이었다. 그 안에 내가 설 자리는 없었다. 결국 어머니가 나를 놓아버려야만 하는 시간이 온 것이다. 나에게 허용된 어머니를 만날 수 있는 유일한 방법은 그녀의 남편이 일하러 나가 있는 동안, 그녀의 집을 몰래 찾아가는 것뿐이었다. 물론 어머니가 더이상 찾아오지 않아 함께 산책을 하거나 교회에 갈 수 없게 된 것은 어린 나에게 무척 애석한 일이었다. 그럼에도 불구하고 어머니와 나의 '비밀 놀이'는 흥미진진했다. 마법사가 부재하는 동안, 나는 아기와 놀아주고 어머니와도 놀이를 즐길 수 있었다. 그녀의 남편이 집으로 돌아올 시간이 되면, 어머니는 말했다. "마법사가 이제 막 당도할 시간이야. 그는 어린 소녀를 싫어해. 마법으로 남자아이를 만들어버리지." 나는 나의 작은 남동생 역시 마법에 걸리기 전에는 여자아이였다고 생각했다. 그러고는 할머니 집을 향해 재빨리 꽁무니를 뺐다.

어느 날 저녁, 마법사가 도착할 시간이 다 되어 집으로 돌아가려고 하는 순간, 폭우가 격렬하게 몰아쳤다. 어머니는 내가 폭우 속에서 길에 나서는 것을 원하지 않았다. "오늘은 여기서 자렴. 외할머니한테 가기에는 너무 위험해." 나는 정말로 오랜만에 어머니와 함께 잘 수 있다는 사실에 뛸 듯이 기뻤다. 다른 아이들에게 할머니, 할아버지 집에서 묵는 것이 축제이듯이, 나에게는 어머니와 함께 자는 것이 그러했다. 어머니 역시 기쁜 기색이었다. 그러나 마법사의 존재를 까맣게 잊고 벌써부터 장롱에서 이불을 꺼내는 나를 보면서 그녀는 남편의 반응이 어떠할지 걱정하지 않을 수 없었다. 시간이 꽤 늦었는데도 그가 돌아오지 않고 있었다.

　어머니가 바닥에 이부자리를 펴고 누웠다. 동생은 어머니의 왼쪽에 나는 어머니의 오른쪽에 자리를 잡았다. 내 쪽으로 고개를 돌린 어머니가 나를 토닥거리며 자장가를 가만가만 부르기 시작했다. 그사이 뇌우가 멈추고 추적추적 비만 내렸다. 그 빗소리가 나에게는 어머니의 노래를 반주하는 음악 같았다. 커다란 행복과 평안함 속에서 막 잠에 떨어지려는 순간 나는 생각했다. "마법사가 영영 돌아오지 않게 해주세요."

　어느 순간 소스라쳐 놀라 잠에서 깨어나니, 어머니 남편의 성난 얼굴이 거기에 있었다. "이 아이가 여기서 뭘 하고 있는 거야?" 그는 폭발했다. 어머니의 부드럽던 얼굴은 굵은 주름들 속에 묻혀버렸다. 팔로 나를 감싸 안은 채 그녀는 남편을 똑바로 쳐다보며 말했다. "이 아이는 내 아이예요. 언제나 내 곁에 머물 아이라고요. 앞으로 아이를 더 낳을지라도 그 사실에는 변함없어요. 그리고 오늘은 여기서 데리고 있을 겁니다." "저 아이가 나가지 않으면, 내가 나가지." 그는 소리쳤다. 그의 콧방울이 위험하게 실룩거리기 시작했다. 그사이 남동생이 깨어 울고 있었다. 빗소리, 아기의 울음소리, 남편의 고함 소리 속에서 어머니는 조용히 그러나 단호하게 대답했다. "주희는 오늘 여기 있을 겁니다." 그는 어머니의 표정 속에서 그녀가 진실로 그렇게 결정했음을 보았다. 그는 장롱을 열어 거칠게 이부자리를 꺼내며 그날 밤은 트럭에서 자겠다고 선언했다. 그는 트럭 운전사였고, 회사를 그만두면 다시 반납해야 하지만 일하는 동안은 소유할 수 있는 작은 트럭을 가지고 있었다. 결국 그는 그날 밤 트럭의 짐칸에서 잤다. 그가 저녁도 굶은 채 원하는 것을 얻지 못한 어린아이처럼 투덜거리며 트럭에 누워 있는 동안, 나는 다시 기분좋은 잠에 빠져들었다.

그러나 다음날, 그는 어머니에게 선택을 강요했다. 자신과 이혼하든지 전남편의 딸과 영원히 이별하든지. 어머니는 그가 매우 심각하게 묻고 있다는 것을 알았다. 그녀에게는 달리 선택의 여지가 없었다. 그것은 어머니 생에서 가장 어려운 결정을 내려야 하는 순간이었다. 어머니는 내가 그녀의 가족 안에 포함될 수 있는 가능성이 없다는 것을 알고 있었다. 만일 어머니가 나를 선택한다면, 그녀는 스스로의 삶을 이혼녀라는 불행한 상황으로 끌고 들어가는 것만이 아니라, 하나도 아닌 두 아이를 사생아 같은 처지로 몰고 가는 것이었다.

당시의 이혼에 대해 네덜란드의 다른 입양인 친구에게서 들은 말이 있었다. 그 친구의 가족들이 설명하기를, 그 당시 한국에서는 이혼녀만이 낙인을 안고 살아가는 것이 아니라 이혼녀의 아이들에게도 미래가 없었단다. 그들은 끝도 없는 조롱 속에서 학교를 다니기도 힘들었고 직업을 구하기도 힘들었다고. 그러나 나는 그러한 이야기들이 우리를 포기한 한국 가족들의 변명일 뿐이라고 생각했다.

어쨌거나 당시의 어머니는, 나를 선택한다면 하나도 아닌 두 아이에게 불행한 미래를 안겨주는 셈이었고, 남편을 선택한다면 아들에게만이라도 온전하게 삶을 꾸려갈 수 있는 기회를 줄 수 있는 상황에 놓여 있었다. 어머니가 어떤 선택을 하든지간에 나는 커다란 상실 속에서 삶을 꾸려가야 하는 운명이었던 것이다.

그리하여 나의 어머니, 외할머니와 이모는 내 인생의 향방을 두고 의논하기 시작했다. 당시 나는 학교에 입학할 나이가 지나 있었다. 그러니 도대체 누가 나를 계속 돌봐야 할 것인가? 아버지의 새로운 부인? 그녀는 나를 질투했으며, 남편이 자신이 낳은 아들보다 전처의 자식을 편애할까봐 늘 불안해했다. 그래서 아버지가 나를 자신의 집에 데리고 있는 것을 허용하지 않았다. 외할머니? 더 이상 작은 아이가 아니었던 나는 외할머니, 외할아버지와 머물 수도 없었다. 그들은 이제 나를 돌보기가 너무 벅찬 연로한 노인들이었다. 이제 곧 외삼촌들도 결혼을 하고 자신들의 가족을 이룰 텐데, 그 길에도 나는 처치 곤란한 존재일 뿐이었다. 결국 유일한 해결책은 나를 해외로 입양시키는 것이었다. 그것이 그들 모두에게 고통스러운 결정이었더라도 말이다.

4

한국에는 나를 위한 어떤 미래도 없었다. 미국에서는—당시 모든 한국인들에게 '외국'은 '미국'과 동일한 단어였다—학교에 갈 수 있을 테고, 공부를 계속할 수 있을 것이고, 언제나 충분한 음식에 좋은 옷을 입을 수 있을 것이었다. 아직 어리기 때문에 적응하기도 어렵지 않을 것이었다. 외할머니와 이모가 입씨름을 하는 동안 어머니는 말없이 울었다. 소리 없는 울음이었다. '하느님, 저를 용서해주세요.' 그녀는 기도했다. '주희가 좋은 사람들 곁에 머물 수 있도록 돌봐주십시오. 제가 주희를 사랑하는 것처럼, 친자식처럼 주희를 사랑해주는 사람을 만날 수 있도록 도와주십시오. 주희가 어른이 되면, 제발 제가 왜 주희를 떠나보내야만 했는지 이해할 수 있도록 해주십시오. 주희가 저를 미워하지 않도록 살펴주세요!'

며칠 후 나는 자랑으로 가득 차 반짝거리는 눈으로 이모네로 향했다. 문을 여는 순간, 사촌들의 부러움을 살 생각으로 가슴이 두근거리며 코까지 벌렁거렸다. 내가 어디에 다녀올 것인지 말하면, 어떤 눈으로 나를 쳐다볼까? "희진 언니, 유진아." 그들을 불렀다. "내가 어디 가는지 짐작도 못하겠지. 할머니가 2주 동안 미국에 가도 된다고 하셨어. 비행기를 타고 가는 거야. 내가 말을 잘 들었기 때문이지. 나만 가는 거야. 너희들은 말고." '나만'이라고 말할 때는 악센트를 주었다. 내 말에 정말로 부러워하는 사촌들의 얼굴을 쳐다보느라 바빴던 나는 죄책감에 바닥으로 눈을 내리깔고 눈물을 흘리던 이모를 보지 못했다. 그것은 내게 진실을 말해주지 않았다는 것에 대한, 그리고 나를 떠나보낸다는 것에 대한 죄책감이었다. 물론 사촌들만이 아니라, 이웃아이들도 모두 내가 어디를 다니러 가는지 들어야만 했다. 그것은 2주 동안의 여행이었다. 물론 2주 뒤에는 다시 돌아와 그들과 어울려 놀 것이 분명했다.

미국 여행으로 인해 내게 쏟아지던 아이들의 관심과 우러름은 당장에 나를 골목대장으로 격상시켰다. 모든 아이들이 내 말을 따랐다. 이제 내게 삶이란 하나의 파라다이스였다. 비행기를 타고 2

주 동안 미국에 다녀올 아이, 나는 골목의 가장 중요한 아이가 되어 있었다. 아이들은 전에 없이 내게 사탕을 나눠주며, 다시 돌아와서 미국에 관한 것을 모두 들려달라고 했다. 나는 그렇게 하겠다고 약속했다. 그것 말고 무엇을 더 생각할 수 있었겠는가? 그러나 나는 그 작은 머리가 생각할 수 있었던 것보다 훨씬 많은 일들을 지나와야 했다.

다시 며칠 후, 외할머니가 함께 시내에 가자고 했다. 우리는 서울 변두리의 가난한 지역에 살고 있었고, 나는 그때까지 한 번도 시내 구경을 한 적이 없었다. 가게들이 즐비하고 버스를 타고 가야만 하는 그곳. 할머니와 함께 버스를 타고 시내 구경을 간다는 것은 생각만 해도 황홀한 일이었다.

그러나 버스 여행의 재미를 맛보기도 전에, 멀미에 시달리던 나는 나의 예쁜 샌들에 구토를 하고 말았다. 그날을 위해 새로 사 신은 샌들이었다. 불쌍한 외할머니는 그 연세에도 불구하고 버스 바닥과 샌들을 닦아야 했다. 그러나 일단 중심가에 도착하자, 나는 모든 것을 잊고 진열장 안의 아름다운 것들에 눈을 빼앗겼다. 외할머니는 작은 가방을 하나 사셨다. 데님으로 된 책가방으로, 어깨에 둘러 맬 수 있도록 긴 끈이 달려 있었다.

외할머니는 한복도 한 벌 사셨다. 한복은 특별한 명절, 즉 추석이나 설날 같은 날에만 입는 한국 전통 옷이다. 튼튼한 비단으로 만든 폭이 넓은 치마에는 손으로 수놓은 여러 가지 문양들이 있다. 보통 학이나 꽃, 좋은 풍경이 수놓아진다. 커다랗게 통이 넓어지는 소매가 달린 저고리가 치마 색과 어울리는 색으로 짝을 이룬다. 그

볼레로처럼 생긴 저고리는 길게 늘인 비단 끈으로 여며진다. 특별한 날에 입는 전통의상임에도 불구하고 당시에는 한복을 가진 사람이 별로 없었다. 값비싼 한복은 가난한 사람들에게는 그림의 떡이었다. 가족 전체가 나를 위해, 내가 한국을 기억하도록 한복을 안겨주기 위해, 마지막으로 남겨놓았던 쌈짓돈까지 모았다는 것을 그때는 몰랐다. 나는 그저 너무 좋은 나머지, 등 뒤에서 일어나고 있는 일들에 대해 까맣게 몰랐던 것이다.

시내를 다녀온 다음날, 큰외삼촌은 나를 데리고 집 근처에 있던 보석상으로 갔다. 그는 나를 위해 십자가 위에 예수가 새겨져 있는 목걸이를 하나 선택했다. 그리고 두번째 목걸이는 내가 직접 고르도록 해주었다. 나는 하얀 보석돌을 연결해서 만든 목걸이를 골랐다. 그 보석돌들은 크기와 모양은 각각 달랐지만 모두 같아 보였고, 무척 부드럽고 매끄러웠다. 검지로 그것들을 살살 어루만지며, 이렇게 딱딱해 보이는 돌이 손가락 사이에서 부드럽게 느껴지는 것에 대해 경탄했던 기억이 난다. 그날 밤 할아버지 곁에 누운 나는 할아버지의 늘어진 살들을 쥐는 대신 그 목걸이를 쓰다듬고 있었다.

당시 어린 나는, 갑작스럽게 쏟아지는 관심과 선물들의 이유를 전혀 궁금해하지 않았다. 그저 즐겁기만 했다. 그러나 할머니의 심부름으로 구멍가게에 갔던 날이 기억에 남아 있다. 가게는 아주 작았고, 아줌마 몇 명이 선 채로 분주하게 이야기를 주고받고 있었다. 내가 가게에 들어서자, 그들은 말을 멈추고 나를 바라보았다. 그러다가 느닷없이 서로에게 귓속말을 주고받느라 다시 분주해졌다. 그들의 눈은 여전히 나를 바라보고 있었다. 서울은 거대한 도시지만,

가난한 외곽 지역에 사는 사람들은 서로를 잘 알고 있었다. 그만큼 말도 많았고, 따라서 누구나 내가 나의 어머니, 즉 이혼녀의 딸이라는 것을 알고 있었다. 나의 어머니가 나를 떼어놓으려 한다는 것도 사람들 사이에 재빨리 회자되었을 것이라고 생각한다.

여행의 날이 가까워 오자 나는 서울에 있는 고아원에 며칠간 머물러야 했다. 모든 입양 절차가 그곳에서 진행되었다. 그곳에서 나는 완전히 건강한지 확인하기 위해 신체검사를 받고, 서류 작업을 위한 사진을 찍었다. 그러고도 그곳에서 며칠을 더 머물렀다. 나의 행동양식에 문제가 없는지 조사받기 위한 시간이었다. 가족들이 내게 무슨 말을 해서 그곳에 머물게 했는지는 기억나지 않는다. 다만 그곳에서 신나는 시간들을 보냈다는 기억은 난다. 드넓은 놀이터가 있었고, 물론 나와 함께 놀 수 있는 아이도 많이 있었다. '정말 우연히도' 그들 모두 나처럼 미국 여행을 준비하고 있었다.

다시 외가로 돌아간 다음날, 외할머니는 어머니의 집에 가서 자도 된다고 말씀하셨다. 그보다 더 행복한 일은 세상에 없었다. 그날 밤은 일생동안 지워지지 않을 추억을 내 세포에 새겨놓았다. 물론 그것은 그저 어머니 곁에서 머물 수 있는 평범한 하룻밤이 아니었다. 나는 알지 못했지만, 그것은 어머니를 볼 수 있는 마지막 밤, 마지막 기회였다. 나는 아직도 그날 밤의 모든 세세한 순간들을 기억한다. 당시는 몰랐지만, 이제와 돌이켜보면 어머니는 나름대로 나와 이별 의식을 행했던 것이다.

나는 평소대로 그녀 옆에 누워 있었다. 그녀는 나의 머리를 쓰다듬더니 품안에 나를 꼭 품었다. 나를 토닥거리며 그녀가 속삭였다. "주희야, 주희야, 내 아기." 그러고는 내 머리에 입을 맞추었다. 이어서 그녀는 그전까지 한 번도 하지 않던 행동을 보여주었다. 자신의 티셔츠를 걷어올리고, 내 머리를 그녀의 젖가슴에 가져다 댄 것이다. 천국 같은 어머니 품에 안겨서, 나는 그녀의 젖가슴으로 입을 가져갔다. 내가 어머니의 젖을 빠는 동안, 어머니는 나를 더욱 세게 끌어당겨 안았다. 나는 나의 머리 쪽에서 떨어져 목을 타고 흘러내리는 어머니의 뜨거운 눈물을 느꼈다. 아기 혹은 유아가 어머니의 젖을 빠는 순간, 어머니와 아이 사이에 가장 친밀하고 직접적인 연결이 맺어지는 그 순간, 그 순간에 어머니들은 아이에게 젖과 함께 사랑을 준다. 그날 밤 어머니는 어머니만의 방법으로 나를 위해 줄 수 있는 마지막 사랑을 주었다. 어머니에서 아이로 이어지는 무조건적인 사랑. 나와 영원히 작별하는 그녀만의 방법이었다.

5

비행기를 타야 하는 날이 다가왔다. 갑자기 여행이 더이상 즐겁게 느껴지지 않았다. 어디로부터 연유한 느낌인지, 무언가 스쳐 들은 이야기가 있었던 것인지 알 수 없지만, 나는 확실히 무언가 미심쩍다고 느끼기 시작했다. 미국에 가고 싶은 생각이 싹 사라졌다. (나는 여전히 미국에 가는 것이라고 생각했고, 가족들은 그사이 내가 미국이 아닌 네덜란드로 가게 될 것임을 알고 있었다.)

김포로 향하는 일행은 넷이었다. 큰외삼촌, 이모, 유진, 그리고 나. 사촌동생 유진은 나를 설득하기 위한 장치일 뿐이었다. 가족들은 내가 여행을 거부하려 한다는 것을 눈치채고, 유진과 함께 즐겁게 둘이 다녀오라고 말했다. 이별이 너무 고통스러워지는 것을 방지하기 위해 어머니와 외할머니는 공항에 나오지 않았다.

　우리는 오래 기다려야 했고 나는 지쳐갔다. 외삼촌은 나를 업고 한 시간이 넘도록 대기실 안에서 원을 돌았다. 한복이 든, 외할머니가 사주신 가방은 이모의 무릎 위에 놓여 있었다. 어느 순간 외삼촌이 나를 땅에 내려놓았다. 곧이어 이모가 내 어깨에 가방을 메어주었다. 그러고는 나를 승강기 쪽으로 밀었다. 승강기 문이 열리는 것을 본 순간, 나는 완전히 패닉 상태로 소리치며 울기 시작했다.

　"가지 않을 거야. 여기 있을 거야. 제발 여기 함께 있으면 안 돼요? 말 잘 들을게요. 제발 보내지 마. 잘못했어요. 잘못했어요." 이모가 울며 대답했다. "우리가 다시 데리러 갈 거야. 거기서는 학교에도 갈 수 있고, 맛있는 것도 매일 먹을 수 있어. 거기서 살고 싶어질지도 몰라."

　"싫어. 거기서 살기 싫어. 학교 안 가도 돼. 맛있는 거 안 먹어도 돼. 엄마랑 할머니한테 갈 거야." 다시 이모가 대답했다. "우리가 다시 데리러 갈 거야."

　문 안으로 들어가야 한다는 사실을 인식한 나는 다시 공포 속에서 유진을 붙잡았다. "혼자 가지 않을 거야. 제발 유진이랑 같이 가게 해줘." 그사이 승무원 한 사람이 다가와 나를 데려가려고 붙잡았다. 나는 더욱 세게 유진을 붙잡으며 울부짖었다. "혼자 가지 않을 거야. 왜 나는 여기 있으면 안 돼?" 외삼촌이 내게서 유진을 떼어놓기 시작했다. 승무원이 나를 붙잡고 있었기 때문에, 내가 할 수 있는 일이라고는 유진의 팔을 치면서 무릎을 뒤로 빼는 것뿐이었다. 급기야 외삼촌이 유진을 떼어내는 데 성공했고, 승무원이 나를 데리고 승강기로 향했다. 승강기 문이 닫혔다. 더이상 그들이 보이지 않았다.

비행기 안에서 나는 계속 울부짖었다. 나는 제정신이 아니었으며 성이 나 있었다. 승무원이 다가와 달래려고 했지만 역부족이었다. 나는 가방을 열어젖히고 한복을 꺼내 바닥에 팽개쳤다. 목에 걸려 있던 두 개의 목걸이를 빼내 승무원을 향해 내던졌다.
역시 네덜란드로 향하고 있던 다른 한국 아이들은 모두 조용하고 착하게 앉아 여행을 즐기는 듯했다. 대부분 무슨 일이 일어나고 있는지 알아차리기에는 너무 어린 아이들이었다. 아기들은 세상모르게 평안한 잠을 자고 있었다. 허나 나에게는 맛있는 음식들도, 비행기 안에서 틀어주던 만화 영화 따위도 소용없었다. 엄마를 끈질기게 부르며 울부짖었다. 다른 승객들도 편안할 리 없었다. 그들 역시 나를 달래기 위해 노력했다. 짙은 화장에 보석을 걸친 아주머니가 향수 냄새를 주변에 뿌리며 다가왔다. 그러고는 막대 사탕을 내 코 아래에 들이대며 "울음을 멈추면, 이걸 줄게" 하고 말했다. 그러나 그 말은 귀에 들어오지도 않았다. 사탕 쪽으로 눈길을 보내고 싶지도 않았다. 나는 그저 울부짖을 뿐이었다. 그 아주머니는 깊은 한숨과 동정 어린 시선으로 나를 멀끔히 쳐다보고는 돌아갔다.
여행은 30시간이 걸렸다. 당시에는 러시아 영공을 통과해서 비행할 수 없었기 때문에 북극을 거쳐 돌아가야 했다. 중간 기착지에서 모든 입양아들은 목욕을 하고 머리를 다듬었다. 외할머니가 사주었던, 샌들 색깔과 어울리는 예쁜 드레스. 짧은 흰 치마가 달린 하늘색 드레스. 치마에는 솔기들이 많이 접혀 있어서 그것을 입고 한바퀴 돌면, 치마가 풍선처럼 부풀면서 무릎 위에서 경쾌한 원을 그렸다. 그러나 그것을 입고 돌고 싶은 기분이 아니었던 나와 함께 치마는 땅을 향해 힘없이 쳐져 있었다. 누군가 내 머리를 뒤로 넘겨 빗긴 후 리본으로 묶어주었다. 눈물이 말랐다. 모두들 입을 모아 귀여운 아이라고 칭찬했다. 그 귀여운 작은 소녀는, 이제 선보일 준비가 끝나 있었다.

일곱 살 때까지 한국인으로 살았던 나는 새로운 여권과 함께 네덜란드 이름을 부여받았다. 네덜란드인으로서 새로운 삶이 시작된 것이었다. 완전히 다른 세계에서의 삶……. 네덜란드 나이로 다섯 살, 한국 나이로는 일곱 살. 작은 아이는 이제 주희가 아닌 조이(Joey)가 되었다.

02 네덜란드에서의 처음 육칠 년 동안 나는 부모님이 자러 가기 전에는 잠들 수가 없었다…… 나의 이성은 내게 그들이 나를 버리지 않을 것이라고 말했다. 그러나 마음 깊은 곳 어디인가는 부모님이 자러 가는 소리를 들어야만 근심에서 놓여나곤 했다. 부모님이 자러 가는 소리를 듣고 나면, 나 역시 평온한 잠에 빠질 수 있었다.

진짜 네덜란드 소녀

1

　울다가 지쳐 잠이 들었던 나는 승무원이 부드럽게 어르는 소리에 깨어났다. 비행기는 이미 착륙해 있었다. 다른 사람들과 함께 비행기를 나섰다. 두려움에 사로잡힌 나는 승무원 뒤로 몸을 숨겼다. 온통 낯설게 생긴 사람들뿐이었다. 이상한 생김새의 사람들. 도대체 나처럼 검은 머리를 하고 있던 사람들은 모두 어디로 사라진 것일까? 누구의 말도 알아들을 수 없었던 나는 지독한 외로움과 두려움을 느꼈다.
　갑작스럽게 승무원이 나를 앞으로 밀어냈다. 그곳에는 낯선 여인이 괴상한 노랑머리를 하고 서 있었다. 그녀의 이상한 생김새에 공포를 느꼈다. 그녀는 나를 끌어당겨 안으며 울음 섞인 목소리로 나의 이름을 불렀다. 그러나 나는 두려움에 떨며, 그녀에게서 떨어져 나와 다시 울부짖기 시작했다. "이 여자 누구야, 나한테 뭘 원하는 거지?" "엄마, 엄마!" 나는 엄마를 불렀다. 어머니에게 가고 싶었다. 그리고 두려웠다. "할머니는 어디 있는 거야. 할머니가 나를 데리러 올 거야." 새된 소리를 질러댔다. 그러나 누구도 내 말을 알아듣지 못했다.

나는 일군의 사람들에 둘러싸였다. 누군가는 나를 안아올렸고 다른 누군가는 내 손을 꼭 그러잡았다. 그러나 내게는 외롭고 두려운 느낌뿐. 집으로 향하는 자동차 안에서 나는 조금씩 조용해지기 시작했다. 누군가가 나의 무릎에 인형을 놓아주었다. 인형은 매우 아름다운 눈을 가지고 있었는데, 눕히면 눈을 감고 세우면 눈을 떴다. 인형의 눈이 감겼다가 다시 떠지도록 인형을 흔들어보았다. 인형의 눈은 다시 떠지고 감기고 떠지고 감기고, 떠졌다. 나는 오직 인형만 바라보았다. 새로운 집에 도착할 때까지.

모든 것이 아름다웠다. 집, 나의 방, 정원. 주의깊게 모든 것을 둘러보았다. 얼마 지나지 않아 나는 한국을 잊었고, 한국의 어머니와 할머니에 대해서 더이상 생각하지 않았다. 나는 내 앞에 펼쳐지는 새로운 것들과 내게 쏟아지던 그 모든 관심에 매료되었다.

음식은 그다지 맛있지 않았으나 나의 새로운 어머니가 된 여인은 매일 나를 위해 밥을 지었다. 매일 아침, 나는 한 공기의 밥을 물에 말아먹었다. 물을 만 밥, 나의 새로운 언니는 그것을 매우 혐오스러워했다. 그러나 셋째 날, 나는 부모님 방으로 가서 그들의 침대에 뛰어올라 말했다. "빵과 잼." 물론 그들은 기꺼워하며 그것들을 내게 주었다.

낮 동안의 나는 몹시 쾌활했다. 어릿광대처럼 모두를 웃게 해주고 싶어했다. 이웃집 정원에서 의기양양하게 꽃을 꺾어다가 어머

35

니에게 주기도 했다.

　모든 것이 새롭기만 했던 처음 한 주 동안에는 슬픔을 느낄 겨를이 없었다. 부모님의 '새 아이'에게 감탄하기 위해 사람들이 매일 방문했다. 서로들 당시 네덜란드에서 보기 힘들던 '외국 아이'의 관심을 끌기 위해 다투었다. 그들은 나를 안아보고, 무릎에 앉혀보고, 쓰다듬기를 멈추지 않았다. 쏟아지는 선물들을 뜯어보는 것만으로도 바빴다.

　그러나 저녁이 되면 나는 조용해졌고, 눈물이 다 마를 때까지 울었다. 침대에 누워 사무치는 외로움을 느끼며 할머니와 어머니를 생각했다. 그들은 어디에 있는 것일까? 그 많은 선물도 나를 행복하게 만들지 못했다. 낮 동안 한없이 받았던 관심들도 저녁 무렵에 찾아오는 슬픔을 막아내지 못했다. 매일 밤 나는 스스로에게 물었다. 그들은 언제쯤 나를 데리러 올까? 그들이 왜 나를 계속 이곳에 두는지 이해할 수가 없었다. 내가 무슨 잘못을 저질렀던 걸까? 그들은 더이상 나를 사랑하지 않는 것일까? 엄마는 나를 미워했던 걸까? 아마도 나는 매우 나쁜 아이였을 것이다. 그렇지 않다면 엄마가 날 버렸을 리가 없다. 이곳의 사람들도 나를 나쁜 아이라고 생각하는 것은 아닐까?

　어찌되었건 나는 안전한 나의 환경에서 떨어져 나오게 된 것이었다. 내가 사랑했던 사람들은 사라졌다. 내게 따뜻함과 안정감을 주었던 소중한 사람들. 그 따뜻함과 안정감은 어린아이가 스스로 안전하다고 느끼기 위해 꼭 필요한 그런 것들이었다. 아이의 작은 세상은 가족과 골목의 친구들로 이루어지기 마련이다. 나의 세상은 엄마, 아빠, 할머니, 할아버지, 두 명의 외삼촌, 이모, 친구이기도 했던 사촌들로 구성되어 있었다. 그것은 엄마와 할머니, 할아버지의 사랑 속에서 근심과 두려움이 없었던 괜찮은 세상이었다. 안정감과 충만한 사랑으로 형성된 환경은 아이를 성장시켜 나간다. 그 속에서 아이는 스스로를 존중하며 자신감을 가지고, 환경이 자신을 성장시킨 방법대로 스스로를 성장시켜 나간다. 우리는 우리에게 주어진 성격을 환경에 어울리는 방식으로 성장시킨다. 나는 어릴 때부터 매우 외향적이고 의지가 강한 아이였다. 입양기관은 이미 나의 네덜란드 부모들에게 내가 고집이 세고 자기주장이 강하다고 경고했었다.

나는 매우 사랑스러운 아이가 되겠다고 다짐했다. 그렇지 않으면 그들 역시 나를 저버릴 것이 틀림없었다.

2

새로운 집과 환경에 적응하는 것이 우선이었으므로 학교에 가는 것은 연기되었다. 따라서 아버지가 출근을 하고 언니가 학교에 가고 나면 어머니와 단 둘이 많은 시간을 보낼 수 있었다. 기억 속에서 나는 어머니와 온종일 빗을 감추며 놀았다. 빗을 찾아내야 하는 사람이 복도에서 기다리는 동안, 다른 사람은 거실 어딘가에 빗을 감추었다. 서너 번 어머니가 단 몇 초 만에 빗을 찾아낸 뒤, 나는 상심하여 도대체 어떻게 그것이 가능한지 궁금해했다. 그리하여 어머니는 복도 벽에 달린 거울을 통해서 내가 어디에 빗을 숨기는지 볼 수 있다고 실토했고, 그후 게임은 더욱 흥미진진해졌다. 상대방이 거울로 볼 수 없는 곳에 빗을 감추어야 했기 때문이다.

그러나 서너 달이 지난 후 학교에 가야 할 시간이 되었다. 등교 첫날, 나는 어머니가 나를 영영 데리러 오지 않을 것이라는 두려움에 사로잡혔다. 어머니는 나를 데려다주고 잠시 동안 내가 안심할 수 있도록 함께 머물러주었다. 그러나 오전 내내 함께 머물던 어머니가 집에 잠시 갔다가, 오후에 나를 데리러 오겠다고 말했을 때 나는 그 말을 이해하지 못했다. 그녀가 머리를 빗으러 잠시 화장실에 다녀오겠다고 말한 것으로 생각했던 것이다. 몇 분이 지나고 한 시간이 넘도록 그녀는 돌아오지 않았다. '봐. 그녀도 너를 버린 거야. 그녀는 오지 않아. 할머니처럼 거짓말을 한 거야.' 패닉과 공포 속에서 낙담한 나는 울기 시작했다. 우는 것 외에 다른 어떤 것도 시작할 수 없었다. 그러나 물론 오후 4시 학교 앞에 누가 서 있었겠는가? 나의 어머니. 그러나 내가 느꼈던 공포는 여전히…….

새로운 언어를 알아듣지 못했어도 나는 학교생활과 새로운 환경에 빠르게 적응해갔다. 다른 아이들과 잘 어울려 놀았고, 그밖에도 특별히 문제될 것이 없었다. 다만 다른 옷으로 갈아입어야 하는 순간을 제외하고는. 옷을 갈아입는 순간은 하나의 완벽한 드라마였다. 나의 한국 옷을 세탁해야만 하는 날이 다가왔고, 어머니가 내게 다른 옷을 입히려고 했다. 나는 완전히 패닉 상태에 빠졌다. 울며불며 온 힘들 다해 아무것도 입지 않으려고 발버둥을 쳤다. 결국 어머니는 매일 저녁 내가 침대에 누우면 한국에서 입고 온 옷을 세탁해서 다음날 다시 입을 수 있도록 했다. 그런 식으로 그 여름 내내 나는 매일같이 한국의 할머니가 나를 위해 사준 원피스를 입었다. 할머니와 한국의 어머니가 나를 다시 데리러 왔을 때, 그들이 마지막으로 본 옷을 입고 있기 위해서였다. 그들이 찾는 사람이 나라는 것을 알 수 있도록 말이다.

네덜란드에서의 시간이 길어지고 나의 네덜란드어가 향상될수록, 양부모님은 할머니와 한국의 어머니를 대신해 내게 점점 더 중요한 사람이 되어갔다. 영리하게도 나는 내가 네덜란드에 머물러야만 한다는 것을 깨닫고 있었다. 그러나 동시에 할머니와 어머니가 나를 데리러 올 것이라는 희망과 믿음 또한 무의식 속에 간직하고 있었다.

나는 새로운 가족을 신뢰하기 위해 노력했다. 그러나 그 신뢰는 저절로 생기지도 않았고 굉장히 오랜 시간을 필요로 했다. 엄청난 의심 속에서, 그들이 자신들의 친딸인 언니를 사랑하는 것처럼 나를 사랑한다는 것을 믿을 수가 없었다.

가령 나는 내가 두 살 위인 언니보다 먼저 자러 가야 한다는 것을 굉장히 이상하게 생각했다. 한국에서 사는 동안 나는 잠이 올 때, 잠을 자고 싶을 때 자러 가는 것에 익숙해 있었다. 그래서 다른 식구들이 모두 잠을 청하는 시간에 다함께 잠자리에 드는 것이 보통이었다. 당시 대부분의 집에는 방이 하나밖에 없었고, 그 방에서 온 식구가 함께 자야 했기 때문이다.

따라서 침대에 누우면 네덜란드 가족들이 나에 대한 이야기를 나누거나 내가 알면 안 되는 비밀 이야기를 나누고 있다는 생각을 떨칠 수 없었다. 지독한 격리감 속에서 내가 이곳에 속한 사람이 아니라는 느낌이 들었다. 스스로에게 물었다. '도대체 왜 그들은 나를 입양한 걸까. 그들이 나를 사랑할 이유는 아무것도 없는데 말이야. 친어머니도 더이상 나를 사랑하지 않는데, 어떻게 낯선 이들이 나를 사랑할 수 있을까?' 그들 역시 나를 버릴 수 있다는 공포가 언제나 나와 함께했다. 나의 한국 가족이 결국 그렇게 했으니, 그들도 그렇게 하지 않을 이유가 어디에 있겠는가?

네덜란드에서의 처음 육칠 년 동안 나는 부모님이 자러 가기 전에는 잠들 수가 없었다. 다락방에 누워 언제나 아래층으로 귀를 기울이고 있었다. 쿵쾅거리는 소리와 왁자지껄하는 소리는 내게 그들이 아직 거기에 있다는, 나를 버리고 가버리지 않았다는 안도감을 안겨주었다. 나의 이성은 내게 그들이 나를 버리지 않을 것이라고 말했다. 그러나 마음 깊은 곳 어디인가는 부모님이 자러 가는 소리를 들어야만 근심에서 놓여나곤 했다. 부모님이 자러 가는 소리를 듣고 나면, 나 역시 평온한 잠에 빠질 수 있었다.

그 시절 네덜란드에는 아직 외국인이 많지 않았다. 작은 마을에서는 더더욱 그러했다. 나는 내가 살던 마을의 유일한 외국 아이였다. 아무도 나를 한국 아이라고 부르지 않았다. 그들은 모두 나를 중국 아이라고 생각했다.

초등학교에 다니는 동안 나는 내가 다른 이들과 다르게 생겼다는 것을 의식하지 않았다. 나는 오히려 호감 섞인 관심의 대상이었다. 마을에서 거의 유일했던 중국 식당에 가면 중국인들은 '오래 기다리던 아기 예수'를 바라보는 눈으로 나를 바라보며 자신들과 같은 가느다란 눈을 반가워했다. 식당 주인은 내게 가장 큰 만두 튀김이나 공짜 아이스크림을 주곤 했으며, 식사를 마친 후에도 집으로 가져갈 수 있는 중국 과자를 선물해주었다.

그러나 물론 나를 이상하게 쳐다보는 사람들도 있었다. 당시 나는 무언가 불안을 느끼거나 어떻게 행동해야 할지 당황스러울 때면 무조건 웃었다. 그것은 요란하게 소리내어 웃는 웃음이 아니라 일종의 커다란 미소였는데, 나는 그 미소 뒤로 불안이나 공포를 감추곤 했다. 아직 네덜란드의 언어와 행동양식을 잘 모르는 상황에서 어린아이가 느꼈을 두려움과 불안! 나는 그 두려움과 불안을 견뎌내기 위해 커다란 미소를 자주 지었다.

어느 날 이웃의 남자아이들과 공놀이를 하고 있었는데, 실수로 공이 이웃 아저씨네 현관에 떨어졌다. 그는 상당히 화가 나서 집 밖으로 나왔고 고래고래 소리를 질렀다. 무엇을 어떻게 해야 할지 모르는 상황에서 나는 언제나 그랬던 것처럼 반응했다. 스스로에게거는 주문처럼 사용했던 나의 커다란 미소를 보고, 그는 웃을 일이 없는 상황에서 웃기만 하는 나를 상당한 멍청이라고 생각했다.

초등학교 시절에 대한 기억은 온통 즐거운 것뿐이다. 나에게는 친구들이 많이 있었고, 우리는 자주 학교 운동장에서 술래잡기 놀이를 했다. 남자아이가 술래일 경우, 술래는 여자아이들을 쫓아다니다 그중 한 명을 치는 데 성공하면 상으로 뽀뽀를 할 수 있었다. 그러면 그 여자아이가 다시 술래가 되어 남자아이들을 치기 위해 달렸다. 그리고 남자아이를 치는 데 성공하면 역시 뽀뽀를 할 수 있었다. 다만 체육시간에는 누구도 나를 자기 팀에 끼워주려고 하지 않았다. 공놀이에 재능이 없던 내가 언제나 팀 전체를 곤경에 밀어넣었기 때문이다.

물론 '똥개 중국 아이'라고 놀리는 아이들도 있었다. 또 어떤 아이들은 나에게 고개를 숙여 절하며(존경의 인사가 아닌 그저 아시

아이들을 흉내내는 것으로) '칭창창'(우리들은 중국인을 그렇게 불렀다)이라고 외쳤다. 그러나 나는 그런 것들로 상심하기는커녕 오히려 마냥 즐거워했었다.

네덜란드의 학교생활은 매우 자유로웠다. 선생님의 이름을 부를 수 있었으며, 손가락을 들기만 하면 말하고 싶은 것은 모두 말할 수 있었다. 심지어 선생님이 무엇에 대해 실수하거나 잘못을 한 것 같으면, 그것에 대해 이야기하고 정정을 요청할 수도 있었다. 선생님들은 잘못을 지적해준 것에 대해 고맙다는 인사와 함께 사과를 하기도 했다. 나는 선생님들이나 교장선생님과 내가 동의할 수 없는 문제들에 대해 토론하는 것을 무척이나 좋아했다.

선생님의 나이를 알아맞히는 놀이도 기억이 난다. 담임선생님의 생일이었다. 모두들 비현실적인 숫자들을 이야기했다. 60살? 100살? 선생님은 말했다. "거의 백 살이 맞아. 계속 맞춰보렴." 나는 손을 들고 말했다. "선생님은 거짓말을 하시는 거예요. 백 살일 수가 없어요. 그건 거의 죽을 때가 되었다는 이야기이기도 하고, 흰 머리여야 한다는 말이죠. 선생님은 아마도 서른 살일 거예요." 선생님이 의아스러워하며 나를 쳐다보았다. 그녀가 31살이 되는 날이었기 때문이다.

학교는 대부분 3시 반에 끝났다. 방과 후에는 매일 단짝 잉그리드와 함께 놀았다. 잉그리드는 창백한 하얀 피부에 금발을 가진 아이였다. 하루는 잉그리드의 집에서, 하루는 우리 집에서 노는 것이 원칙이었던 우리는 어느 날 좀더 합리적인 방법을 찾아냈다. 그날 어느 집 엄마가 좀더 맛있는 간식을 준비해놓고 있는가를 미리 조사한 다음, 그리로 가서 노는 것이다. 네덜란드에서는 아이들이 먹고 싶은 대로 맘껏 간식을 먹을 수 없다. 살림이 궁색해서가 아니라 칼뱅주의의 근검한 생활습관이 그 이유이리라. 따라서 아이들은 건강한 식사습관을 위해 밥을 먹는 데 방해되지 않을 만큼의 양의 간식을 하루 딱 한 번만 먹을 수 있었다. 하루 딱 한 번뿐인 간식이니 최선의 선택을 해야 하지 않겠는가. 물론 대체적으로 어느 한쪽으로 빈도가 치우치지는 않았지만 말이다.

잉그리드와 나는 둘 다 모범생이었다. 우리는 놀이에서고 공부에서고 서로 월등한 성적을 거두기 위해 노력했다. 내가 왜 다른 아이들과 다르게 생겼는지, 왜 입양이 되었는지에 관해 이야기를 나눈 기억이 없다. 그만큼 나와 친구들은 내가 다른 아이들과 다르다는 사실을 의식하지 않고 있었다.

3

느리게나마, 그러나 기특하게도 나는 내가 이제 네덜란드에서 산다는 것을 받아들이기 시작했다. 내게 더이상 한국의 가족들은 존재하지 않았다. 그들은 아마도 나를 잊었겠지. 그러나 여전히 내 마음 깊은 곳에서는 할머니와 엄마가 나를 다시 데려갈 날이 있을 거라고 믿었다. 몇 년이 지나면서 그러한 생각을 매일같이 하지는 않았다. 때때로 보이던 비행기만이 할머니와 어머니에 대한 기억을 되살리곤 했다.

매우 아름다운 여름날. 태양이 빛나고 있었고, 나는 짧은 바지와 하얀 샌들 차림이었다. 나는 이웃집 소녀, 그리고 두 명의 소년들과 함께 구슬놀이를 하고 있었다. 내가 이곳에서 태어나지 않았음을 알아차리게 하는 것은 아무것도 없었다. 나의 자연스러운 네덜란드어는 이웃집 소녀나 두 명의 소년들 못지않았다. 네덜란드에서의 삶이 대략 3년쯤 지나자 나는 아주 평범한 네덜란드 소녀가 되어 있었다.

우리는 모두 구슬치기에 열중했다. 흥미진진한 순간이었다. 이번처럼 많은 구슬이 대기하고 있던 적은 없었다. 크리스틴, 이웃집 소녀의 차례였다. 마지막 구슬이 출발했다. 모든 눈이 일제히 그리로 쏠렸다. 구슬이 성공적으로 안착할 것인가, 아닌가?

갑자기 헬리콥터 소리가 들려왔다. 그 소리를 듣는 순간, 나는 더이상 구슬에 대해 생각하지 않았다. 나의 관심은 오로지 헬리콥터에 머물렀다. 어느 순간, 하늘을 올려다보며 뛰어오르기 시작했다. 헬리콥터를 향해 손을 흔들며 생각했다. '저기 할머니와 엄마가 있어. 나를 찾고 있어. 결국 나를 버린 것을 후회하고 다시 데리러 온 거야.' 그러한 생각을 하는 동안 헬리콥터는 멀리 날아갔다. 헬리콥터가 시야에서 사라지자마자, 나의 관심은 다시 구슬로 돌아왔다. 그들이 나를 데리러 오지 않을 것이라는 이미 익숙해진 실망감 속에서.

그렇게 수년 동안, 다른 일을 하고 있다가도 비행기나 헬리콥터가 보일 때면, 나는 하던 일을 멈추고 하늘을 쳐다보았다. 그러고는 생각의 나래를 폈다. '그들이 지금 나를 찾고 있나? 나를 데리러 오는 걸까?' 그러나 그런 일은 결코 일어나지 않았으며, 나의 바람 또한 천천히 그러나 확실히 사라져갔다. 나는 서서히 네덜란드 부모님을 의지하기 시작했다.

그렇다. 나의 한국 가족들, 분명 엄마는 나를 버렸다. 그리고 그와 유사한 일이 또 일어날 것이라는 의심이 찾아왔다. 네덜란드 부모님에게서 버려질 것이라는 두려움은 한국의 가족들을 상실한 슬픔을 넘어서기 시작했다.

새로운 부모님한테 사랑받고 싶다는 소망과 그들의 친딸처럼 사랑받을 수는 없을 것이라는 무력감 사이에서 나는 동요했다. 그들도 언젠가는 나를 버릴 것이라는 느낌이 늘 뒷머리 어딘가에 머물렀다. 가까운 미래가 되었든 먼 미래가 되었든, 반드시 일어나고 말 일. 11살, 12살이 되어 내가 입양되었다는 것을 분명히 의식하게 된 후로, 그러한 생각은 나를 깊이 사로잡았다.

그 시절 나는 요브네 퀘일즈가 쓴 『데이비드 S의 어머니』라는 책에 줄곧 빠져 있었다. 마약에 중독된 한 젊은이에 대한 이야기였다. 그는 자신의 부모를 속이고 기만했다. 그러나 그의 어머니는 모두의 만류에도 불구하고 아들을 포기할 수 없었다. 그는 그녀의 아들이었던 것이다!

나의 두려움은 내가 마약 같은 것의 유혹에 맞서야 한다는 데서 기인하지 않았다. 만일 내가 무언가를 잘못하거나 혹은 실패한다면, 어머니가 나를 떠날지도 모른다는 것이 그 두려움의 정체였다. 데이비드 S는 그 어머니의 친아들이었지만 나는 어머니의 친딸이 아닌 것이다!

나는 그들의 완벽한 딸, 그들의 친딸처럼 되고 싶었다. 그래서 나는 자연적으로 조숙한 아이가 되었고, 어린아이로서 관심을 두지 않아야 할 것들에 대해 의식하게 되었다.

10살이 되던 해에 네덜란드 아버지는 과로에 시달리기 시작했다. 그는 집에서 작업을 했고, 나는 무언가 잘못되어가고 있다는 것을 느꼈다. 나보다 두 살 많았던 언니가 아무것도 눈치채지 못한 채, 그저 아버지가 휴가를 즐기고 있다고 생각했던 것과는 대조적으로 나는 아버지의 일이 무언가 어긋나고 있다는 것을 알고 있었다. 그리고 그것이 나의 잘못이라고 생각했다. 나는 아버지의 부진, 그가 울 수도 없을 만큼 비통에 잠기도록 내가 무언가를 잘못한 것이라고 생각했다. 무엇을 잘못한 것인지는 몰랐다. 그러나 엄마가 나를 버렸을 때 내가 스스로는 몰랐던 어떤 잘못을 저질렀던 것처럼, 아버지의 침체는 내가 무언가를 잘못했기 때문이라고 생각했다. 나는 내가 착한 아이가 아니라는 죄책감을 격렬하게 느꼈다. 내가 착한 아이가 아니라는 그 느낌은 아버지에 의해서 더욱 견고해져 갔다. 그 무렵 아버지는 내게 폭언과 비난을 퍼부어댔으며, 나를 다시 고아원으로 보내버리겠다고 위협했다. 아마도 그것이 아버지의 진심은 아니었으리라. 다만 일시적이고 일회적인 나쁜 농담에 불과했을 것이다. 그러나 내게 그것은 내가 항상 두려워했던 그 무엇을 확인하는 실제 상황이었다. 사랑 속에서 한 아이는 무엇이 허용되고 무엇이 금지되어 있는지 분명하게 배운다. 나의 경우, 아버지의 거듭된 폭언과 회초리에 의해 집 안에서 금지된 행동들을 분명히 알아갔다. 같은 순간 나의 언니는 사랑과 부드러움이 담긴 목소리로 어루만져주는 어머니를 통해 동일한 규율들을 체득했다.

내가 막 네덜란드에 왔던 때를 기억한다. 아직 제대로 된 네덜란드어를 구사하지 못했던 때였다. 너무 화가 난 아버지는, 발가벗은 나를 침대 위에서 강아지처럼 무릎 꿇고 엎드리게 했다. 그러고는 나무막대기로 나의 맨 엉덩이를 때렸다. 나는 아버지에게 두 손을 모아 빌며 때리지 말라고 애원했다. 이유가 무엇이었는지 이해할 수조차 없었다. 그토록 작은 어린아이가, 이제 막 네덜란드에 도착하여 무엇이 규율인지도 전혀 몰랐던 아이가, 그토록 비인간적인 방식으로 매질을 당할 잘못을 할 수 있었을까. 인간이 아닌 짐승처럼 말이다. 그러나 아마도 그 이유 없음이 바로 이유였는지도 모른다. 아무런 이유 없이도 때릴 수 있는 강아지처럼 나를 비하함으로써, 그는 자신이 파워풀한 사나이라고 느꼈던 것이다. 내가 무엇을 잘못했는지에 대한 의식 없이 가해지는, 형용할 수 없이 고통스러운 체벌. 그것이 내 유년에 대한 정의다. 치약을 옷에 묻혔기 때문에, 손을 씻고 난 후에 세면대를 잘 말리지 않았기 때문에, 체벌이 늘 일어났다. 어머니는 아무것도 알지 못했다.

어머니가 일하러 나가야 되면, 나는 화장실로 가서 기도했다. 제발 아빠가 화내지 않게, 내가 어리석은 짓을 하지 않도록 도와달라고 말이다. 즉 나는 아빠가 나를 때리지 않게 해달라고 기도한 것이 아니라, 내가 무언가를 잘못해서 아빠가 나를 때리는 이유를 만들지 않게 해달라고 기도한 것이다. 무엇을 잘못했는지는 몰랐지만, 어쨌든 아빠가 나를 때릴 만한 이유가 있다고 믿었다. 내가 착한 아이가 아니며, 아무 가치도 없는 사람이라는 느낌은 그런 식으로 커져갔다. 매일같이 학교와 집을 오가며 내가 무엇을 잘못해서 이렇게 매질을 당하는지 따져보곤 했다. 그러한 습관이 너무나 당연하게 굳어지면서 나는 이후 집을 떠나 더이상 아버지와 함께 살지 않았을 때, 나에게 미친 듯이 고함을 쳐대는 사람이 없다는 것이 매우 이상하게 생각되었다.

　이상하게도 아이는 아무리 부모가 잘못을 해도 그것을 부모의 사랑이라고 이해한다. 내 경우는 아버지의 행동들이 그러했다. 그 모든 것에도 불구하고 나는 아버지가 나를 크게 사랑하는 것이라고 느꼈다. 아이는 사랑이 무엇을 뜻하는지 모른다. 아이는 경험을 통해 어떤 것을 사랑과 연관시킨다. 그것이 부정적인 관심이었다고 해도, 나는 아버지의 관심을 받은 것이고 아직 모든 것을 이해하기 전이었기 때문에 그것이 사랑이라고 이해했다. 스스로 자신은 체벌을 받을 만큼 나쁜 아이이고, 아버지는 최선의 의도를 가지고 있다고 단정 지었다. 나의 눈에 아버지는 정직하고 통찰력 있는 사람이었다. 이상하게 들리겠지만, 그 시절 나는 어머니보다 아버지를 더 사랑했다. 아버지가 나에게 육체적인 고통을 가했다는 사실에도 불구하고, 그것이 내게는 그가 나를 언니보다 더 중요하게 생각한다는 느낌으로 다가왔다. 육체적인 고통은 참을 수 있었지만, 어머니가 나보다 언니를 더 사랑한다는 생각, 어머니에게 언니가 나보다 더 중요하다는 생각은 견디기 힘들었다. 아버지에게서는 한 번도 나보다 언니가 더 잘되길 바란다는 느낌을 받은 적이 없었다.
　내게 폭언과 육체적인 굴욕감을 감수하게 한 아버지의 격정에도 불구하고, 나는 그가 내가 거둔 탁월한 성과들을 자랑스러워한다는 생각을 가지고 있었다. 내가 나쁜 아이라는 느낌, 내가 입양되었다는 사실을 만회하기 위해 나는 학교에서 최선을 다했다. 모든 과목에서 높은 성적을 성취했고, VWO를 수월하게 마쳤다. 네덜란드에서는 초등학교를 마친 뒤에 바로 중고등학교를 통합한 과정으로 들어간다. 한국과는 달리 세 가지 종류의 중고등학교 통합과정이 존재한다. 가장 낮은 수준의 MAVO(실업계 과정)는 4년제이고, 중간 수준의 HAVO는 5년이 걸리며, 가장 어려운 VWO는 6년이 걸린다. 그리고 VWO 졸업자만이 대학에 들어갈 수 있다.

성적뿐만 아니라 나는 스포츠와 취미 생활 모두에서 최상이 되려고 노력했다. 그렇게 해야만 아버지가 나를 존중하고 자랑스러워할 것이라고 생각했다. 나와 대조적으로 언니는 학교에서 늦된 학생이었고, 학교생활에서도 중간 정도의 성취를 거두고 있었다.

어머니는 나에게 육체적인 고통을 가하지는 않았다. 그러나 그녀에게 언니가 더 중요해 보인다는 느낌은 내게 격렬한 고통을 안겼다. 단 한 번도 어머니가 나의 훌륭한 성적과 탁월한 스포츠 활동을 자랑스러워한다는 느낌을 받은 적이 없다. 그와 반대로 나는 어머니가 반대의 상황을 바란다는 생각을 가지고 있었다. 내가 어머니를 의심하고, 어머니에게 더 많은 관심과 사랑을 받았던 언니를 때때로 격렬하게 질투한다는 느낌은 매우 고통스러웠다. 왜 어머니는 내가 18살, 19살에 연속해서 VWO 학년을 밟아 올라갔을 때 한 번도 관심을 보이지 않았을까. 언니가 아슬아슬하게 다음 MAVO 학년으로 올라가게 되었을 때는 당연하게 파티를 열곤 했으면서 말이다. 그러한 것들은 아버지에게 회초리를 맞았을 때보다 나를 더 분노하게 했다.

또한 언니가 다른 소녀들처럼 자기 마음대로 자신의 머리모양을 결정할 수 있었던 것에 반해, 나는 언제나 소년처럼 보이는 짧은 커트머리를 하도록 강요당했다. 그럴 때면 참을 수 없이 싫었다. 나는 이것을 내 방식대로 이해해보았다. 부모님이 내가 이웃집 아줌마들에게서 너무 많은 관심과 귀여움을 받는다고 생각했기 때문이라고. 작은 한국 아이는 자동적으로 너무나 귀여운 외국 아이로 비쳐져 이웃의 너무 많은 관심을 모았고, 그러한 분위기 속에서 언니는 자주 관심 밖으로 잊혀졌다. 어머니는 나로 인해 그늘지는 언니를 보며 고통스러웠는지도 모른다. 그리하여 언니에게는 길고 아름다운 머리카락을 허락하고, 나는 짧은 머리를 하도록 했는지도……. 물론 그러한 해석은 입양된 아이가 가진 왜곡된 것이었는지도 모른다. 그리하여 어떤 일에 대해서는 아주 잘못된 이해를 하고 있었을지도.

훗날 어머니는 내게 긴 머리는 손질을 안 해주는 것처럼 보이기 때문에 짧은 머리를 하게 했다고 설명했다. 아마도 그것이 진실이었을 것이다. 그러나 어쨌건 나의 왜곡된 해석은 스스로에게 고통과, 무언가를 잘못했다는 느낌을 안겨주었다.

네덜란드 어머니에게 내가 비록 한국의 친어머니에게서는 버림받았지만 무언가 탁월한 능력을 가지고 있음을 보여주고 싶었다. 그렇게 해서 그녀의 사랑을 얻고자 했다. 그러나 나의 그 탁월함이 언니를 가렸기 때문에, 내게는 어머니에게 거부당했다는 느낌만 남을 뿐이었다. 삶은 그렇게 복잡한 것이었다. 나의 유일한 소망은 어머니가 자신의 딸을 사랑하는 것만큼 나를 사랑하는 것이었다. 보통 아이에게 그것은 매우 단순한 사안이다. 아이가 태어나면, '자신의 아이이기 때문에' 사람들은 그 아이를 사랑한다. 아이는 그 사랑을 얻기 위해 아무것도 할 필요가 없다. 그러나 나는 그들의 아이가 아니었던 것이다……

4

초등학교 6학년까지 나에게는 친구가 많았다. 고립감을 느낀 적도, 그들과 다른 외모를 하고 있다는 것을 의식한 적도 없었다. 그러나 그 모든 것은 부모님이 이사를 간다고 알려준 한 순간에 변해버렸다. 우리는 프리츠란드(네덜란드 북쪽 지방)에서 갤더란드(네덜란드 동쪽, 독일과 맞닿은 지방) 지역으로 이사를 했다. 프리츠란드에서 나는 이방인이라고 느낀 적이 없을 만큼, 자연스럽게 모든 것에 속해 있었다. 다른 아이들과 함께 성장했고, 따라서 그 아이들도 내가 다르게 생겼다는 것을 의식하지 않았다.

갑자기 내가 저절로 그곳에 속하지 않는 상황, 즉 자신의 영역을 개척해야만 하는 상황이 닥쳐왔다. 단번에 내가 이방인임을, 다르게 생긴 존재임을 깨달았다. 내 인생에서 처음으로 나는 사람들이 나를 인정하게 하려면 그전에 내가 많은 것을 해야 한다는 것을 깨달은 것이다.

하루가 다르게 총명한 조이는 사라져갔다. 언제나 말대꾸를 하던 조이, 선생님을 어떻게 난처하게 만들었는지에 대해 늘 다른 이들에게 조잘거리던 조이. 그러나 그 조이는 움츠러들었고 자신만의 세계를 창조하기 시작했다.

우리는 숲으로 둘러싸인 곳에서 살았다. 집 건너편에는 매우 아름다운 숲이 펼쳐져 있었다. 어쨌거나 이사는 우리에게 한 가지 좋은 결과를 가져왔다. 나는 바다, 그 하루도 잠잠하지 않은 해풍을 몹시 싫어했다. 그러나 숲은 미치도록 좋았다. 그 고요와 숲에서 풍기는 냄새. 나는 숲속을 걸으며 이것저것 생각하는 것이 좋았다.

어느 날 오후, 나는 달리기를 하고 있는 사람을 보게 되었다. 그를 경이롭게 바라보며 생각했다. '나 역시 할 수 있지 않을까?' 달리고 있는 그 사람의 눈, 한곳에 집중한 그 눈 속에서, 그것 외에 다른 세상은 없는 것과 마찬가지라는 것을 보았다. 그의 영혼이 다른 곳에 가 있는 것만 같았다. 끝없이 달리기. 그리하여 세상에서 자신을 분리할 수 있는 그가 너무나 멋져 보였다.

집으로 돌아가 운동화와 짧은 바지 차림으로 변신하고는 다시 숲으로 향했다. 그러나 기대했던 대로 나의 영혼이 전체적인 조화를 느끼는 대신에, 숨이 차 헐떡거리며 몇 분이나 지났는지 줄곧 손목시계를 바라보아야만 했다. 다음날 나는 새롭게 도전했고, 그 다음날도, 그 다음날도 그렇게 했다. 그런 식으로 몇 주가 지나자, 어느 날 30분을 뛸 수 있었고, 몇 개월이 지나자 1시간을 뛸 수 있었다. 엄청난 즐거움을 느꼈다. 세상을 다 쥔 것만 같은 느낌이었다. 뛰고 있으면, 더이상 나의 문제들이 존재하지 않는 것만 같았다. 불안감도 더이상 존재하지 않았다. 다른 이들보다 못한, 소외된 존재도 아니었다. 오히려 내가 다른 이들이 할 수 없는 일을 할 수 있다는 생각에 그와는 정반대의 느낌을 가질 수 있었다. 그것은 환상적인 느낌이었다. 학교가 끝나면, 나는 언제나 달리기를 하기 위해 집으로 직행했다. 무언가를 성취하기 위해서. 다른 아이들은 놀이를 하거나 친구들과 어울렸다. 다른 아이들처럼 그렇게 행동하는 대신, 나는 방과 후에 언제나 달리기를 한다! 누가 그렇게 하는가? 누가 그와 같은 자기 통제력을 가지고 있는가? 나의 소외된 상황에도 불구하고, 나는 더이상 낙오자가 아니었다.

얼마 지나지 않아 달리기로는 성이 차지 않았다. 달리기를 한 후에 배, 다리, 엉덩이, 팔을 위한 운동을 하기 시작했다. 어떤 종류의 운동인가는 중요하지 않았다. 운동을 통해 땀이 나고 고통을 느끼면, 그것으로 좋았다. 학교생활도 성공적으로 흘러갔다. 나는 반에서 최고의 학생이 되어야 했고 9점이나 10점이 아니고서는 만족하지 못했다.(네덜란드에서 성적은 1점에서 10점까지로 매겨지는데 10점이 최고점이다.) 모든 아이들이 나를 공부벌레라고 불렀지만 상관하지 않았다. 나에게는 매일같이 지켜야 하는 스케줄이 있었다. 방과 후 1시간 동안 달리기. 달리기가 끝나면 1시간 동안 운동, 그리고 저녁에는 숙제. 매일같이 스케줄을 지키는 동안은 안정감과 내가 좋은 사람이라는 느낌을 가질 수 있었다. 그러다가 만일 스케줄 사이에 어떤 일이 끼어들면, 완전히 패닉 상태에 빠지곤 했다.

시간이 흐르자, 아직 충분하지 못하다는 느낌, 다른 이들보다 무언가를 더 잘해야 한다는 느낌을 다시 갖게 되었다. 스스로에 대한 부정적인 생각을 눌러 없애버릴 수 있는 무엇인가가 필요했다. 나는 운동을 통해 체중이 얼마간 줄었음을 알 수 있었다. 유레카! 나는 학교에서 최고의 성적을 성취하는 것뿐만이 아니라, 다른 사람들보다 훨씬 더 날씬해지기로 결심했다. 실제로 나 자신이 뚱뚱하다고 생각해서 다이어트를 결심한 것은 아니었다. 그것은 순전히 내가 부적응자가 아니라, 하고자 하는 것은 모두 이룰 수 있다는 것을 증명하기 위함이었다. 자, 이제 나는 가능한 단시간에 살을 뺄 거야!

　오케이. 한국 어머니는 나를 버렸고, 네덜란드 부모님은 나를 골치 아파할 뿐 사랑하지는 않는다. 그러나 모두에게 내가 무엇이든 잘할 수 있는 가치 있는 사람임을 보여주겠다! 나는 우선 도서관으로 갔다. 음식과 다이어트, 칼로리, 비타민, 인간의 신체와 관련된 모든 것, 체중감량에 관한 책을 모두 대여해 왔다. 책 내용이 머릿속에 완전히 박힐 때까지 공부했다. 무작정 체중을 감량하기만 해서는 안 되었다. 될 수 있는 한 건강한 음식을 섭취해야 했다. 지방과 설탕은 될 수 있는 한 적게, 모든 것은 도정되지 않아야 했고, 가능한 많은 비타민과 미네랄을 섭취해야 했다. 따라서 학교 친구들이 자유시간에 서로 어울려 외출하여 노는 시간에, 나는 음식에 관한 책들 사이에 코를 박고 얼마만큼의 비타민, 단백질, 탄수화물, 지방과 칼로리가 각각의 식품들에 들어 있는지 정확히 알 때까지 오래도록 익히고 또 익혔다.

　그러한 것들에 집중해 있는 순간이 좋았다. 그러고 있는 동안은 다른 문제들을 생각하지 않아도 되었고, 다른 이들보다 열등하다는 느낌에 시달릴 필요도 없었다. 자, 이제 나는 시간을 관리하는 스케줄뿐만이 아니라, 언제 무엇을 먹어야 하는지에 대한 또 하나의 스케줄을 가지게 되었다. 이미 음식에 관한 고양된 기분은 사라졌다. 스케줄에 적힌 시간에, 계산된 단백질과 탄수화물과 지방과 칼로리를 섭취했다. 와우, 나는 모든 것을 통제하고 있었고, 이미 어느 정도 체중을 감량하는 데도 성공했다. 그러나 8킬로그램을 감량한 뒤에도 여전히 충분하지 않다고 생각되었다. 이제 24시간 동안 체중감량에 매달렸다. 음식을 보면 먹을 것으로 보이는 것이 아니라, 그것의 칼로리와 단백질, 지방의 총량에 대한 숫자가 보였다.

처음 스스로에 대해 멋지다는 느낌을 가졌던 꼭 그만큼, 이제 스스로에 대해 비참함을 느꼈다. 세 겹의 스웨터 속에서도 나는 언제나 추위를 느꼈다. 그 어떤 것도 즐겁지 않았으며, 운동은 이제 매일 가해지는 고통의 형장이었고 견디어야 하는 무엇이 되었다. 다른 이들에게서 완전히 격리된 것은 그리 심각한 어려움도 아니었다. 나는 이제 아무것도 느끼지 못하는 로봇이 되어가고 있었다. 너무 지치고 고갈되었지만, 그러나 또 매일같이 몸 안에 가진 에너지 없이 1시간 동안 달리기를 해야 했다. 수영을 하러 가야 하는 시간이 되면, 다른 아이들과 물속에서 공놀이를 즐길 수가 없었다. 수영장 벽이 사라질 때까지 여러 번 수영장을 횡단하여 수영을 해야 했다. 수영을 하는 동안 나는 곧 먹어도 되는 감자 조각과 한 줄기의 치커리를 생각했다. 그러고는 어머니가 그 치커리에 아무런 소스도 뿌리지 않게 해달라고 신을 향해 기도했다. 그러한 고통은 결실을 거두었다. 그날 저녁 나는 불가사의한 한계였던 몸무게 28킬로그램에 도달할 수 있었다.

부모님은 이제 이러한 상황이 일시적인 변덕에 기인한 것이 아니라는 것을 지각하기 시작했다. 섬뜩하게 마른 나의 모습에 그들은 음식물 섭취를 강요했다. 자, 이제 거식증 환자(나는 그사이 거식증 환자가 되어 있었다)가 먹기를 강요당하면? 거대한 소동이 일어난다. 함께 식탁에 앉는 시간은 가족 전체에게 매우 유쾌한 시간이었다. 그러나 이제 그것은 매일 거대한 재난이 되어갔다. 부모님은 내가 무엇을 먹는지 주의를 기울이기 시작했고, 나는 어머니에게 미치광이 같은 의심을 품게 되었다. 말도 안 되는 생각이었지만, 편집증적으로 어머니가 나의 야채를 요리할 때 버터 덩어리를 넣는다고 생각했다. 어머니가 냄비와 프라이팬에 무엇을 넣는지 모든 것을 지켜보아야만 했다. 따라서 어머니가 부엌에서 일할 때면, 나는 버터가 너무 많이 사용되지는 않는지 혹은 붉은 양배추에 설탕을 뿌리지는 않는지 체크하기 위해 서 있었다. 그러고는 식탁에서 감자를 더 먹어야 할 때면 주저 없이 울부짖었다.

 집에서의 식사와 비교했을 때, 학교에서의 그것은 매우 수월했다. 어머니는 원하는 만큼 많은 빵을 싸줄 수 있었고, 그것들은 모조리 쓰레기통으로 들어갔다. 그러한 행동은 곧 학교에서 느끼는 소외감으로 이어졌다. 몇 명씩 모여 즐겁게 먹고 있을 때, 나는 되도록 혼자 먹으려 했다. 그렇게 하면 누구나 나의 점심이 메마른 빵 2조각 혹은 사과 2개라는 것을 알아차리지 못했다. 종종 나는 어머니에게 친구들과 놀다가 저녁을 먹었다고 말하고는, 저녁 7시 정도까지 숲에 머무르다가 집에 돌아갔다. 그런 식으로 다시 한번 저녁을 건너뛸 수 있었던 것이다.

 먹고 나서, 손가락을 목구멍에 집어넣는 행위는 한 번도 하지 않았다. 변비약에 대해서도 한 번도 생각해본 적이 없었다. 아마도 열두어 살 즈음의 나는 그런 방법을 생각해내기에는 너무 순진했던 것 같다. 하여간 그 즈음의 나는 적게 먹고 운동하는 원칙을 고수했다. 구토를 유발하는 행동은 나중에 일어난 것이었다…….

5

 결국 어머니는 의사가 음식을 먹도록 할 것이라는 희망을 가지고 나를 의사에게 데려갔다. 의사가 어머니의 이야기를 모두 듣고, 나의 벌거벗은 몸을 진찰한 후, 어머니와 나는 최초로 내가 무엇을 하고 있었는지에 대한 정의를 듣게 되었다. '신경성 거식증.'
 의사는 비타민, 응유, 크림버터, 두꺼운 치즈나 고기를 얹은 많은 양의 빵을 처방했다. 처방에 대한 나의 최초 반응은 한 줄기 눈물이었다. '나를 못생기고 살진 돼지로 만들려고 하는구나.' 나는 진심으로 어머니와 의사가 나의 아름다운 마른 몸매를 부러워한다고 확신했다. 무엇보다 의사가 상당히 뚱뚱했기 때문이다. '그녀는 마른 소녀들을 싫어하겠지. 그러니까 내게 크림버터를 먹여 뚱뚱하게 만들려고 하는 거야.' 어머니가 왜 나에게 음식을 다시 먹게 하려고 하는가에 대해서는 다른 이론을 가지고 있었다. 당시의 나는 여전히 부모님, 특히 어머니가 나보다 친딸을 더 사랑한다고 생각했기 때문에 어머니가 친딸보다 내가 더 못생기고 뚱뚱하기를 바라기 때문이라고 믿었다. 내가 다른 이들보다 못하다는 열등감은 사실, 내가 언니보다 못하다는 열등감에 많은 부분 기인했다. 나의 눈에 그것은 너무도 분명한 사실이었다.
 어머니는 항상 감싸 안고 위로하는 역할을 도맡았던 사랑이 많은 여성이었다. 갈등과 험한 말들이 오고가는 상황에는 언제나 엄한 부모님 역할을 맡아야 했던 아버지가 있었다. 어머니는 갈등 상황을 잘 견디지 못했다. 아버지는 매우 권위적인 사람이었고, 엄격하게 모든 것을 통제하길 원했으며, 집안의 보스였고, 무엇보다 아이들이 자신이 말한 대로만 행동해야 한다고 생각했다. 그러나 매우 불쾌하게도 아버지의 그러한 역할은 어머니와 언니에게 완전히 거부되었다. 양육에 관해 서로 다른 의견이 충돌할 때, 언제나 어머니의 목소리가 좀 더 컸다. 언니는 결코 얌전하게 아버지의 말을 듣지 않았으며, 아버지의 말 중에 마음에 들지 않는 것이 있으면 자연스럽게 반격했다. 자신의 집에서 양육된 평범한 아이들이 모두 그러하듯, 나의 언니도 그러했다. 그녀는, 그렇게 하고 싶은 순간에는 그저 수화기를 들고 몇 시간씩 친구와 수다를 떨 수 있었다. 나는 전화를 사용하고 싶을 때면, 언제나 먼저 아버지에게 예의바르게 전화를 사용해도 되냐고 거의 애원에 가까운 청을 넣어야 했다. 그러고는 누구에게 왜 전화를 해야 하는지 자세하게 설명해야 했고, 전화사용이 허용되어도 가능한 짧게 통화해야 했다.

  간식으로 무언가 먹거나 마시고 싶을 때, 언니가 무엇을 집어먹는가는 전혀 문제 되지 않았다. 언니는 이미 네 조각의 쿠키를 먹고도 자연스럽게 다섯번째 쿠키를 집을 수 있었다. 그러나 내가 쿠키 상자에서 한 조각의 쿠키를 꺼낼 때면, 아버지는 분개하며 먼저 물어보고 행동할 수 없느냐고 말했다. 이미 내가 이전에 한 조각을 꺼내 먹었다면, 쿠키 함은 절대 열리지 않았다. 당시 우리 집에서는 하루 한 개의 과일이 허용되었는데, 내 생각에 그 규칙은 나에게만 해당되는 것이었다. 언니는 허락을 받지 않고도 자신이 원하는 만큼의 과일을 먹을 수 있었다. 나는 사과 한 개, 한 개마다 아버지의 허락을 받아야 했으며, 이미 사과 한 알을 먹었다면, 돌아오는 대답은 언제나 'No'였다. 따라서 좀더 많은 사과를 먹기 위해 나는 용돈으로 매주 사과 한 봉지를 사서 방에 숨겼다. 언니는 그저 시시때때로 거실에 놓여 있는 과일 접시에 놓인 것들을 먹었는데 말이다.

사실 아버지에게 그리 심하게 분노를 느끼거나 하지는 않았다. 이미 나는 언니와 내가 그렇게 다르다는 것을 받아들이고 자연스럽게 수용하고 있었다. 언니보다 열등한 존재이기 때문에, 언니와 같은 권리를 가질 수 없다는 것이 아주 당연하게 생각되기 시작했다.

내가 정말로 깊은 상처를 받았던 것은, 아침마다 어머니가 서로 다른 방식으로 우리를 깨운다는 사실이었다. 학교에 늦지 않도록 우리의 기상 시간을 챙겨야 했던 어머니는 우선 내 방으로 건너왔다. 호기롭게 방문을 열어젖히고 문 앞에서부터 일어나야 하는 시간이라고 소리를 질렀다. 그러고는 다른 딸의 방으로 조심스럽게 건너가서 자는 딸을 깨우지 않기 위해 조심스럽게 방문을 열었다. 더욱 조심스럽게 침대로 다가가 그녀의 작은 공주가 사랑스럽게 누워 있는 것을 다정함이 가득 담긴 눈을 하고서 바라보다가, 자신의 얼굴을 조심스럽게 딸에게로 가져갔다. 작은 키스를 해주고 딸의 귀에 속삭였다. "일어나렴. 시간이 되었다." 언니가 웅얼거리며 등을 돌리면 어머니는 그 모든 의식을 반복했다. 언니가 깨어날 때까지 키스를 해주고, 이제 시간이 되었다고 귀에 속삭이기.

사실 고함이든 키스든 무엇으로 깨어나는가는 그리 중요하지 않았다. 다만 어머니가 언니를 깨우는 데 그토록 많은 애정을 쏟는 대신 내게는 몇 초만을 할애했다는 것이 상처가 되었다. 그것은 무언가를 마셔도 되냐고 아버지에게 허락을 받아야 하는 상황보다 훨씬 더 많은 열등감을 느끼게 했다.

의사는 날짜를 지정했다. 2주 후까지 체중이 4킬로그램 늘어나야 했다. 그렇지 않을 경우 병원으로 보내져 주입기를 통해 영양을 강제로 공급받아야 한다고 했다. 나의 의지와 상관없이 체중이 빠르게 늘어날 것이었다. '그래, 어디 두고 보지 뭐.' 집으로 돌아와 활기차게 운동을 하고 칼로리를 계산했다. 그러나 이미 내 안에서 어떤 변화가 일어나고 있었다.

어느 날 저녁, 집에 혼자 남은 나는 굉장히 불안한 기분에 휩싸였다. 종일 사납게 바람이 불고 비가 내리던 날이었다. 안으로부터 극심한 허전함을 느꼈다. 그날 오후, 나는 그저 울부짖으며 오랫동안 어머니의 무릎에 누워 있었다. 죽을 것처럼 피로했다. 모든 것에서 피로를 느꼈다. 학교, 운동, 날씬한 몸매, 그 모든 것을 포함한 삶에서 피로를 느꼈고, 더이상 아무것도 필요가 없었다. 그저 부모님 곁에 머무르고 싶었다. 그들에게 달라붙어 울고 울고 또 울었다.

저녁 무렵, 눈물이 마르자 부모님은 나에게 몇 시간 혼자 있어도 괜찮겠느냐고 물었다. 나는 대답 대신 혼자 생각했다. '그렇다면 방해받지 않고 운동을 할 수 있겠군.' 부모님은 집을 나섰고 나는 홀로 남았다. 세상에 혼자인 것 같은 지독한 외로움을 느꼈다. 시계 소리가 들려왔다. 밖을 내다보았으나 사람의 그림자도 없었다. 오직 가는 빗방울만이 땅에 떨어지고 있었다. 마치 시계만 홀로 살아남아 째깍째깍 소리를 내고 있는 것 같았다. 어떤 순간, 나는 부엌으로 달려가 냉장고 문을 열어젖혔다. 요구르트 한 병, 크림 과자 한 상자, 남은 감자 한 접시, 야채샐러드, 소시지 한 조각, 치즈, 사과와 야채들이 거기 있었다. 아무것도 생각하지 않았다. 음식이 보였다. 그 안에 포함되어 있는 칼로리와 지방이 아닌, 오직 음식이 보였다. 오랫동안 금기시한 음식들.

제일 처음 요구르트와 커다란 접시에 가득 담은 크림 과자를 마시고 먹었다. 그러고는 시리얼 반 상자에 설탕 여섯 숟가락을 뿌려 섞고 커다란 숟가락으로 입 안에 떠넣었다. 부지불식간에 그것을 해치우고도 더 먹어야 했다. 빵 상자를 열어 빵을 하나 꺼내 버터와 잼을 급히 발랐다. 그것을 급히 입 안에 구겨넣고는, 빵을 하나 더 집어 시럽을 두껍게 뿌렸다. 다시 그것을 입 안에 채워넣고 빠르게 씹었다. 함 속의 쿠키를 집어 하나하나 입 안으로 가져갔다. 다른 것은 존재하지 않았다. 오직 음식과 나 외에는.

그 순간 더이상 아무것도 중요하지 않았다. 나를 세상과 격리시켜 주었던 달리기도 필요없었다. 그저 먹을 뿐이었다. 그것만이 텅 빈 내 안을 가득 채우는 모든 것이었다. 쿠키 함이 텅 비어버리자 다시 냉장고로 달려갔다. 고기와 야채가 섞인 샐러드가 바닥이 보이도록 숟가락으로 퍼먹었다. 콜라 한 병을 따서 병째로 들이켰다. 탄산이 목젖을 태우는 듯 자극해서 더이상 마실 수 없을 때까지. 비스킷 상자를 열어 몇 조각을 집어냈다. 그 위에 두꺼운 버터를 바르고, 버터 위에 그보다 더 두꺼운 초콜릿 조각들을 얹었다. 싱크대에 떨어진 초콜릿 조각들은 혀로 핥았다. 다시 두 장의 비스킷 위에 치즈를 얹어 먹어치웠다. 그 순간, 위가 아파왔다. 찌르는 듯한 복통을 느꼈다.

두 손으로 배를 받치고 소파로 달려가 누웠다. 갑자기 무서운 패닉 상태에 빠져들었다. '세상에, 내가 도대체 무슨 짓을 한 거지?' 내 안에 집어넣은 것들이 더이상 음식으로 보이지 않았다. 눈앞에 몸속에서 체지방으로 바뀌고 있는 칼로리와 지방의 총계가 보이는 듯했다. 부풀어올라 뚱뚱해진 나의 배를 느꼈다. '나는 다시 뚱뚱해졌다. 다시 뚱뚱하다.' '뭘 어떻게 해야 할까.' '달리기를 하러 가자. 조이, 자 빨리, 달려야 해. 가능한 오래 그리고 빠르게.' 스스로에게 그렇게 말하면서도 나는 알고 있었다. 음식으로 가득 부풀어 오른 배를 안고 뛰기란 불가능하다는 것을. 별안간 내 안의 다른 한 목소리가 굉장히 침착한 목소리로 말을 해왔다. '두려움에 사로잡히지 마, 조이야. 그저 내일 새롭게 다시 시작하는 거야. 내일이면 모든 것이 잘 마무리될 거야. 그저 며칠 먹지 않으면 되지.' 그날 나는 정해놓은 운동을 하지 않았고 숙제도 건너뛰었다. 부엌을 정리하고 내가 사용한 식기들을 모두 세척했다. 아무도 부엌을 사용하지 않은 것처럼 바닥을 닦았다.

부모님이 집에 돌아오기 전에 침대에 누웠으나, 잠을 이룰 수가 없었다. 마치 돌덩이가 위에 들어가 있는 것만 같았다. 뱃가죽의 지퍼를 열고 손으로 내용물을 꺼낼 수 있다면 얼마나 좋을까. 배에서 꼬르륵거리는 소리를 다시 들을 수 있다면 얼마나 좋을까. 아주 오랜 시간 동안 가득 찬 위를 경험하지 않았기 때문에, 이 새로운 포만감은 일종의 공포심을 유발했다. 꼬르륵거리는 위를 안고 잠자리에 드는 일에 익숙해져 있던 나에게 그 소리는 모든 것이 안전하며, 모든 것을 잘 통제하고 있다는 신호 같은 것이었다. 매일 밤 허기를 견디며 내 안의 다른 모든 고통도 참아낼 수 있었던 것이다.

몇 시간에 걸친 걱정을 뒤로하고 결국 잠이 들었다. 그러나 다음날, 내 안의 그 불안정과 공허감은 사라지지 않고 남아 있었다. 그 공허감은 그뒤로도 오랫동안 폭식과 짝을 이뤄 나에게 머물렀다. 그것은 아무리 노력해도 맞서 싸우기 힘든 그 무엇이었다.

03 점점 더 자주 한국에 대해 생각했다. 나는 그렇게 공허와 외로움을 달래기 위해, 나의 뿌리, 내가 태어난 나라, 나의 한국 가족들에 대해 생각하기 시작했다. 그들을 찾아가 어떻게 살고 있는지 알고 싶었다. 그들이 배고픔으로 고통 받지는 않았는지, 구걸하는 사람들 틈에 끼어 살고 있는 것은 아닌지, 무엇보다도 나에 대해 생각하고 있었는지, 내가 여전히 그들에게 의미 있는 사람인지 알고 싶었다.

가족 찾기

1

    몇 년이 지나지 않아 나는 네덜란드에 완전히 적응했고, 한국의 가족들이 나를 데리러 오지 않을 것이라는 사실을 받아들였다. 비행기가 창공을 선회하는 순간을 제외하고는 그들에 대해 더이상 생각하는 일도 없었다. 그러나 사춘기에 이르자, 다른 십대들이 모두 그러한 것처럼 나 역시 내가 누구이며 왜 이 세상에 와 있는가에 대해 질문하기 시작했다. 그러고는 다시금 한국이 내 의식 속에 떠올랐다.
    나는 음식에 대한 독특한 패턴 때문에 보통의 십대들이 겪는 성장의 단계를 제대로 지나오지 못했다. 이성에 대한 호기심, 외출, 연애 같은 것들 말이다. 중학교를 다니는 동안에는 소외된 학생이었으며, 커다란 그룹과는 인연이 먼 소외 그룹의 친구들하고만 교제를 나누었다. 학업을 잘 따라갔고, 잦은 외출과 늦은 귀가로 이어지는 십대들의 전형적인 반항 따위에는 관심도 없었다. 나에게 호감을 갖고 있던 소년들에게 전혀 관심이 없었으며, 디스코나 파티 같은 것들도 내 마음을 사로잡지 못했다. 오직 단 하나의 질문, '만일 한국에서 계속 살았다면 나의 삶이 어떠했을까'라는 질문만을 끊임없이 생각했다. 음식에 관한 문제들 때문이 아니라, 내가 느끼던 외로움과 공허감으로 인해 네덜란드에서 나는 이방인이었다. 어떤 곳에도 속해 있지 않은 느낌. 또래의 아이들이 가득 들어차 파티를 즐기고 있는 방에서도 하늘 아래 혼자인 것 같은 외로움을 느꼈다. 그 시절 나는, 나의 환경 속에서 내가 아는 유일한 외국인이었다. 한국인의 모습을 하고 있는 나의 얼굴은 나의 친구들이나 급우들과 달랐다. 내 얼굴이 싫었다. 나의 얼굴은 내 열등감의 원천이었다.

역설적인 것은 내가 스스로의 동양적인 얼굴을 보기 싫어했음에도, 다른 동양인의 얼굴을 보는 것은 미치도록 좋아했다는 점이다. 우리는 위성 텔레비전을 통해 일본 채널을 수신할 수 있었는데, 매일 오후 나는 텔레비전 앞에 앉아 아무것도 알아들을 수 없는 일본 드라마를 시청했다. 부모님은 내가 아무것도 이해하지 못하는 프로그램 시청에 미쳐 있는 것이 정상이 아니라고 말했다. 그렇지만 그것은 하루 중 가장 흥미진진한 순간이었다. 몇 시간이고 나와 같은 얼굴을 하고 있는 사람들을 쳐다보는 것. 그 몇 시간 동안 내가 어딘가에 속해 있다는 것 외에 다른 것을 느끼지 않았다. 그들과 똑같은 나……. 나는 또한 나와 외모가 비슷한 사람들에게 끌렸다. 가장 친한 친구 역시 동양인의 얼굴을 하고 있는 중국인이었다.

그렇게 한국은 나에게 마법의 나라가 되어갔다. 내가 태어난 나라, 모두가 나와 같은 얼굴을 하고 있는 그곳. 무엇보다 나의 한국 가족이 아직도 살고 있는 곳. 점점 더 자주 한국에 대해 생각했다. 나는 그렇게 공허와 외로움을 달래기 위해, 나의 뿌리, 내가 태어난 나라, 나의 한국 가족들에 대해 생각하기 시작했다. 그들을 찾아가 어떻게 살고 있는지 알고 싶었다. 그들이 배고픔으로 고통 받지는 않았는지, 구걸하는 사람들 틈에 끼어 살고 있는 것은 아닌지, 무엇보다도 나에 대해 생각하고 있었는지, 내가 여전히 그들에게 의미 있는 사람인지 알고 싶었다.

그리고 가족 찾기는 시작되었다.

제일 처음 내가 발견한 것은 일정 시간 동안 나의 부모님이 한국의 삼촌에게 편지를 보냈다는 사실이었다. 나는 전혀 몰랐었다. 서신 교환은 얼마 지나지 않아 중지되었다고 했다. 당시 나는 너무 어려서 그런 일들에 관심을 쏟을 수가 없었던 것이다. 그러나 이제 가능한 한 빨리 편지를 읽고 싶은 마음뿐이었다.

편지를 읽으며, 울었다. 그 눈물은 나를 위한 것이 아니었다. 한국의 어머니, 즉 엄마를 위한 것이었다. 삼촌은 내가 네덜란드로 떠난 후 엄마가 몇 주간 아팠다고 적어 보냈다. 그녀가 안쓰럽게 느껴졌다. 그녀가 나를 왜 낯선 땅으로 보내버렸는지, 왜 약속한 대로 나를 데리러 오지 않았는지, '왜, 왜'에 대한 물음이 사라졌다. 나는 그녀가 나를 사랑했기 때문에 그러한 선택을 한 것이라는 것을 알게 되었다. 그녀는 그것이 나에게 최선이라고 생각한 것이다. 나는 한국 사회에 대해 심한 분노를 느꼈다. 이혼녀가 자신의 아이를 키울 수 있도록 도움을 주지 않는 사회, 자신의 아이를 떠나보내도록 강요하는 사회. 나는 한국의 어머니에게 깊은 동정과 함께 그녀가 과거에 그토록 고통스러운 길을 선택할 수 있었던 것에 대해 경이로움을 느꼈다.

  나는 그녀에게 달려가고 싶었다. 그녀를 감싸 안고 위로하고 싶었다. 그녀에게 말하고 싶었다. '다 괜찮아요, 나는 당신을 미워하지 않아요. 당신을 사랑합니다. 모든 것이 다 잘되어가고 있어요. 걱정하지도, 죄책감을 느끼지도 말아요. 당신은 최선이라고 생각한 것을 선택한 것이고, 모든 것이 다 잘될 겁니다.' 갑자기 목덜미를 타고 내리는 눈물이 느껴졌다. 그녀의 눈물. 그날 밤, 그녀 곁에 누워 어린아이처럼 젖을 빨던 그 마지막 밤의 눈물. 나의 눈물은 나를 위한 것이 아니었다. 엄마를 떠나야 했던 그 어린아이를 위한 눈물도 아니었다. 나의 눈물은 한국의 그 여인, 자신의 아이를 잃어야 했던 그 여인을 위한 것이었다. 그녀의 상실감은 내가 느꼈던 것보다 더 큰 고통을 그녀에게 안겼으리라.

  한국의 어머니를 찾는 것은 그리 수월하게 진행되지 않았다. 한국으로 세번째 편지를 보내고 나서, 그러고도 2달이 지나자 서서히 걱정이 되기 시작했다. 맞는 주소이긴 했을까? 두 번이나 되돌아온 편지는 이미 '주소 불명'이라는 절망적인 통지를 안겨주었다. 올림픽으로 인해, 많은 도시 빈민 지역이 철거되었다는 것을 알고 있었다. 올림픽 선수촌, 경기장, 호텔을 건설하기 위해서였지만 무엇보다 한국의 가난한 지역을 외국인에게 보이고 싶지 않다는 것 때문이었을 것이다. 따라서 빈민촌이 사라졌을 가능성이 컸다. 1988년 서울에서 치러진 올림픽은 글자 그대로 많은 변화들을 몰고 왔던 것이다.

　서울이 거대한 역사적 사건을 위해 가난한 사람들의 집을 허무는 데 몰두하고 있을 무렵, 네덜란드에는 한국에서 많은 아이들이 건너와 있었다. 나 역시 그 아이들 중 하나였다. 갑자기 한국은 더 이상 내가 그곳에서 태어나 다시는 속하지 않게 된 나라, 그저 지구본 위에 존재하는 어떤 나라가 아니었다. 도처에서 한국에 대한 이야기들이 들려왔다. 텔레비전에서, 신문에서 한국 특집이 보도되었다. 더이상 한국으로부터 멀리 떨어져 존재할 수 없는 상황이 된 것이다.

　신문에서는 이 작은 개발도상국의 경제가 하나의 기적으로 명명되며, 미친 듯한 붐을 몇 년째 맞고 있다고 떠들어댔다. 한국에 대한 많은 소식을 접할수록(당시 한국의 학생 데모와 관련된 뉴스들은 세계 언론의 주목을 받을 만큼 놀라운 것이었다), 나는 한국에 대해 더 많은 생각을 하게 되었다. 한국에 대해 무언가를 보거나 읽을 때면, 도대체 내가 무엇을 느꼈던가? 어쨌거나 한국은 나에게 많은 것을 의미하기 시작했다. 경제적인 성공을 이루어낸 그들의 근면과 치열한 근성이 자랑스러웠다. 텔레비전에 보이는 한국의 아이들은 나의 마음을 녹였다. 내가 이미 본 적이 있는 한국 문자에 관한 나의 호기심은 점점 커져가기만 했다. 이 모든 것이 무엇을 의미하는 것인가?

　어느 날 아침, 집에 홀로 있던 나는 언젠가 정확한 주소를 알아낼 수 있을 것이라는 희망을 버렸다. 이미 한국 대사관에서 정확한 것이라고 장담한 주소들이 실패했기 때문에, 다시 희망을 품기가 두려웠다. 나는 우편함에 종이가 떨어지는 소리를 듣고 복도로 향했다. 아마 펜팔의 편지가 와 있으리라.

우편 뭉치 속에 봉투 하나가 눈에 들어왔다. 네 장의 낯선 우표가 붙은 항공우편 봉투. 떨리는 손으로 봉투를 집어 뒷면을 살펴보았다. '코리아'라고, 그곳에 써 있었다. 심장이 미친 것처럼 요동치기 시작했다. 매우 두꺼운 검은색 봉투였다. 급히 봉투를 열어젖히려 했으나 긴장 탓인지 봉투가 잘 열리지 않았다. '침착해, 조이. 사진이 들어 있을지도 모르니까, 다치지 않도록 열어야 해.'

일단 여유를 갖고 봉투를 여는 칼을 집어왔다. 그러고는 단정하게 봉투를 열었다. 다섯 장의 사진이 떨어졌다. 첫눈에 사진 속의 사람들을 모두 알아보았다. 그들은 그저 10년쯤 나이를 먹었을 뿐이었다. 그것은 희진과 유진. 나의 사촌들이 틀림없었다. 희진은 커다란 눈과 긴 머리를 가진 아름다운 소녀가 되어 있었다. 유진은 별로 달라진 것이 없었다. 그녀는 작고 가름한 눈에 예의 그 귀여운 얼굴을 하고 있었다. 단발머리를 한 유진은 사랑스럽게 웃고 있었다. 흐릿한 어머니의 사진을 한참 동안 바라보았다. 그러고 나서 편지에 쓰인 내용을 알기 위해 사진을 한쪽으로 치웠다.

2

17살이 되던 가을에 마침내 나는 한국의 어머니와 할머니, 사촌들을 보기 위해서 한국을 방문했다. 한국의 어머니에게서 편지를 받은 지 6개월이 지난 시점이었다. 나 혼자만이 아니라 네덜란드 부모님과 언니도 함께 비행기에 올랐다.

　우리는 함께 한국의 가족을 방문하고자 했다. 한국의 상황에 대해 내가 알고 있는 것은 거의 없었다. 그들이 지금 어떤 모습을 하고 있을지, 그 만남이 어떠할지에 대해 나름대로 상상의 나래를 펼 뿐이었다. 무엇보다 그들이 나를 어떻게 생각할 것인지, 나를 본 그들의 반응이 어떠할지가 궁금했다. 오, 하느님! 그들을 실망시키지 않기 위해 무엇을 해야 할까요? 그들은 분명히 나를 뚱뚱하다고 생각하거나 혹은 못생겼다고 생각할 것이다. 아마도 나를 본 후에 '주희를 멀리 보내버린 것은 잘한 일이야. 저리도 못나고 뚱뚱한 계집애는 우리 가족의 부끄러움일 뿐이지'라고 생각할지도 모른다. 그들은 나와 나의 사촌들, 희진과 유진을 비교해볼 것이다. 날씬하고 예쁜 그들과 나를 비교한 뒤, 나를 멀리 보내기로 한 선택은 정확했으며, 예쁜 아이들만 한국에 남겼다고 결론을 내릴 것이다.

　이러한 생각은 한국 방문에 대해 생각할 때마다 계속 내 머릿속에 맴돌았다. 나는 전처럼 한국의 어머니를 사랑하고 할머니를 사랑 가득한 팔로 안아드리며, 사촌들과 좋은 친구가 될 수 있음을 알고 있었다. 그러나 만에 하나 반대의 상황이 일어난다면, 그들이 나를 보고 실망한다면, 내가 그들의 기대를 만족시키지 못한다면 등의 생각이 눈덩이처럼 불어났다. 그들은 나의 내면이 어떠한지, 나의 마음이 어떠한지를 짐작할 수 없을 것이다. 3주라는 시간은 서로를 익히기에 너무 짧은 시간이다. 무엇보다 그들과 나 사이에는 언어적인 장벽이 놓여 있다.

　그러나 내가 어떻게 보일지에 대한 불안은 곧 견딜 만한 것으로 바뀌었다. 만약 나의 첫인상이 그들에게 실망감을 안긴다면 그들은 나를 버린 것이 옳은 선택이었다고 생각할지도 모른다. 그래서 그들이 나를 받아들일 수 있도록 아름다워지고 날씬해져야만 했다.

재빨리 남은 시간을 가늠해보았다. 10주. '매주 1킬로그램씩 체중을 감량한다면, 한국에 갈 시점에는 10킬로그램이 빠져 있겠지. 그렇게 된다면 사촌들보다 좀더 날씬해 보일 수 있을 거야.' 첫째 주의 다이어트는 환상적으로 진행되었다. 어찌되었건 다이어트는 내가 항상 잘할 수 있는 것이었으니까. 다시 달리기를 시작했고, 운동의 효과를 확신했으며, 만족감을 느꼈다.

다시 한번 날씬해질 수 있으리라 생각했다. 그러나 내가 미처 생각하지 못했던 것은, 15킬로그램도 수월하게 감량할 수 있었던 것이 '거식증'의 기간이었다는 사실이었다. 그것은 폭식이 전혀 문제되지 않았던 기간이었다.

다이어트를 시작한 지 2주가 지나지 않아 거대한 폭식이 다시 나를 찾아왔다. 폭식은 이제 반복해서 나를 찾아왔고, 체중을 다시 원위치로 돌려놓았다. 나 자신에 대해 항상 가지고 있던 통제력이 완전히 사라졌다. 패닉이 나를 덮쳤다. 악착같이 운동하고 굶주림을 견디던 스스로에 대한 원칙을 잃은 나는 절망감을 느꼈다. 여행 날짜가 다가올수록 점점 더 초조해졌다. 아주 근소한 숫자에 그친 체중 감량은 나를 절망감에 빠지게 했고, 그럴수록 폭식의 순간은 더 자주 찾아왔다.

밤이 되면, 한국의 가족들과 상봉하는 순간을 두고 같은 악몽을 되풀이해서 꾸었다.

부모님과 언니랑 김포 공항에 도착하여 세관을 통과하는 순간, 나는 한국 가족들이 서 있는 것을 본다. 갑자기 나는 내가 비정상적으로 뚱뚱하다는 사실을 깨닫는다. 두꺼운 턱살과 공처럼 부풀어오른 볼살에 파묻혀 눈은 보이지도 않는다. 그저 2개의 가는 선이 나의 불룩한 볼 사이에 그어져 있을 뿐이다. 나는 한국 가족들을 향해 다가가려 한다. 그들이 두 팔을 벌려 나를 안아주기를 바라지만, 그들은 그렇게 하지 않는다. 대신 그들은 나를 혐오스럽게 노려보며 말한다. '이 아이가 주희일 리가 없어.' 사촌들은 한국의 다른 소녀들이 하는 것처럼 그들의 입가를 손으로 가리고 킬킬거리며 웃는다. 나는 죽기를 간절히 바란다.

3

네덜란드 삼촌 부부가 우리를 스키폴 공항으로 데려다주었다. 그리고 마침내 비행기는 출발했다.

나의 체중은 전혀 줄지 않은 상태였다. 아니 그건 틀린 표현이다. 나의 체중은 많이 감량되었다가, 다시 그만큼 증가되었다. 그러나 출발의 날, 그러한 근심은 한편으로 밀려났고, 공포나 두려움도 사라졌다. 오히려 기쁨이 고조되었다. '좋아, 이번에는 아마도 그들이 뚱뚱한 주희를 보고 실망할 수도 있겠지. 그러나 다시 한번 한국에 갈 때는 날씬한 몸이 되어 모두를 놀래게 해주어야지.'

어쨌거나 한국의 분위기를 느끼고, 한국 경제에 도움이 돼야 한다는 나의 주장으로 우리는 대한항공을 이용했다. 우연히도 당시 대한항공은 네덜란드 국적기보다 저렴했다. 도착지가 서울이었으므로 승객 대부분이 한국인이었다. 탑승과 함께 흥분을 느꼈다. 그렇게 많은 한국인들을 보는 것에 익숙지 않았던 나는 두 눈을 크게 떴다. 창가에 앉아 있었지만, 줄곧 창 너머의 풍경이 아닌 다른 한국인들을 바라보았다. 무엇보다도 여승무원들에게서 눈을 뗄 수가 없었다. 그들은 무척 예뻤다.

네덜란드에서 나는 예쁘게 생긴 한국 소녀를 본 적이 없었다. 나를 포함한 한국 여성들, 즉 찢어진 눈과 납작한 코, 넙적한 광대뼈의 그들은 아름답다고 볼 수 없었다. 그러나 모델과도 같은 여승무원들은 너무도 아름다웠다. 그들 중 누구도 납작한 코를 가지고 있지 않았으며, 모두가 나보다 훨씬 큰 눈을 가지고 있었다. 무엇보다도 그들 모두 아름답게 화장을 하고 있었다. 또한 그들 모두 네덜란드에 있었다면 거식증 환자로 분류되었을 만큼 날씬했다.

내가 다시 네덜란드의 집으로 돌아와, 무엇을 찍었는지 기억나지도 않는 사진들을 현상했을 때, 첫번째 필름의 사진들은 하나같이 전혀 모르는 사람들을 찍은 것뿐이었다. 여승무원들과 한국의 아이들을 찍은 그 많은 사진들. 그만큼 한국 사람들을 보는 것이 나에게는 너무 새로운 일이었기 때문이다.

집에서 책으로 연습한 약간의 한국어를 사용해보기로 했다. 나의 공부는 정확한 발음을 위한 테이프도 없이 이론에만 기초한 것이었다. 승무원은 물 한 컵을 요청하는 나의 한국어를 전혀 이해하지 못했다. 실망감과 함께 영어로 전환해야 했다. 이윽고 14시간의 비행 뒤에 오래도록 기다렸던 안내방송이 흘러나왔다. "안전벨트를 착용해주십시오. 몇 분 뒤에 서울에 도착할 예정입니다."

　손에 땀이 배었다.

　창을 통해 밖을 내다보았다. 아름다운 산과 투명한 블루의 공기. 비행기 바퀴가 땅에 닿았다. 수년의 방랑 끝에 집에 다시 돌아온 것만 같은 기분이었다. 간간이 눈물이 터졌다. 나를 바라보는 주위의 의혹에 찬 눈빛들에도 상관없었다. 빨리 기내를 벗어나 땅에 입을 맞추고 싶었다.

　내가 느낀 감정은 다시 보고 싶었던 한국 가족들 때문만이 아니었다. 내가 태어난 나라, 그 나라 자체에 대한 것이었다. 한국을 가슴 깊이 안고 싶었다. 마치 한 인간에게 그러하듯, 소리치고 싶었다. '나, 여기 다시 왔소! 나를 받아주시오!' 한국 땅에 서서 느꼈던 그 감정은 뭐라고 설명할 수 없었던, 나의 갈망이 한 번에 채워지는 느낌이었다. 나의 갈망이 무엇을 향한 것이었는지를 마침내 느낄 수 있었다.

　짐들이 순환 체인에 나타나고 트렁크를 집어낼 수 있기까지 많은 시간이 흘러간 것만 같았다. 세관을 통과하는 줄은 외국인과 자국민을 위한 것으로 나뉘어 있었다. 진짜 집으로 돌아온 다른 한국인들과 같은 줄에 설 수 없다는 것이 조금은 섭섭했다. 얼마 지나지 않아 다시 한국을 떠나야 할 나. 기쁨은 곧 절망에 자리를 내어주었다. 나는 한국인의 모습을 하고 있고, 한국에서 태어났으며, 한국인으로서의 나를 느낀다. 그러나 또한 네덜란드 여권을 가지고 외국인들 사이에 서 있으며, 단 한마디의 한국어도 이해할 수 없다. 복잡다단한 심경이었다. 다시 돌아왔다는 기쁨, 그러나 잃어버린 유년에 대한 고통. 한국인으로서의 국적은 박탈되었고, 한국어와 문화를 완전히 잊었다. 껍데기뿐인 육체만이 한국인의 모습을 하고 있다는 유일한 증거였다.

여권심사를 위한 줄에 서서 차례를 기다리며 매번 문이 열리고 닫힐 때마다 그곳에 누가 서 있지 않을까 쳐다보았지만, 문이 열려 있는 시간이 너무 짧아서 밖에 누가 서 있는지 볼 수는 없었다. 마침내 우리는 문 밖으로 나설 수 있었고, 나는 그 즉시 모두가 그곳에 서 있는 것을 알아보았다.

잃었던 모든 것이 한꺼번에 나타나 있는 것에 대한 충격으로, 나는 정지된 화면처럼 못박혀 서서 손으로 입을 가렸다. 나는 오직 그들을 바라볼 뿐이었다. 그것이 내가 할 수 있었던 유일한 일이었다. 그리고 어느 순간 마법에서 풀려난 것처럼 그들을 향해 달렸다. 우선 나란히 서 있는 할머니와 어머니를 향해 달려갔다. 한줄기 생각이 빠르게 스쳐갔다. '엄마는 사진에서 보던 것과 다른 모습이군.' 그러나 그 외에는 더이상 아무것도 생각할 수 없었다. 눈물이 터진 것이다. "엄마, 엄마." 흘러내리는 눈물과 함께 나는 그렇게 말했다. 그 순간 나는 내가 잊고 있었던, 10년 전 그 작은 한국의 어린아이가 되어 있었다.

4

모두와 부둥켜안고 나자, 그들을 찬찬히 바라볼 수 있는 시간이 주어졌다. 처음으로 든 인상은, 할머니가 완전히 다른 모습이 되어 있다는 것이었다. 할머니에 대한 것은 모두 기억하고 있는 나였다.

그런데 지금 내가 바라보는 것은 내가 아는 그 할머니가 아니었다. 10년 전, 그녀는 쪽진 머리와 언제나 입고 있던 긴 치마에 심각한 표정을 하고 말수가 거의 없었다. 지금 내가 보는 할머니는, 아주 짧은 커트 머리에 골프바지 비슷한 것을 입고 있었고, 무엇보다 쉴 새없이 말을 하고 있다. 어린아이마냥 분주히 움직여 다니는 그녀의 모습은 거의 껑충껑충 뛰는 것만 같았다. 그녀는 귀여운 할머니로 변해 있었다.

사촌언니 희진은 사진과 똑같은 모습을 하고 있었다. 파마를 한 머리가 자라서 길게 늘어져 있었고, 넙적한 얼굴과 아름다운 큰 눈, 그리고 멋지게 각진 광대뼈를 가지고 있었다. 큰외삼촌은 10년 더 나이를 먹은 것 외에는 달라진 것이 없었다. 나는 그를 포옹해도 되는지 알 수 없었다. 한국에서 어떻게 행동해야 되는 것인지 갈피를 잡을 수가 없었다. 그러나 외삼촌은 벌써 나의 손을 그러잡고 눈물을 흘리며 이름을 불렀다. 내가 알지 못하는 한 여성이 다가와 통역을 통해, 자신이 작은외삼촌의 아내라고 말했다. 매우 어려 보이는 그녀는 사랑스럽게 웃었다. 그녀는 1년이 채 안 된 아기, 나의 조카를 포대기에 업고 있었다.

나는 어머니에게 다가가 한국어로 말했다. "엄마, 잘 있었어?" 통역이 다가와 말했다. "이분은 어머니가 아니라 이모입니다. 여기 두 사촌들의 어머니요. 주희씨 어머니는 애석하게도 서울에 올라오지 못했어요. 여기 오는 데 온종일 걸리고, 어린 아들들을 남겨 둘 수가 없어서요."

나는 잠시 그녀가 나의 어머니가 아니라는 것에 실망했다. 이모를 통해 엄마를 보는 것은 어려운 일이 아니었다. 그녀는 여전히 젊어 보였다. 이미 40대에 접어들었음에도 다른 한국의 아가씨들처럼 작고 날씬했다. 머리를 말꼬리모양으로 묶은 그녀의 얼굴에는 주름도 거의 없었다. 그녀의 메이크업 위로 눈물이 번지고 있었음에도, 그녀의 스타일이 유행의 최첨단이라는 것을 알아차릴 수 있었다. 그녀는 매우 섹시한 셔츠를 입고 있었다. 네덜란드에서 한국에 한 번 다녀왔던 사람들에게 듣기로, 한국인들은 단추를 끝까지 채우고 맨살을 될 수 있으면 드러내지 않는다고 했다. 따라서 나는 이모의 옷차림이 왜 그런지 의아스러웠다. 물론 나중에 한국 여성들의 옷차림에 대해 지나친 오해를 하고 있었다는 것을 알아냈지만 말이다. 우리를 위해 통역을 해주었던 이는 작은외삼촌의 처남이었다. 그가 나에게 어머니에게 전화를 할 수 있다고 말해주었다.

나는 그녀에게 무슨 말을 해야 할지 알 수 없었다. 그저 그녀를 향해 귀를 기울였다. 수화기 저편에서는 오직 나의 이름만이 계속 흘러나왔다. 그러고는 흐느낌. 나 역시 우는 것 말고 다른 것은 할 수 없었고, 그녀를 가능한 빨리 보고 싶었다.

외삼촌 아내의 동생, 우리의 통역의 이름은 태준이었다. 작은 몸집에 침착한 성품, 매우 공손하고 친절한 젊은이였다. 그러나 그 역시 그를 둘러싼 사람들의 격앙된 감정들을 어떻게 정리해야 할지 모르고 있음이 분명했다. 할머니는 그 와중에도 모여든 청소부들을 향해 내가 누구이며, 몇 년 뒤에 나를 다시 찾은 사연을 이야기하느라 바빴다. 그녀가 내가 떠날 당시 얼마나 작은 아이였고, 지금 얼마나 크게 되어 돌아왔는지 손짓을 섞어 묘사하는 것이 보였다. 몇몇 여인들은 감동하여 눈물을 흘렸다. 나는 무엇을 어떻게 해야 좋을지 몰라 당황스러웠다. 그러나 외삼촌이 우리의 여행 가방을 집어들었고, 우리는 호텔로 향했다.

우리는 작은 호텔이나 펜션 등에 머물고 싶었으나, 한국의 가족은 우리들을 올림픽 호텔로 데리고 갔다. 올림픽이라는 이름이 말해주듯 건물은 매우 화려했다. 그곳에서 한국인들의 손님 접대 문화를 접하게 되었다. 그것은 서양인인 우리에게 그저 당황스럽기만 한 것이었다. 또한 우리는 한국인들이 얼마나 고집이 센지에 대해서도 알게 되었다. 한국 가족은 수년 동안 나의 양부모님이 나를 잘 키워준 것에 대한 보답으로 우리의 호텔 비를 내겠다고 우겼다. 물론 나의 부모님은 그것이 너무도 부자연스럽다고 생각했다.

한국 가족들이 나의 부모님에게 느끼는 감사함은 어찌 보면 완전히 불필요한 것이었다. 네덜란드 부모님의 입장에서 감사를 표시해야 할 당사자는 오히려 자신들이었다. 한국의 가족들은 자신들의 아이를 그들에게 선물한 것이었고, 한국 가족이 나를 양육할 수 있는 기회를 상실한 대가로 자신들이 그 기회를 가질 수 있었기 때문이다. 나의 친어머니가 자신의 아이를 보살피는 시간을 가질 수 없었던 대신 그들이 딸 하나를 더 가질 수 있었기 때문이다. 오랜 실랑이 끝에 우리는 드디어 절충안에 이르렀다. 그들이 하룻밤을 지불해주고, 다음날에 우리를 나머지 휴가 기간 동안 머물 저렴한 펜션으로 데려다주는 것.

그날 저녁, 우리는 놀랍도록 화려한 식사가 준비되어 있는 이모집으로 갔다. 그곳에서 나는 다른 가족들을 보았다. 작은외삼촌과 다른 사촌형제들. 작은외삼촌은 나의 손을 꽉 쥐고서 눈물을 흘렸다. 음식을 먹는 동안 나는 매우 수줍어하며 문지방 구석에 앉아 있는 사촌동생을 바라보았다. 머리를 하나로 묶은 그녀는 실내복을 입고 있었다. 아주 사랑스럽고 귀여워 보였다. 나는 우리가 친한 친구가 될 것임을 단번에 알아차렸다. 네덜란드에서 가져온 선물을 한국 가족들에게 나누어주고 옛 이야기들을 조금 나눈 뒤, 외삼촌은 다시 우리를 호텔로 데려다주었다.

다음날 아침, 나는 거울 앞에 서서 스스로에게 물었다. 이제 무엇을 원하는가. 외국인으로 보이고, 받아들여지기를 원하는가? 아니면 그들처럼 행동하며 그들처럼 되고 싶은가? 지나치는 모든 사람들이 나를 진짜 한국 소녀라고 생각하기를 원하는가? 사촌들을 떠올려보았다. 그들은 화장기 없이 순수하고 자연스러워 보였으며, 그들의 머리카락은 자연스럽게 어깨에 흘러내리고 있었다. 나의 앞머리는 10센티미터 정도 뻣뻣하게 세워져 있었는데, 한국인들은 그것을 흘끔흘끔 쳐다보곤 했다. 이렇게 말하고도 싶었다. '자, 나를 보세요. 화장을 한 내 모습. 당신들과 다르지요. 그러나 그건 당신들의 잘못입니다. 당신들이 나를 보내지 말았어야 해요.' 그러나 다른 한편으로는 모두가 나를 한국 소녀로 봐주기를 바라기도 했다. 여전히 전과 같은 한국의 딸, 사촌으로. 간절히 한국의 소녀가 되고 싶었다. 그들에게 속하고 싶었다.

오랜 숙고 끝에, 결국은 나의 허영심이 승리했다. 나의 눈에는 화장한 내 모습이 맨 얼굴보다 예뻐 보였다. 그리하여 머리를 뻣뻣이 세우고, 검은 펜슬로 눈자위를 그리고, 립스틱을 덧발라 나의 '서양식 모습'을 완성했다. 부모님과 언니는 그동안 준비를 마치고 있었다. 우리는 호텔 로비로 내려갔다.

할머니와 이모, 태준이 이미 우리를 기다리고 있었다. 이모가 나를 보고 달려와 엉덩이를 톡톡 두드렸다. 할머니는 내가 전혀 알아듣지 못하는 한국말로 끊임없이 나에게 무언가를 말했다. 나는 여전히 완전히 변해버린 할머니의 모습과 수년 전 내가 마지막으로 보았던 할머니의 모습 사이에서 조금은 낯설음을 느꼈다. 그녀는 어린아이처럼 수선을 피우며 나에게로 달려왔다가, 양어머니에게 달려갔다가, 다시 언니의 팔을 잡아당겨 안았다가 하면서 끊임없이 수선을 피웠다. 그녀는 1미터 57센티미터인 나보다 작았다. 네덜란드에서 나는 그녀가 나에게 조용하고 묵묵하게 다가와 손을 꼭 잡아주며 머리를 끄덕이고, 미소를 담은 눈으로 나를 쳐다보며 '우리는 서로를 이해하지. 말은 필요없단다' 하고 말하는 모습을 상상했었다. 그녀가 수년 동안 나를 보살폈듯이, 그리고 다른 한국의 손자들처럼 그녀를 보살펴드리고 싶었다. 그러나 이제 할머니를 보니 보살펴드려야 한다는 느낌보다 함께 이리저리 뛰어다니며 놀아드려야 할 것 같은 느낌이 들었다. 할머니를 보며 나는 간간이 웃었다. 진짜 넙적한 한국인의 코! 안경을 쓰고 있었는데, 매번 안경이 코에서 미끄러지는 것이었다. 할머니는 바지를 추켜올리기 위해 손을 아래로 내렸다가, 안경을 올리기 위해 손을 위로 올리는 작업을 자주 반복했다. 그리하여 두 손을 가지런히 무릎에 포개어 놓은 할머니, 그 할머니에 대한 기억을 대신해서 유머러스한 할머니가 내 앞에 있었다. 공손한 보살핌이 필요한 할머니가 아니라 함께 자지러지게 웃을 수 있는 할머니.

우리는 커피를 마시기 위해 호텔 라운지로 향했다. 이모가 가지고 온 커다란 가방에서 커다란 찬합을 꺼냈다. 찬합은 쌀, 야채, 오플렛으로 속을 채워넣고 돌돌 만 해조류로 가득 차 있었다. 재준이 그것이 '김밥'이라고 말해주었다. 그 해조류를 '김'이라고 부르고, 요리된 쌀을 '밥'이라고 부른다 했다. 이름이 음식의 내용물을 분명히 말해주고 있었다. 그는 그것이 전에 내가 가장 좋아하던 음식이며, 네덜란드로 떠나던 날 할머니가 나를 위해 만들었었다고 했다. 그것에 대한 기억이나 맛에서 연상되는 그 어떤 추억도 없었지만, 김밥은 매우 맛있었다. 부모님과 언니도 그것을 맛나게 집어먹었다.

태준은 할머니와 이모가 밤을 새워 손이 많이 가는 김밥을 말았다고 말했다. 그들이 나를 위해 그토록 정성을 다했다는 사실에 놀랐다. 가방 안에는 김밥만 있었던 것이 아니었다. 미니피자, 빵, 과자와 과일과 마실 것들이 가득 들어 있었고, 우리는 그것들을 다 먹어야 했다. 우리들은 계속 먹어야만 했다.

얼마 지나지 않아 우리는 한국에서의 손님맞이가 결국 '음식'이라는 단어로 요약된다는 결론에 다다랐다. 무엇보다 나는 수년 동안 먹지 못한 한국 음식을 한꺼번에 보충해야만 한다는 듯, 내내 먹을 것으로 둘러싸였다. 감히 거절할 수가 없었다. 계속해서 먹었다. 때로는 맛있게, 때로는 그저 예의를 차리기 위해. 그들은 이미 내가 나의 사촌보다 뚱뚱하다는 것을 보았으므로 별로 달라질 것도 없었다. 나는 나 나름대로 놀이를 즐겼다. 서양에서 막 도착한 부자 사촌, 매일 매일 맛있는 많은 것들에 익숙한 아이. 나는 질투의 대상이었을까, 동정의 대상이었을까.

한국 가족들은 우리가 부유하다고 생각했다. 네덜란드에서 왔기 때문만은 아니었다. 그들은 오직 부유한 사람들만이 아이를 입양한다고 생각하는 것 같았다. 나는 아마도 한국에서는 '보통' 사람이 다른 사람의 아이를 입양한다는 것이 상상조차 하기 힘든 일이지 않을까 하는 생각을 하게 되었다. 오직 늘어지게 부자인 사람들, 돈을 어디에 써야 할지 모를 정도의 부자들만 입양을 하지 않을까 하는 생각. 그런 생각으로 인해 그들이 나를 부러워한다는 느낌을 계속 받았다. 그리고 내가 뚱뚱하고 못생겼음을 보고 스스로를 위로한다고 생각했다. 그들의 눈에, 아마 나는 부유하지만 뚱뚱하고 불쌍한 소녀임에 틀림없다고. 그러한 일련의 생각들은 계속 나를 괴롭혔다.

어쨌거나 3주 동안 가능한 많이, 한국 문화와 사람들을 접하는 데만 신경쓰자고 결정했다. 다음번에 올 때는 내가 뚱뚱한 서양 소녀가 아니라 많은 것을 할 수 있는 사람이라는 것을 증명해 보일 수 있을 것이다. 진짜 한국 소녀가 꼭 될 수 있을 것이다!

5

친어머니를 보러 가는 것은 둘째 주로 예정되어 있었다. 어머니는 한국의 남쪽에 있는 아주 작은 섬에 살고 있었다. 그곳에 가기 위해서는 서울에서 꼬박 하루를 여행해야 한다.

따라서 첫번째 주는 우리가 서울을 살펴볼 수 있는 시간이었다. 한국 가족들은 우리를 여기저기로 안내했다. 이모, 사촌들, 두 명의 삼촌들을 태준과 함께 번갈아가며 만났고, 우리는 그들을 조금씩 알아갔다. 물론 할머니는 매일같이 동행했다. 그녀는 여전히 나이에 비해 활동적이었다.

이모는 모던했고, 또한 매우 열린 마음의 소유자였다. 그녀는 남편이 좋은 직장에 다니고 있음에도 불구하고, 자신의 레스토랑에서 매일 일했다. 재준에 의하면, 그런 경우는 한국에서 매우 예외적이라고 했다. 일하는 여성. 이모는 매우 자연스럽게 나를 껴안았고, 언니에게도 마찬가지였다. 이모는 자주 나의 얼굴을 두 손으로 감싸 쥐고, 나의 얼굴을 구석구석 쳐다보았으며, 말없이 고개를 끄덕이곤 했다. 나는 그 끄덕임이 긍정의 끄덕임이었는지 아니면 부정의 표현이었는지 궁금했다. 그녀가 희진과 유진을 무척 사랑하며 자랑스러워한다는 것을 알 수 있었다. 이모는 반복해서 자신의 딸들이 예쁘다고 생각하는지 물었고, 나의 대답은 진실로 '예'였다. 그녀 딸들의 외모는 그녀에게 매우 중요했고, 그녀 자신의 외모 또한 그러했다. 그녀는 매일 정성을 들여 화장을 했고 맵시 있는 핀들로 머리를 장식했다. 그녀는 나이에 비해 매우 젊어 보였다.

모두가 경제적으로 매우 안정되어 있다는 사실이 놀라웠다. 이모네는 가난이란 흔적조차 찾아볼 수 없었다. 다른 한국 가족들에 비해 매우 아름답게 장식된 집을 가지고 있었다. 아파트로 분류될 수 있는 그 집은, 서양인인 우리 눈에는 작았다. 그러나 서울의 집이 모두 유럽의 집들보다 작은 것은 아니다. 다만 인구 과밀로 인해 주택 문제가 세계 1위인 지역인 만큼 대체적으로 집의 규모가 작은 편이다.

큰외삼촌 역시 안정된 생활을 하고 있는 것으로 보였다. 그는 통신수단과 관련된 회사를 운영하고 있었고, 카폰이 장착된 커다란 현대차를 가지고 있었다. 그는 자주 차에 달린 전화를 사용하곤 했다. 그의 집 또한 상당히 넓었고, 네덜란드의 가정보다도 값비싼 가전제품으로 가득 차 있었다. 우리가 전혀 예상하지 못한 상황이었다. 심지어 아이들의 방에도 비디오가 달린 텔레비전이 있었다.

아마도 내가 다른 네덜란드 사람들처럼 한국에 대해 잘못된 이미지를 가지고 있었던 것이리라. 빠른 경제성장에도 불구하고 한국은 '지독한 가난'과 연관 지어지던 나라였다. 서양인들은 자연스럽게 그토록 많은 아이들을 입양 보내야 하는 나라라면 분명히 극도로 가난한 나라일 수밖에 없을 것이라고 생각하고 있었다.

나는 한국 가족들의 윤택한 경제적 배경에 계속 놀랐다. 작은외삼촌도 자신의 사업을 시작했는데, 형만큼은 아니지만 상당한 수입을 올리고 있었다. 어느 순간 나는 그들이 편지에 썼던 말, 그들이 나를 보낸 것에 대해 용서를 구했던 것에 대해 생각하지 않을 수 없었다. 그들은, 가난으로 인하여 한국 어머니를 대신하여 다른 가족들이 나를 보살필 수 없었고, 나를 버리도록 강요해야만 하는 상황이었다고 했었다. 그들의 희망은 내가 네덜란드에서 더 나은 미래를 보장받을 수 있다는 것이었다고. 그러나 내 눈앞에 보이는 것들로 인해 그들이 정말로 나를 보살필 수 없을 만큼 가난했던 것인지에 의문이 생겼다. 아니면 단지 신뢰할 수 없는 아버지와 이혼한 어머니 사이에서 때어난 골칫덩어리를 가능한 빨리 없애버린 것에 불과했던 것일까. 한국 가족들에게 상처를 주고 싶지 않았다. 그렇지만 모든 것이 어떻게 진행되었던 것인지 물어보고 싶었다.

민속촌으로 가는 길. 나는 큰외삼촌과 네덜란드 어머니, 이모, 태준과 한 자동차에 타고 있었다. 나머지 사람들은 삼촌의 친구가 운전하는 다른 자동차를 탔다. 삼촌의 친구는 우정의 표시로 우리의 운전사 역할을 해주었다.

매우 행복한 순간이었다. 외삼촌이 음악 테이프를 틀었다. 나는 내가 지금 한국에서, 한국 가족들과 함께 그리고 사랑하는 나의 네덜란드 어머니와 함께하고 있다는 사실을 맘껏 즐겼다. 한국 어머니는 아직 만나지 못했다.

낯설지 않은 다음과 같은 상황을 상상해볼 수 있을 것이다. 당신은 아버지, 어머니와 함께 방에 앉아 있다. 너무도 화기애애한 분위기, 그리고 그 순간 당신은 당신이 언제나 부모에 대해 알고 싶었던 것을 묻고 싶어진다. 그들이 언제 처음으로 만났는지, 첫번째 데이트는 어떠했는지. 평소에는 묻지 못했던 그 모든 질문들. 친밀함만이 가득한 그 순간에 당신은 침묵 속에서 당신이 그들을 얼마나 사랑하는지, 그들이 당신에게 얼마나 중요한 존재인지를 느끼고, 마침내 모든 것을 물어볼 수 있는 용기를 가지게 되는 것이다. 나에게는 그날, 그 순간이 바로 그러한 순간이었다.

"이전에 우리가 정말 가난했나요?" 삼촌이 대답했다. "그렇지." 그는 담배를 하나 꺼내 물었다. 그 담배의 이름은 88이었는데, 올림픽이 열린 이후로 어디에서고 볼 수 있었다. 심지어 호텔에는 88 초콜릿도 있었다. 모두들 그런 식으로 한국이 세계 속에서 의미심장해진 시기를 기념하고 싶어하는 것 같았다. 그해는 또한 한국이 나의 인생에 커다란 역할을 하기 시작한 시기이기도 했다. 담배에 불을 붙이고, 머리카락을 한번 쓸어올린 후 그는 이야기를 시작했다.

그 시절, 할아버지는 이미 매우 늙어서 일을 할 수가 없었다. 할머니는 행상을 하며 돈을 벌기 위해 노력했지만 형편은 어렵기만 했다. 할머니와 할아버지는 당시 이미 아들의 보살핌을 받아야 하는 고령이었다. 그러나 그들은 아들을 너무 늦게 얻었기 때문에 큰아들은 20세, 작은아들은 17세에 불과했다. 그들을 공부시킬 돈도 없었고, 따라서 사정이 나아지리라는 희망도 없었다. 나의 어머니와 그녀의 새로운 남편이 나를 돌볼 수 없다는 것이 분명해지자, 아니 그가 나를 원하지 않자, 그 책임을 대신 질 수 있는 사람은 아무도 없었다. 이모가 덧붙여 말했다. 그 시절 그들은 모두 가난했으며, 이모 또한 막내딸 유진을 입양시키는 것에 대해 생각했었다고. 그러나 어머니와 달리 그녀는 그렇게 하기에 충분히 강하지 못했었다고. 버림을 받았어야 하는 아이가 나 혼자가 아니었다는 생각에 조금쯤 위안이 되었다. 다른 한편으로는 결국 이모의 선택이 옳았다는 것에 씁쓸한 느낌을 지울 수 없었다. 지금에 와서, 입양시키는 것이 꼭 필요하지는 않았던 것으로 판명된 마당에 사촌들을 보내지 않은 것은 그들에게 다행스러운 일이었다. 나는 다시 물었다. "만일 당시에 모두가 몇 년 뒤 가난에서 벗어날 수 있었다는 것을 알았더라면, 그래도 나를 버렸을까?" 외삼촌은 질문이 떨어지자마자 대답했다. "No." 그러나 나는 거울에 비친 그의 눈을 통해, 그가 진실을 말하고 있지 않다는 것을 알았다. 나를 입양시킨 이유가 가난 때문만은 아니었고, 사회적 편견 때문이라는 것을 나는 자명하게 인식했다. 사회로부터 기만당한 한국 어머니에게 동정을 느꼈다. 동시에 피나는 노력으로 그 모든 것을 이룩해낸 한국 가족들에게 경이를 느꼈다. 한국에서는 '존재'가 아닌 '소유'가 중요하다. 배움의 기회가 주어지지 않는 상황이라고 해도 한국인들은 다른 방법을 찾아 성공을 이루어낸다. 그것은 일하고 일하고 또 일하는 것.

이모는 매일 6시에 일어나 딸들과 남편이 온종일 먹을 것을 1시간 30분에 걸쳐 요리하고, 레스토랑으로 향했다. 그곳에서 밤 11시까지 일하고 12시경에 집으로 돌아온 그녀는 다시 집안일을 했다. 가령 세탁기가 고장이 났으면, 손으로 옷을 세탁했다. 그러고 나면 새벽 2시. 그렇게 일주일에 6일을 일했다. 네덜란드에서는 대부분의 사람이 하루 8시간씩 일주일에 5일 동안 일한다. 따라서 나는 한국인들이 하루 10시간씩 6일 동안 일한다는 사실을 들었을 때 믿을 수가 없었다. 그러나 1년 뒤 내가 이모의 집에 머무르는 동안, 나는 그것을 나의 눈으로 목격했다. 삼촌들의 아내들도 역시 밤이 늦어서야 집에 돌아왔다. 그들은 서로를 밤이 늦어야 볼 수 있었다. 그렇게 그들은 일주일에 거의 60시간을 일했다. 또한 서울에서는 거의 모두가 매일 한두 시간을 통근에 사용하고 있었다. 아이들은 도대체 언제 아빠를 볼 수 있는 걸까?

어쨌든 나의 한국 가족들이 빈민가에서 서울 한복판의 멋진 아파트로 이주한 것은 경이로운 발전이었다. 그러나 나는 어쩐지 친어머니와 친아버지의 사정이 그리 좋지 않을 거라는 확신에 가까운 느낌을 가지고 있었다. "아버지는 어떻게 지내세요?"라고 물어본 순간 그것이 잘못된 질문이었음을 알게 되었다. 이모의 얼굴에서 웃음이 사라졌고, 이마에 분노가 서렸다. "모든 것이 네 아버지 잘못이야. 그가 네 어머니를 버렸어. 그를 동정할 필요조차 없다." 대답은 그것이 전부였다. 그러나 조금 뒤 그의 두번째 부인이 암으로 세상을 떠났고, 그는 일을 하면서 자신의 두 아들을 보살피고 가사까지 돌보고 있다는 말을 들을 수 있었다.

나는 한국 남자들이 부인이 없는 상황에서는 살아나가기 힘들 것이라는 생각을 해보았다. 네덜란드의 독신 남자들과는 다른 상황일 것이었다. 어떻게 설거지를 하는지, 어떻게 요리를 하는지 알지 못하는 한국 남자들!

친아버지에 대해 특별한 감정을 느끼고 있지 않았지만, 이것을 듣고 그에게 더이상 분노를 느낄 수가 없었다. 오히려 그를 향한 동정심이 일었다. 갑자기 친아버지와 2명의 배다른 동생들을 돌보며 그 어머니 자리를 대신해야만 할 것 같은 생각이 들었다. 내가 한국에서 살았다면 아마도 나의 인생이 그렇게 흘러갔을 것이다. 큰딸로서 어머니의 역할을 대신하는 삶. 그는 내 입양의 근본적인 원인을 만든 장본인이었지만, 더이상 그것을 이유로 그를 비난할 수가 없었다. 오히려 친아버지는 내가 네덜란드에서 자랄 수 있도록 비싼 대가를 지불하고 있는 사람이었다. 심한 죄책감이 느껴졌다. 이모가 나의 얼굴에서 불편한 기운을 보았던 것 같다. 친아버지에 대한 차가운 말들 때문이라고 생각했는지, 만면에 웃음을 띠우며 다시 말했다. "전에 너는 아버지를 무척 좋아했단다. 아버지에게 가는 것이 금지되어 있었는데도 아버지의 집을 찾아가곤 했지. 그는 그 도시의 다른 편에 살고 있었지만 어린 너는 길을 알고 있었지. 처음에 네 아버지는 4살짜리 꼬마가 문 앞에 서 있는 것을 보고, 너무나 놀랐었단다." 나는 그것이 조금쯤 과장된 이야기라고 생각했지만, 웃지 않을 수 없었다.

이어서 과거의 추억들이 줄줄이 등장했다. 이야기 끝에 모두들 한결같이 입을 맞추었다. 과거에 나는 무엇이든 원하는 대로 행동했으며, 골목대장처럼 행동했다. 네덜란드 어머니는 크게 웃으며, 내가 어떠했을지 아주 세세하게 상상할 수 있을 것 같다고 말했다. 네덜란드에 막 도착했을 때조차도 내가 광대처럼 행동했다는 말을 덧붙이며. 나는 그러했던 내가 이리도 많이 변한 것이 의아스러웠다. 생각하지 않으려고 해도, 나의 마음속 깊은 곳에서 답이 들려왔다. "매우 귀엽고 예쁜 아이였지." 큰외삼촌이 말을 이었다. "네 사진을 외국으로 보내고 나자 많은 사람이 너를 입양하고 싶어했단다. 네가 귀엽고 예뻤기 때문이지. 당시 너는 갸름한 아이였지." 그는 백미러를 통해 나를 쳐다보았다. 나는 그의 얼굴에서, 내가 어떻게 이리 변했는지, 어떻게 더이상 예쁘지도 사랑스럽지도 않게 되었는지 의아스러워하는 표정을 읽었다. 내가 느끼고 있던 행복감이 한순간에 사라졌다. 스스로에 대한 실망감으로 슬픔을 느꼈다. 한국 아버지와 그의 두 아들이 엄마도 없이 살아야 하는 상황에 대해 내가 느꼈던 고통은, 지금 느껴지는 고통에 비하면 아무것도 아니었다. 내가 그들을 실망시켰다는 고통, 내가 그들의 기대를 충족시키지 못했다는 고통. 나는 나의 부유함 대신 아버지의 가난함을 택하고 싶기조차 했다. 만일 아버지가 내가 돌아온 것을 기뻐하고, 나를 자랑스러워하며 나를 버린 것을 후회한다면 말이다. 내가 듣고 싶은 말은 하나였다. '주희를 버리지 말았어야 했어.' 그러나 그러한 말 대신 나에게 들려오는 것은, '전에, 주희는 매우 예쁘고 귀여웠다'. (그리고 그들은 속으로 이렇게 물을 것이다.) '왜 이토록 뚱뚱하고 못생겨진 거지?' 나는 스스로에게 말했다. '다시 한국으로 돌아와 모든 것을 회복해야지.' 내가 다시 한국인이 될 수 있음을 보여주고 싶었다. 다시 한국말을 하고, 다른 한국 소녀들처럼 행동할 수 있다는 것을. 그들이 이런 말을 할 때까지. '주희는 한국인이야. 우리는 네가 우리에게 속한다는 것을 뼈저리게 느끼지 않을 수 없어. 너를 버리지 말았어야 해.'

진심으로 그들에게 일깨워주고 싶었다. 입양이 항상 좋은 것이 아니라고. 어린아이를 거짓말과 함께 비행장에서 떼어내, 아는 사람은 아무도 없는 낯선 나라로 보내버리는 것은 범죄라고. 어떻게 그들이 나에게 그렇게 할 수 있었을까?

그들에게 말하고 싶었다. 서양은 파라다이스가 아니며, 네덜란드에서 나는 심한 내상을 입었고, 그 내상으로 인해 '부유한 서양' 속에서 살 수 있는 특권이 내게는 아무것도 아니었다고. 그들에게 말하고 싶었다. 나의 양아버지는 그들이 생각하는 것처럼 완벽한 아버지가 아니었으며, 커다란 잘못을 저질렀다고. 나는 언제나 절망적으로 내 안의 공허를 채우고 싶어했으며, 한국 가족들에게 받아들여지는 것, 다시 사랑받는 것만이 내가 생각했던 유일한 구원이었다고.

한국 가족들의 기대를 충족시키지 못했다는 사실을 자각하는 순간을 제외하면, 한국에 머무는 시간은 나에게 커다란 축제였다. 되도록 그 순간을 즐기면서 가능한 나 자신이 되자고 결심했다. 다시 돌아와 나를 증명할 수 있는 순간이 후일 있으리라. 한 주간의 외출로 인해 우리는 서울의 많은 부분을 보았다. 나에게 강한 인상을 남긴 것은 많은 사원과, 궁전과 대공원이 아니었다. 거리를 걷는 순간들이, 다른 한국인들에 끼어 지하철에 서 있는 순간들이 특별했다.

서울은 굉장히 거대한 도시이고, 그에 비하면 암스테르담은 작은 마을에 지나지 않았다. 암스테르담 거리에서는 자전거로 장소를 옮기는 사람들이 빈번하게 눈에 띈다. 지하철은 내가 한국 사람들을 근거리에서 관찰하는 가장 중요한 장소였다. 매일 수백만의 사람들이 지하철로 이동했다. 지하철은 초만원이었다. 특히 출퇴근 시간에는 글자 그대로 정어리 통조림 안의 정어리처럼 서로를 누른다. 네덜란드에서는 버스나 기차에서 동승한 지인과 즐겁게 이야기를 나누지만, 한국에서는 버스나 지하철에서 이야기를 나누지 않는 것이 관습이다. 낯선 이들과 이야기를 나누지 않는 것도 그러하지만, 동반한 이들과도 대부분 이야기를 하지 않는다. 때때로 내가 진짜 한국인처럼 행동하고 싶어지면, 나는 입을 잘 닫아두었다. 운이 좋아 좌석에 앉게 되면, 단정하게 두 손을 무릎 위에 얹고 고개를 숙였다. 물론 곁눈질로 다른 한국인들을 조심스럽게 엿보면서 말이다. 대부분 지하철은 만원이어서 선 채로 다른 한국인들을 거리낌 없이 바라볼 수 있었다.

내가 입을 열어 무언가를 말하여 한국어가 아닌 다른 말로 충격을 주거나, 금발인 언니 또는 부모님과 함께 있을 때면 내가 다른 곳에서 온 사람이라는 것이 분명해지곤 했다. 그러나 지하철 안에서는 모두가 입을 다물고 있었고, 나의 양부모님과 다른 한국인들이 구별 없이 가깝게 섞여 서 있어야 했기 때문에 아무도 나에게 주의를 기울이거나 쳐다보지 않았다. 모두가 신문을 보는 척하며 은밀하게 나의 부모님과 언니를 관찰하는 데 바빴다. 때문에 나는 지하철 안에 앉아 있는 것이 좋았다. 그들 속에 진짜 속한다는 느낌. 한국인인 것만 같은 느낌. 그것은 내가 이전에 경험하지 못했던 행복감, 아주 새로운 느낌이었다. 더이상 눈에 띄는 사람이 아닌, 그저 군중 속의 한 사람이 된 것이다. 나의 찢어진 눈에 대해서도 더이상 생각하지 않았다. 때때로 나보다 훨씬 작은 눈을 가지고 있는 사람들을 보았기 때문이다. 나의 코도 더이상 평평하게 보이지 않았다. 더 넓고 납작한 코를 가진 사람들이 있었다. 나는 또한 유일하게 키가 작은 사람도 아니었다. 나를 포함해 많은 사람들이 작은 키를 가지고 있었다.

그러나 때때로 아무것도 상관하지 않고 방해받지 않고 싶거나 주의를 끌고 싶어질 때도 있었다. 그럴 때면 나는 언니와 함께 지하철 안에서 장난을 치거나, 한국인들에 대한 농담을 하며 요란스러운 웃음을 웃었다. 그럴 때면 우리 곁에 서 있었던 태준은 어쩔 줄 몰라 했다. 그 불쌍한 젊은이는 어디에 시선을 두어야 할지 모르는 것 같았다. 언니와 나는 그사이 그와 친한 친구가 되어 있었고, 때때로 그를 놀리는 것이 재미있었다. 가령 우리 셋이서 도심을 걷고 있으면, 그가 우리에게 속한다는 것을 분명히 하기 위해 그를 가운데에 세우고 언니와 나 둘이서 마치 2명의 장애인처럼 행동했다. 우리는 다리를 O자로 만들어 걷거나, 그의 옆에서 사팔눈으로 침을 흘렸다. 그러면 그는 눈을 커다랗게 뜨고 우리를 향해 소리쳤다. "제발 그만 해. 창피하잖아." 그를 더욱 더 놀려주기 위해 나는 술에 취한 척을 하기도 했다. 한국에서 술 취한 여자는 매우 부자연스러운 풍경이다. 태준은 빨개진 얼굴로 거리의 다른 편으로 달려가 우리를 모르는 척했다. 나와 언니는 요란스럽게 웃으며 그를 쫓아가서는 이제부터 조신하게 행동하겠다고 약속했다. 물론 그 약속이 지속되는 시간은 매우 짧았다. 그는 우리에게 물었다. "네덜란드에서는 여자들이 정말 이렇게 행동하는 거야?" "응." 우리는 대답했다. "특히 심심할 때는." 나는 덧붙였다. "나의 어머니는 우리보다 장애인 흉내를 더 잘 낼 수 있어." 태준은 고개를 저었다. "노. 믿을 수가 없어. 네 어머니 같은 레이디가!"

6

두번째 주. 나는 네덜란드 부모님, 언니, 할머니, 이모 그리고 물론 태준과 함께 한국 어머니가 살고 있는 섬으로 향했다. 길고 긴 여행이었다. 먼저 서울에서 부산으로 향하는 기차를 탔다. 부산은 한국에서 두번째로 큰 도시이다. 부산에서 우리는 어머니를 만나기로 되어 있었고, 거기에서 나 홀로 한국 어머니와 함께 버스를 타고 어머니가 살고 있는 섬으로 향하기로 했다. 나는 태준과 함께 한 주 동안 한국 어머니 곁에 머물고, 이모가 나의 네덜란드 부모님과 언니를 데리고 부산에 머물면서 그 유명한 해운대 해변을 안내하기로 했다.

어머니가 살고 있던 곳은 매우 작은 섬이었고 마을 사람들 모두 서로 잘 아는 사이였기 때문에, 한국 어머니는 네덜란드 부모님과 언니가 섬에 오는 것을 원하지 않았다. 섬의 누구도 친어머니가 일주일 동안 누구와 머무는지 알지 못해야 했다. 만일 서양인이 그녀의 집에 머문다면 이웃들은 분명 질문을 할 것이다. 친어머니가 이혼을 했었다는 사실, 나를 버렸었다는 사실은 누구도 알면 안 되는 비밀이었다. 이웃들이 안다면, 친어머니는 비웃음을 당하며 소외를 당할 것이었다. 그러나 결국 친어머니는 나의 양부모님과 언니도 하루 동안 섬을 방문하여 구경할 수 있도록 했다.

그날 우리는 매우 일찍 기차역으로 향했다. 한국에서는 기차로 여행하는 사람들이 많지 않았다. 버스나 지하철과 비교할 때, 기차는 매우 한산했다. 기차는 상당히 구식이었고, 요금도 상대적으로 저렴했다. 서울에서 부산까지의 왕복 티켓, 약 900킬로미터의 거리를 이동하는 요금이 고작 20유로였다. 같은 거리를 네덜란드에서 이동했다면 족히 150유로는 들었을 것이다. 기차 여행을 하는 동안 정말 환상적으로 아름다운 풍경들을 다양하게 경험할 수 있었다.

여행이 시작되었다. 초조함은 없었다. 그저 즐거운 마음뿐. 우리는 좌석을 두 사람과 두 사람이 서로 마주 볼 수 있도록 돌려놓을 수 있었다. 나는 태준, 할머니, 언니와 함께 앉았다가, 부모님 및 이모와 함께 앉았다가 하면서 돌아다녔다. 기차는 우선, 서울 변두리의 가난한 지역을 지나쳤다. 친아버지와 친어머니가 그런 곳에서 살고 있지 않을까 두려웠다. 산비탈에 자리잡고 있는 가난한 사람들의 마을. 서울은 산으로 둘러싸여 있다. 아파트를 짓기에는 너무 가파른 그곳에, 가난한 사람들이 그들의 작은 집을 짓고 있었다. 이어서 아름다운 논이 우리를 지나쳐갔다. 남자들과 여자들이 간단한 낫을 쥐고 벼를 베고 있었다. 인도네시아처럼 젖은 벼를 물속에서 재배하는 것이 아니라, 마른 땅에서 벼가 자라고 있는 풍경이 놀라웠다. 기차는 계속해서 가을의 아름다운 색으로 치장된 산들을 지나쳐갔다. 나의 커다란 앞머리가 신경을 거슬리게 했지만, 네덜란드 부모님과 언니와 함께 즐겁게 수다를 떨며 침착함을 유지했다. 부산에 점점 가까워질수록 마음이 심란해졌다.

오랜 시간 앉아 있었기 때문인지, 한국 어머니를 만나는 순간이 그리 멀지 않았다는 초조감 때문이었는지 몰랐다. 혹은 지루함을 느꼈던 것인지도. 나는 다른 한국인들이 붉어진 얼굴을 창 쪽으로 돌릴 때까지 그들을 노려보는 놀이를 했다. 그러고는 그것을 비웃으며 언니에게 말하고, 무언가 농담으로 언니를 웃겨서 함께 시끄럽게 웃어댔다. 그러나 기차가 부산에 멈추자, 나의 웃음은 느닷없이 눈물로 변했다. 감정을 조절할 수가 없었다. 이제는 한국인들이 나를 노려볼 차례였다. 그들은 아마도 내가 제정신이 아니라고 생각했을 것이다.

그 만남이 어떤 모습일지, 그녀가 어떤 모습을 하고 있을지 전혀 예상할 수 없었다. 머릿속이 하얗게 되었다. 기차역에서 어디를 어떻게 향해 갔는지 기억나는 것이 없다. 갑작스럽게 내가 그녀를 보며 서 있는 순간이 떠오른다. 그녀는 짙은 초록색 투피스를 입고 있었다. 투피스는 검은 깃으로 마무리되어 있었고, 옷깃에는 옷 색깔과 같은 초록색 장미가 수놓아져 있었다. 턱까지 이르는 그녀의 머리는 갓 파마를 한 것이었다. 할머니와 이모가 말해주거나 가리키지 않았음에도 나는 그녀가 나의 엄마라는 것을 알았다. 먼 거리에서 많은 사람 속에 섞여 있었어도, 나는 그녀를 알아보았을 것이다. 그녀가 나를 바라보는 그 눈 속에서 기쁨의 반짝임과 깊은 슬픔, 고통 같은 것들이 동시에 보였다.
수초 안에 나는 이 재회가 치유의 기적이도 하겠지만, 동시에 많은 상처들을 다시 여는 순간이기도 하다는 것을 깨달았다. 우리의 재회는 수년을 통해 아물던 상처에 날카로운 메스를 들이대는 것과 같을지도 몰랐다. 그녀를 안고 싶었지만, 그녀는 나를 안는 대신 나의 팔을 꽉 붙잡고서 나를 쳐다보았다. 그녀의 눈 속에는 깊은 수치심과 슬픔, 그리고 동시에 사랑이 들어 있었다. 그녀가 나를 안고 싶지만 그렇게 하지 못하고 있다는 것이 느껴졌다. 소리 없는 울음을 울며, 그녀는 우리가 무언가를 마실 수 있는 곳으로 데려갔다. 나의 부모님, 언니, 할머니와 이모, 태준이 우리 뒤를 따랐다. 모두가 울었다. 태준은 충격을 받은 듯했다.

카페에 도착한 우리는 다른 손님들로부터 가능한 멀리 떨어진 구석에 자리를 잡았다. 나의 한국 어머니는 나의 손을 놓고 맞은편에 가서 앉았다. 눈물은 멈추지 않았다. 눈물 속에서 나는 친어머니가 작은 핸드백을 열어 화장실 휴지 한 롤을 꺼내는 것을 보았다. 그녀는 그것을 조금 뜯어내, 매우 조심스럽게, 자신의 행동을 불안해하며 나의 눈물을 닦았다. 갑자기 웃음이 나왔다. 그 웃음이 그녀가 화장실 휴지를 핸드백에서 꺼냈기 때문인지, 내 눈물을 닦아주는 몸짓 때문인지 알 수 없었다. 그녀는 말했다. "그만 울어. 이렇게 다시 만나고 있잖니."

어쨌거나 긴장된 공기가 완화되었고, 다른 사람들도 그 공기를 느꼈다. 네덜란드 부모님과 언니도 친어머니로부터 그 화장지의 한 조각을 건네받고 눈물을 훔쳤다. 네덜란드 어머니는 네 옆에 앉아서 나의 눈물을 닦아주고, 나를 꼭 안아주었다. 나는 그것이 한국 어머니에게 상처를 입힐지도 모른다는 두려움으로 잠시 당황스러웠다. 그러나 당황스러움은 잠시였고, 다음 순간 내가 그토록 간절히 원하던 것이 이루어졌다. 나는 네덜란드 어머니 곁에 바싹 붙어 앉아서 그녀를 꼭 붙잡았다. 네덜란드 아버지는 언니를 보살피며, 그 어려운 순간에 서로를 의지했다. 그것은 행복한 순간임에 틀림없었다. 우리는 모두 이 순간을 위해 그토록 많은 고뇌들이 우리를 지나갔음을 볼 수 있었다.

간단하게 요기를 한 후 우리는 어머니가 살고 있는 섬으로 향하는 버스에 탑승했다. 2시간은 족히 걸리는 여행이었다. 버스가 섬과 육지를 잇는 다리에 도착하기까지 한참이 걸렸다. 버스를 타는 동안 네덜란드 어머니 곁에 앉기로 결정했다. 네덜란드 어머니가 그녀의 팔로 나를 꼭 안아주는 것이 필요했다. 어머니는 끊임없이 흘러나오는 나의 눈물을 닦아주었다. 나는 그 속에서 행복이 아닌 슬픔을 느꼈다. 내가 그토록 의지하고 싶었으며 그토록 사랑했던 여인, 지난 10년간 나를 키운 여인. 나는 나의 네덜란드 어머니 역시 그 순간, 내가 그녀를 필요로 하는 것만큼 나를 필요로 한다는 느낌을 받았다. 나 역시 네덜란드 어머니에게 내가 여전히 그녀를 사랑하며, 여전히 그녀의 딸이고, 그녀는 여전히 나의 어머니라는 느낌을 전해주고 싶었다. 우리가 서로 팔을 두르고 있던 그 순간, 네덜란드 어머니와 나는 서로의 사이에 무언가가 흐르고 있다는 것, 무언가 영원히 변하지 않을 것이 흐르고 있다는 것을 알았다.

이제 한국 어머니를 실제로 보고 나자, 기쁨과 긴장은 슬픔과 동정에 자리를 내어주었다. 그녀를 바라볼 때면, 그녀가 많이 고통스러운 세월을 보냈다는 것을 알 수 있었다. 그녀의 얼굴은 근심과 슬픔으로 늙어 있었다. 나는 그녀가 영혼 깊은 곳에 숨겨져 있던 고통으로 다시 눈물을 흘리는 것을 보았다. 눈을 감으면 그녀가 무엇에 대해 생각하고 있는지 알 수 있었다. 한 젊은 한국 여성, 아이를 멀리 보낸 한 여인, 결코 아이를 다시 볼 수 없을 것이라고 생각했던 한 여성이 들여다보았다. 그녀가 선택했어야만 했던 상황에 동정을 느꼈다. 나는 그녀에게 분노를 느낄 수가 없었다. 그녀의 고통이 느껴졌고 그녀를 위로하고 싶었다. 다만 나는 어떻게 그녀를 위로할 수 있는지 알 수 없었다. 그녀를 향해 걸어가, 그녀를 포옹하고 모든 것이 잘될 것이라고 말해줄 수 없었다. 그것으로는 충분하지 않았다. 그녀가 잃은 것을 돌려주어야 했다. 한 한국 아이. 나는 다시 한국인이 되어야만 했고, 그렇다면 그녀의 슬픔을 덜어줄 수 있으리라. 어쨌든 나는 그런 생각들을 하고 있었다.

친어머니가 살고 있는 마을에 도착했을 때, 날은 이미 어두워져 있었다. 모두가 피곤했다. 친어머니만이 놀라운 속도로 집을 향해 걸었다. 어머니의 집까지는 꽤 오래 걸어야 했다. 모두들 한국 어머니의 뒤를 힘겹게 따랐다. 그녀는 줄곧 그 그룹에 속하지 않은 사람처럼 몇 미터를 앞장서서 걸었다. 나는 친어머니가 외삼촌들이나 이모처럼 유복한 편이 아니라는 것을 알고 있었기에, 피곤함에도 불구하고 우리가 어떤 마을로 들어서는가를 유심히 살폈다. 우리가 빈민가를 지나칠 때, 나는 갑자기 놀라 깨어난 사람처럼 태준에게 그녀가 여기 사냐고 물었다. 그러나 그가 대답을 하기도 전에, 우리는 그 집들을 지나쳐 작은 아파트에 들어섰다. 그녀는 그곳의 3층에 살고 있었다.

나는 남동생들이 아직도 깨어 있느냐고 물었고, 태준은 그들이 내가 오기를 기다리고 있다고 대답해주었다. 예상치 못한 동생들의 열렬한 환영이 있었다. 그들은 내가 왜 울면서 그들을 부둥켜안는지 몰랐지만 말이다. 큰동생 송규는 큰 키에 마르고 듬직한 열세

살의 소년이었다. 팬케이크처럼 둥근 머리와 큰 몸집, 나이보다 성숙해 보였다. 작은동생 남규는 형과 정반대로 생겼다. 작고 가는 몸집에 가는 두 눈이 얼굴에 비스듬히 새겨져 있었고 매우 장난스러워 보였다. 후일 나는 그가 내가 예상한 것보다 훨씬 더 장난스럽다는 것을 알게 된다. 그는 나의 손을 꼭 쥐고서 모든 것을 보여주고 싶어했다. 그러나 우선 어머니의 남편에게 가서 한국인들이 그러하듯, 예의바르게 작은 절로 인사를 했다. 그는 매우 야윈 남자로 불쑥 꺼진 뺨과 날카로운 눈을 가지고 있었다. 과거, 그가 나를 미워했을 거라는 아무런 단서도 없었다. 그는 매우 친절했다. 그에 대한 어떤 반감도 느낄 수 없었다. 나는 그가 나의 친어머니에게는 좋은 남자였다는 것을 느꼈다.

한국 어머니는 그사이 투피스를 티셔츠와 낡은 반바지로 갈아입고서 요리를 시작했다. 밤 11시에 가까워진 시간이었지만, 한국에서는 아무리 늦거나 이른 시간이더라도 손님에게 커피 한 잔만을 대접할 수는 없는 것 같았다. 손님에게는 식사를 대접하는 것이 관례처럼 보였고, 정해진 식사 시간은 중요하지 않다는 것이 우리 경험으로부터 얻은 결론이다.

친어머니가 요리를 하는 동안 그녀의 남편은 우리를 침실로 안내했다. 그 관습은 우리에게는 좀 이상하게 생각되었지만, 한국에서는 자주 손님을 주인부부의 침실에서 맞는다. 그 침실은 커다란 침대 때문에 손님을 맞을 공간이 거의 없는 서양의 침실과는 사뭇 다르다. 그들이 잠을 자는 방에는 벽에 세워진 커다란 장롱을 볼 수 있는데, 그 안에는 옷이며 이불이 놓여 있다. 장롱을 제외하고는 방 안에 놓여 있는 것이 거의 없다. 방이 작기 때문에 4명 정도가 바닥에 누울 수 있기 위해서는 그러해야만 하기도 할 것이다. 내 생각에 그러한 관습은 한 집에 방이 하나밖에 없어서, 침실과 거실이 하나였고 따라서 손님도 거기서 맞고 다른 회합도 거기서 하던 시기에서 비롯된 것이 아닌가 한다.

  나는 남규, 작은동생이 손을 끌고 이리저리 집 안을 구경시키는 통에 거의 앉을 새가 없었다. 집은 꼭 필요한 공간만으로 구성되어 있었고, 3개의 방으로 이루어져 있었다. 벽에는 예수의 초상화가 걸려 있었고, 침실에는 성경의 삽화가 그려져 있는 달력이 걸려 있었다. 친어머니는 여전히 믿음이 깊은 여인이었던 것이다.

  안방으로 되돌아와 두 동생들에게 선물을 주었다. 그들은 매우 좋아했다. 어머니를 위해 준비한 특별한 선물을 꺼냈다. 그것은 네덜란드의 한 삼촌이 이 순간을 위해 특별히 그린 나의 초상화였다. 그녀에게 납작한 꾸러미를 건네자 그녀는 수줍게 그것을 받았다. 포장을 열어 초상화를 보자, 그녀의 눈에서 눈물이 떨어지기 시작했다. 그녀는 손가락으로 나의 초상화 속의 뺨을 부드럽게 어루만졌다. 그녀에게 나를 직접 안고 감정을 발산시키는 것이 어려운 일이라는 것을 알고 있었다. 그러나 그 초상화를 들여다보는 눈길을 통해 그녀는 그녀 안에 있는 감정들을 내가 느끼도록 해주었다. 나는 예수 옆, 벽의 한 자리를 차지했다.

7

  다음날, 친어머니는 우리를 작은 버스에 태워 아름다운 섬의 풍경을 볼 수 있도록 해주었다. 우리는 보트를 타고 바다에 나가보았으며 산에도 올랐다. 할머니는 뱃멀미를 했음에도 모든 것을 젊은 기운으로 함께했다. 물론 할머니는 혼자가 아니었다. 산을 오르며 할머니는 나와 언니의 부축을 받았다. 네덜란드 어머니가 말했다. "저기 봐. 할머니가 두 손녀딸과 함께 걷고 있구나." 나는 네덜란드 어머니가 나의 새로운 가족에게 그토록 열린 마음으로 대하는 것이 감사했다. 나 혼자만 새로운 가족을 만난 것이 아니었다. 나의 네덜란드 부모님도 그러했고, 언니도 그러했다.

어머니와 단 둘이 남게 된 그 저녁. 부모님과 언니는 부산으로, 이모는 서울로 떠났다. 할머니는 누워 쉬고 있었고 두 동생들은 텔레비전을 보고 있었다.

우리는 방석을 깔고 마주 앉았다. 그녀가 나의 얼굴을 만지는 동안, 나는 그녀의 얼굴에 깊게 팬 주름을 바라보았다. 그녀는 매우 늙었다. 이모와는 완전히 다른 모습이었다. 이모가 연상이었음에도 불구하고, 어머니는 이모보다 10년은 늙어 보였다. 어머니는 작고 침착했으며, 그녀의 행동방식과 사고방식은 전통적인 한국 여성의 그것이었다. 이모는 서양 여성 같았다. 크게 웃고, 즉흥적이고 자연스러웠다. 이모를 엄마라고 생각했던 것은 그럴 법한 일이었다. 지금 내 앞에 앉아 있는 이 여성, 많은 부분에서 거리감을 느끼게 하는 이 여성 대신에 말이다. 그러나 그녀를 가깝게 대하자, 나는 그녀가 나의 생물학적 어머니라는 것을 느낄 수 있었고, 다른 누구로 대신하고 싶지 않았다. 행동과 태도를 보면 이모가 나와 훨씬 가까웠지만, 이 여인은 이모가 가지고 있지 않은 한 가지를 가지고 있었다. 나를 바라보는 저 눈빛. 그녀의 눈은 가득한 고통 대신에 따뜻함과 사랑을 표현하고 있었다. 이 눈빛에 비교해보면 이모는 차가운 시선을 가진 편이었다. 이 눈빛에 의해 나는 이 여인이 나를 아홉 달 동안 품고 있었다가 낳았다는 것을 느낄 수 있었다. 이모는 이모일 뿐.

어느 사이 어머니는 나의 손을 꼭 잡고 있었다. 그녀의 뺨을 타고 눈물이 줄곧 흘러내리는 동안 그녀의 다른 한 손은 자신의 심장을 부여잡고서 무언가를 한국말로 이야기했다. 그 말들을 알아듣지는 못했지만, 그녀가 말하는 것들을 이해할 수 있었다. 때로는 말보다 눈빛이 더 많은 것을 전달한다.

다음날, 쌀밥, 생선, 고기, 야채, 감자로 아침식사를 마치고 나에게 태준의 통역을 통해 정말 어머니와 이야기할 수 있는 시간이 주어졌다. 우선 어머니에게 이야기를 할 수 있는 차례가 주어졌다. 당시 한국에서 입양은 매우 주목받는 문제였다. 정부는 한국의 아이들이 더이상 외국으로 입양되어 나가는 것을 금지하기로 했다. 한국이 입양된 아이들을 통해서만 사람들에게 알려지는 것에 대한 이미지 재고 차원이었다. 사람들은 자국 내에서 고아들을 돌보자는 캠페인을 진행하고 있었다. 텔레비전에서는 미국과 스웨덴 등지의 한국 입양인들에 대한 다큐멘터리가 방송되었다. 심지어 스웨덴으로 입양되어 양부모에게 학대당하고 다시 한국으로 돌아와 생물학적 어머니를 발견한 '수잔 브링크'의 이야기가 영화로 상영되고 있었다. 많은 관객들이 영화를 보았고 한국에서 그 입양인의 이름은 유명했다. 영화가 실화에 근거했기 때문이다. 따라서 나의 어머니는 서양인들이 노예처럼 부리거나 학대하기 위해 아이들을 입양한다는 말이 사실이냐고 물었다. 그녀는 나의 부모님도 나를 학대했느냐고 물었다. 나는 대부분의 부모들이 좋은 의도로 아이들을 입양하여 잘 보살핀다는 대답으로 그녀를 안심시켰다. 그리고 나의 부모님 역시 좋은 부모님이었다고, 주저함 없이 덧붙였다.

이제 내가 질문할 차례였고, 물론 과거의 일들, 그리고 친아버지에 대한 일들을 물었다. 어머니가 옛날 일들과 나의 아버지에 대한 이야기를 해주고 난 뒤, 나는 그 모든 일들에도 불구하고 그녀가 여전히 나의 아버지를 사랑하고 있다는 것, 내가 그를 추억할 수 있는 유일한 기제가 되고 있다는 것을 알 수 있었다. 직감적으로 아버지에 대한 그녀의 사랑이 여전히 깊었기 때문에, 나를 향한 사랑도 여전하다는 것을 느꼈다.

어머니와 함께하는 일주일은 빠르게 지나갔다. 나는 두 동생들, 동생들의 아버지, 태준과 함께 낚시를 하고 산에 올랐다. 어머니와 할머니는 나를 데리고 시장에 갔다. 눈이 휘둥그레지는 구경이었다. 대야 안에서 수영을 하고 있는 거대한 생선들, 살아 있는 오징어, 게, 돼지머리, 찐 돼지발목을 진열해놓은 노점들……. 돼지발목, 즉 족발은 한국인들에게는 매우 맛난 것이다. 우리에게는 그것이 음식이 될 수 있으리라고 상상조차 되지 않는 것들……. 한국인들은 그들의 애정을 표현하기 위해 맛있고 비싼 음식을 대접하는 버릇이 있는데, 어머니는 나를 위해 족발을 사려고 했다. 나는 이미 아침으로 구운 감자와 한국식 팬케이크를 먹은 뒤였다. 그들이 그것을 준비하느라고 일찍부터 깨어 일했기 때문이다. (이제 와서 드는 의문인데, 그들이 어떻게 우리가 감자와 팬케이크로 아침을 먹는다는 사실을 알아냈을까?) 그러나 아무리 한국에서는 접대받는 모든 것을 먹는 것이 예의라고 해도, 이건 정말 내가 소화시킬 수 없는 음식이었다. 족발이 존재하지 않는 네덜란드의 메뉴판이 그리웠다. 다행히도 표정은 국제적으로 통용되는 언어였다. 그녀는 혐오로 일그러진 나의 얼굴을 보더니, 더이상 그것을 사려들지 않았다. 그러고는 나를 위해 족발 대신 정말 맛있는 수박 한 통을 샀다.

남동생들과도 정말 즐거운 시간을 보냈다. 내가 주의를 하고 있지 않으면, 내 물건을 집어가 망가뜨려 되돌려주는 개구쟁이들이었음에도. 저녁이면 그들은 나의 무릎을 베고 누워 텔레비전을 보았다. 아무것도 알아들을 수 없기 때문에 그들이 재잘대는 소리가 나를 방해하지 않았다. 그들의 재잘대는 목소리를 듣는 것이 무척 좋았다. 그리고 그것들을 알아들을 수 있다면 얼마나 좋을까, 하는 상상을 했다.

그 주에 나는 태준과 한국의 문화에 대해 이야기를 나눌 기회를 가질 수 있었다. 한국 사회가 어떠하며 한국의 젊은이들은 어떠한지에 대해서, 나는 그를 통해 많은 것을 배웠고, 매일처럼 한국이라는 나라에 대한 좀더 선명한 인상을 만들어갈 수 있었다. 많이 알면 알수록, 한국어를 배우고 싶다는 열망이 강해졌다. 그것은 처음에는 보이지도 않는 작은 점으로 머릿속에 찍혔다가 점점 거대해졌다.

둘째 주가 지나갔고 우리는 다시 서울로 향해야 했다. 친어머니는 부산까지 우리를 전송하고 거기서 헤어질 예정이었다. 두 동생들과 동생들의 아버지. 그들과 이별을 나누는 것은 힘든 순간이었다. 동생들의 아버지에게는 한 주를 함께 보내며 존경과 공감을 느끼고 있었다. 그는 이곳에서 함께 살지 않겠느냐고 물어왔다. 나는 그의 얼굴에서 그가 정말로 그렇게 묻고 있다는 것을 보았다. 나는 그의 친절과 상냥한 접대에 감사했다. 그러나 그가 지금 내게 건네는 말을 10년 전에 했었기를 바랐다. 물론 내 인생에서 일어났던 일, 내 인생이 걸어온 길에 대해 그를 개인적으로 비난할 수 없다는 것 또한 알고 있었다. 10년 전 한국 사회는 다른 이의 아이를 돌볼 수 있는 그런 환경이 아니었던 것이다. 이제 한국이 바뀌었고, 이 남자의 사고방식도 바뀐 것이다.

부산으로 돌아가는 길에 우리는 배를 탔다. 항해는 30분 정도 소요되었지만, 네덜란드 부모님은 멀미 속에서 부산에 도착했다고 했다. 나는 네덜란드 부모님과 언니 곁에 다시 돌아와 그들을 안을 수 있다는 사실에 매우 행복했다. 그들 역시 환상적인 일주일 동안 많은 것을 보았다고 했다.

어머니와의 이별은 그리 어렵지 않았다. 그녀를 일주일 뒤에 다시 서울에서 보기로 되어 있었기 때문이다. 우리는 승객으로 가득한 기차를 타고 서울로 돌아왔다. 그 귀환이 4시간이 아닌 10시간이 걸릴 것이라고는 아무도 몰랐지만.

기차 안은 분주하고 즐거운 분위기였다. 거의 모든 좌석이 사람들로 찼으며, 우리 옆 좌석에 나와 나이가 비슷한 소년이 자신의 숙모와 함께 앉아 있었다. 그는 작은 병에 개구리를 담아 가지고 있었다. 나와 언니가 그에게 개구리로 무엇을 하려느냐고 묻고, 그가 막 대답을 하려는 순간이었다. 기차가 정적 속에서 멈췄다. 기장의 안내 방송이 있은 뒤 갑자기 모두들 패닉 상태에 빠졌다. 사람들이 소리를 지르며 이리저리 뛰어다니기 시작했다. 우리는 태준에게 무슨 일이냐고 물었다. 그는 기차의 다른 부분이 불길에 휩싸였다고 말해주었다.

비디오카메라를 가지고 있던 나의 아버지는 그 즉시 흥미를 느끼고 불이 난 지점이 어디냐고 물었다. 태준이 두 칸 건너라고 말하며 가지 않는 편이 좋겠다고 말했지만, 아버지는 카메라로 무장을 하고서 그리로 향했다. 그는 이 사건을 비디오로 촬영해두어야만 한다고 말했다. 어머니의 만류에도 불구하고 아버지가 가고 난 10분 뒤, 우리 칸에도 연기가 스며들기 시작했다. 기차가 터널 안에 서 있었기 때문에 모두가 공포에 떨었다. 우리는 우리의 물건들을 싸쥐고서 기차에서 벗어나야 하는 상황에 대비했다. 우리는 아버지를 잃을지도 모른다는 공포에 사로잡혀서 그가 돌아올 때까지 기다리기로 결정했다.

그러나 부득이하게 연기에 밀려 밖으로 나가려는 순간에, 아버지가 커다랗게 웃으며 돌아왔다. 그는 의기양양한 소년처럼 외쳤다. "모든 것을 필름에 담았어." "당신 미쳤어요." 어머니의 대답이었다. "그런 것을 위해 당신의 생명을 위태롭게 하다니!" 그러나 우리는 일단 안심했고 곧 기차 밖으로 나왔다.

우리는 기다리고 기다리고 또 기다렸다. 한 영국인이 우리에게 다가와 무슨 일이 일어났던 것이냐고 물었다. 모르기는 우리도 마찬가지였다. 그는 한국인들을 비난하기 시작했다. 모든 것이 사기

극이고, 아무것도 일어나지 않은 것이라고. 그는 영국 대사였고, 이미 한국에 몇 년째 근무했다고 했다. 그는 이곳에서는 천사와 같은 참을성이 필요할 것이라고 우리에게 경고했다. 몇 분 뒤 그의 부인이 다가왔는데, 그녀는 전혀 어울리지 않는 원색의 컬러들을 몸에 걸치고 있었다. 짙은 눈화장과 립스틱 색깔도 둥둥 떠 보였다. 그녀를 바라보기 위해서는 그 색들을 중화해주는 특수 안경이 필요하다고까지 생각되었다. 한겨울 두꺼운 모피 코트를 걸치고서 길고 가는 담배를 파이프에 끼워 물고 있는 상류층 여인의 이미지. "여보." 그녀는 심한 영국식 악센트로 말했다. "정말이지 위스키가 필요해요." 언니와 나는 서로 쳐다보며, 손으로 입을 틀어막고 웃음을 참았다. 그 사건이 일어났던 주에 우리는 숨쉬기도 힘든 콩나물시루 같은 만원 지하철에 서 있었다. 언니와 나는 태준을 놀리면서 말했다. "여보, 정말이지 위스키가 필요해요. 나를 위해 가져다 줄 수 있나요?"

여덟 시간의 기다림 끝에 마침내 다른 기차가 우리를 서울로 실어다주었다. 그것은 한국인들이 화가 났을 때 얼마나 다혈질이고 격정적인지 경험할 수 있는 기회였다. 철도 당국의 태만과 약속 불이행. 승객들은 분노했다. 그들은 계속해서 소리를 질렀고, 몇몇 사람들은 승무원들을 향해 주먹을 휘둘렀다. 우리가 서울에 도착하자 그곳에는 국영방송 KBS의 카메라맨들과 기자들이 대기하고 있었다. 그 기차 사고는 국가적인 뉴스가 되어 있었고 저녁 뉴스에 나올 예정이었다. 아버지는 즉시 그 카메라맨들에게 다가가 자신이 기차 화재를 모두 필름에 남았다고 이야기했고, 그들이 그 필름에 흥미가 있는지 물었다. 당연히 그들은 흥미를 보였다. 그들은 즉시 그 필름을 사고자 했고 9시 뉴스에 내보내도 되겠냐고 물었다.(하루 중 가장 중요한 뉴스가 방송되는 시간이었다.) 물론 나의 아버지는 쾌히 수락했다. 그는 200달러까지 사례비로 받았다. 소년처럼 의기양양해진 아버지는 모두에게 자신의 필름이 텔레비전을 통해 방송될 것이라고 말했다. 기차역에는 티켓 값을 환불받기 위해 긴 줄이 형성되었지만 우리 일행은 너무도 피곤한 나머지, 그리고 물론 9시 뉴스를 놓치지 않기 위해서 집으로 향하기로 했다.

이모네 집에 도착한 우리는 뉴스를 보기 위해 즉시 텔레비전을 켰다. 정말로 우리는 기차역의 성난 승객들을 보았다. 그러나 승객이 탈출해야만 했던 장면과 불타는 기차에 관한 화면은 볼 수가 없었다. 아버지는 크게 실망했고, 태준은 즉시 KBS에 전화를 걸었다. 그러나 전화기 건너편에서 한 멍청한 외국인이 잘못된 테이프를 건네주었다는 불평을 전해들을 수 있을 뿐이었다. 맞는 말이었다. 흥분한 아버지는 섬과 부산을 촬영한 다른 테이프를 건네준 것이다. 어느 순간 아름다운 해운대가 펼쳐지는 필름 말이다. 이상이 아버지의 비디오 모험기이다.

8

마지막 주는 가족들을 방문하는 스케줄로 가득 차 있었다. 거의 모든 한국 가족들의 초대를 받았고, 매일같이 방문 일정이 잡혀 있었다. 숙모들은 그 기간 동안 반복해서 거대한 손님상을 차려냈다.

우리는 먼저 큰외삼촌 댁을 방문했다. 큰외삼촌의 부인을 보는 것은 처음이었다. 그녀는 아주 작았고 만삭이었다. 큰외삼촌도 몸집이 아주 작은 사람이었다. 심지어 나보다도 작았다. 그의 발만이 내 발의 두 배였다. 당시 한국에서는, 부인이 글자 그대로 그리고 외모적으로 남편의 키를 넘는 법이 없었고, 따라서 숙모는 삼촌보다 작았다. 삼촌은 부인을 만날 때 선택의 폭이 그리 많지 않았을 것이다. 그보다 작은 여성이 드물었으니까.

큰외삼촌이 부인을 대하는 방식은 매우 구식이었다. 숙모는 만삭의 몸이었음에도 불구하고, 우리를 위해 온종일 거대한 식사를 준비하고 차리기 위해 전력을 다했다. 그러고 나서 할머니를 포함한 모두가 식사를 하는 동안 부엌에서 기다렸다. 큰외삼촌은 그녀가 식탁에 앉는 것을 허락하지 않았다. 그녀는 오직 빈 접시를 다시 채우기 위해서만 우리가 있는 곳으로 왔다. 저녁 내내 한마디도 없이, 다소곳이 고개를 숙인 채 우리의 시중을 들었다. 식사를 마치고 우리는 그녀가 식탁을 치울 수 있도록 다른 방으로 자리를 옮겼다. 그제야 그녀가 남은 음식들로 식사를 할 수 있는 차례였다.

다음날, 아직 어제 큰외삼촌 댁에서 먹은 저녁으로 반쯤 배가 부른 상태로 우리는 작은외삼촌 댁으로 점심식사를 하러 가야 했다. 그녀의 부인 혜자는 이미 우리와 얼굴이 익은 상태였고, 나는 곧 그녀가 매우 멋진 여성이라고 생각했다. 그녀는 굉장히 현대적이었고, 내가 본 한국 여성 중에 유일하게 입을 다물고 껌을 씹는 여성이었다. 그녀 외의 다른 한국 여성들은 입을 벌리고 소리를 내며 껌을 씹었다. 나의 부모님과 언니는 혜자씨가 음식을 준비하느라 쏟은 정성을 보고 조금은 당황스러웠다. 그러나 다행히도 그녀는 이모처럼 우리와 함께 앉아서 먹고 즐겁게 이야기를 나누었다. 매일 그 모든 방문을 함께했던 할머니 역시 맛있게 음식을 즐겼다. 할머니는 깊은 한숨과 함께 위를 쓸어내리며 먹기를 멈추었다가, 2분이 지나면 단추를 풀고 지퍼를 내려 그녀의 두둑한 뱃살을 드러내곤 했다. 마치 그것이 세상에서 가장 당연한 일인 것처럼 부끄러워하지도 않고. 그러고는 세상에 태어난 유일한 이유가 그것인 것처럼 다시 먹기 시작했다.

작은외삼촌은 외할아버지가 어떻게 돌아가셨는지 이야기해주었다. 내가 네덜란드로 떠난 후 1년이 채 되지 않았을 때, 연탄가스 중독으로 사망하셨다고 한다. 혼자 집에 있었던 그는 창문을 모두 닫고 난로를 켠 채 잠이 들었는데, 그 자리에서 잠든 듯 사망했다. 나는 그 마지막 주에 할아버지의 산소를 찾아갔다.

한국을 떠나기 사흘 전 나는 친아버지를 만날 수 있었다. 어머니를 만날 때보다 더 초조한 순간이었다. 친아버지는 네덜란드 부모님이나 언니를 동반하지 않는 조건으로 나를 혼자서 만나겠다고 선언했다. 그들을 만나기에는 그의 수치심이 너무도 컸다. 레스토랑에서 만나는 것조차 꺼려했다. 이모, 할머니, 태준이 나와 함께 갔다. 나는 내가 그를 실망시킬 것이라는 극심한 예감에 시달렸다. 그에게 거부당할 것이라는 공포는, 그를 향한 호기심보다 훨씬 컸다. 차라리 그를 만나지 않고 곧장 네덜란드로 돌아가고 싶었다.

그는 내가 생각했던 것과는 완전히 다른 모습을 하고 있었다. 마피아처럼 약간 무서운 외모를 하고 있었다. 줄무늬 흰색 정장에 어두운 유리 안경. 그는 마른 얼굴에 커다랗고 둥그런 눈을 하고 있었고, 매우 높은 코와 짧은 수염으로 뒤덮인 턱을 가지고 있었다. 친아버지는 나의 손을 꼭 쥐어 자신의 무릎 위에 놓고서 나의 이름을 나직하게 불렀다. 눈물이 흘러나왔지만 그를 쳐다보기가 어쩐지 두려웠다. 어느 정도 시간이 흐른 후, 그가 질문을 시작했고 용서를 구했으며, 신이 이미 자신을 벌했다는 이야기를 반복했다. 결국 그는 내가 그토록 두려워했던 질문을 던지고야 말았다. "무슨 일이 일어났던 거지? 예전의 주희는 그토록 여리고 귀여웠는데!" 어색하게 웃으며 나는 대답했다. 네덜란드는 건장한 사람들의 나라이며, 네덜란드 음식은 사람은 뚱뚱하게 만든다고.

친아버지는 내가 가져간 작은 선물을 열어보며 죄를 지은 사람처럼 말했다. "나도 선물을 사고 싶었는데 시간이 없었어. 그렇지만 다음에는 뭔가 맛있는 것을 사다줄게." 자신의 말로 내게 입힌 상처를 의식하지 못한 채, 그는 선물로 받은 벨트를 착용해보고 있었다. 그는 내가 어린아이마냥 맛난 과자로 모든 것을 좋게 만들 수 있다고 생각하는 것일까. 나는 맛있는 과자가 아닌 내 존재에 대한 긍정을 원했다. 나의 가족들에 의해 받아들여지길 원했다. 그러나 그들은 내가 한국의 기준에서 보면 뚱뚱했기 때문에, 내가 단지 먹을 것을 좋아한다고 생각하는 것 같았다.

한국을 떠나기 바로 전날, 한국 가족은 우리를 홀리데이인 호텔의 커다란 파티장에 데리고 갔다. 무희들이 한국의 전통 춤을 추었고, 유명한 가수들이 줄줄이 나와 노래를 했다. 이어서 마법사와 곡예사 들이 등장했다. 나의 한국 어머니도 함께했고, 외삼촌들도 위스키를 마시며 즐거워했다. 매우 유쾌한 모임이었다.

집으로 돌아오는 길, 우리에게는 마지막이 될 지하철을 타고 있었다. 외삼촌들이 그 안에서 노래를 하기 시작했다. 갑자기 작은외삼촌이 나에게 다가와 머리를 쓰다듬으며 눈물을 흘렸다. 그리고 우리를 이렇게 다시 만나게 해준 하느님께 감사한다고 말했다. 나는 그때 한국 남자들은 오직 술에 취해서만 감정을 표현한다는 것을 알았다. 그 말들은 그가 나에게 해준 많은 이야기 중에 가장 아름다운 대목이었다.

마지막 날 우리는 짐을 꾸려놓고, 쇼핑을 하기 위해 나섰다. 태준과 언니를 동반하여 한국에서 가장 큰 백화점으로 갔다. 지하철에서 한 여인이 우리에게 다이어트 알약을 광고하는 전단지를 밀어 던졌다. 태준은 언니와 나에게 우리가 그 전단지를 잘 보관해 두어야 한다고 말했다. 우리에게는 그것이 꼭 필요할 것이라면서. 언니와 나는 서로 쳐다보고 눈을 맞춘 뒤, 태준 역시 몇 킬로를 감량해야 한다고 대답해주었다. 그는 심각한 얼굴로 대답했다. "나는 남자니까, 뚱뚱해도 되지. 너희들은 여자이고, 한국에서 여자들은 날씬해야 해."

같은 날 저녁, 나는 마지막 남은 한국 돈으로 쿠키와 땅콩과 스낵을 사서는 호텔방에서 모두 먹어치웠다. 공허하고 고통스러운 느낌을 먹어치우고 싶었다. 10년 전 나를 제거해버리고 멀리 보내버린 사람들, 그리고 지금 뚱뚱하고 못생긴 나를 거부하는 사람들에게 욕설을 퍼부어주고 싶었다. 누구를 비난해야 하는지는 알 수 없었다. 따라서 나는 스스로에게 저주를 퍼부었다. 출발의 날, 나는 한국의 가족들에게 다시 받아들여지고 다시 사랑받기에 3주라는 시간이 너무 짧았다는 결론을 내렸다.

우리는 김포 공항으로 향했다. 나는 큰외삼촌의 자동차 뒷좌석, 사촌들 사이에 앉아 있었다. 나머지 식구들은 택시에 타고 있었다. 우리는 출근길의 교통 체증에 갇혀 천천히 전진하고 있었다. 달리는 시간보다 서 있는 시간이 길었다. 어느 순간 큰외삼촌이 백미러를 통해 우리를 바라보았다. 나란히 앉아 있는 세 명의 조카들. 나는 그가 우리를 관찰하고 있으며, 서로를 비교해보고 있다고 생각했다. 여리고 나긋나긋하며 아름다운 나의 사촌들에 비해 건장하고 포동포동한 나 자신을 잘 알고 있었기에, 삼촌의 시선은 너무도 고통스러웠다. 그가 생각할 수 있는 유일한 단상은, 그들의 선택이 옳았다는 것이리라.

이별이 쉬운 일은 아니었지만 나는 다시 돌아와 다른 모습을 보여줄 것이라는 것을 알고 있었다. 10년 전과 같은 한국 아이, 귀엽고 날씬한 그 아이의 모습. 그들에게 내가 여전히 한국 소녀라는 것, 한국 가족에 속해 있다는 것을 보여주고 싶었다. 단지 나이를 열 살 더 먹었을 뿐, 날씬하고 아름다운 예전의 그 한국 아이가 될 수 있을 것이다. 그들에게 그것을 보여주어야만 한다! 그리하여 곧 수행해야 할, 나 자신에게 내리는 명령에 의해 나에게 이별은 훨씬 수월한 것이 되어 있었다.

04 네덜란드에서는 영원히 행복해지지 못하리라 확신했다. 운명의 실수로 이곳에 도착했지만 이제 스스로 모든 것을 되돌려 놓아야만 한다! 나의 대답은, 한국으로 영원히 돌아가는 것이었다. 내 안에 소용돌이치는 분노를 폭발시키는 위험한 상황을 연출하고 싶지 않았다. 아버지와 어머니와 언니는 옛날에 그러했던 것처럼 셋이서 다시 행복해질 수 있을 것이다. 내가 그들을 떠난다면······.

향수

1

　네덜란드로 돌아왔다. 가족들은 호기심을 충족시킨 내가 이제 마음의 평화를 찾고 네덜란드에서의 삶을 지속해나갈 수 있을 것이라고 생각했다. 그러나 실상은 그 반대였다.
　한국에서의 보낸 3주는 나에게 한국이야말로 완전한 나라라는 인상을 심어주었다. 지상천국, 그 인상은 3주 동안 한국 가족들에게 받았던 관심과 사랑으로 인한 것이었다. 한국 여행은 나에게 새로운 감정의 대양을 열어주었다. 처음에는 그 감정이 어떤 것인지 실체를 파악할 수 없었다. 그것은 기억 속의 어떤 느낌과 유사했는데, 네덜란드에서 삶을 시작했을 때 깊이 묻혀버렸다가 이제 다시 수면으로 떠오르는 어떤 것이었다. '향수'라 할 수 있는 그것.
　향수. 새로운 가족에게 받아들여지기 위해 사랑스러워야 한다는 일념으로 내 유년의 시간 내내 억압되어 있었던 감정. 그러나 이제 조금 맛본 한국이라는 나라에 대해 좀더 많은 것을 음미하고 싶었다. 아침에 눈을 뜨는 순간부터 저녁에 다시 잠자리에 드는 순간까지 한국과 한국의 가족들에 대해 생각했다. 매순간 한국의 엄마가 지금 무엇을 하고 있으며, 두 동생들은 무엇을 하며 놀까 궁금했다. 심지어는 손목시계의 시간조차 한국 시간으로 맞춰놓고, 매순간 지금 한국이 몇 시인지 알 수 있도록 했다. 한국이 6시이면 모두가 앉아 식사를 하고 있는 모습을 그려보았다. 그러고는 그 테이블에 앉아 있지 않다는 사실에 상실감을 느꼈다. 그곳에 없는 나. 그 어떤 것에도 집중할 수가 없었다. 학교도 친구도, 그 어떤 것도 나의 관심을 끌지 못했다. 오직 한국!

나와 네덜란드 아버지의 관계가 꾸준히 악화되고 있던 것도 한몫을 했다. 거식증이 시작된 것이 완벽하고자 하는 열망에서 기인했다고 나는 생각했었다. 완벽한 몸매와 완벽한 자기 통제를 향한 열망. 그러나 이제 되돌아보면, 그것은 완벽하게 날씬한 몸매와는 아무런 상관도 없는 증상이었다.

당시 나는 말랐었고, 외모에 관심이 있었던 것도 아니었으며, 매력적으로 보이고 싶어하지도 않았다. 그것은 오히려 살아 있는 것에 대한 처절한 거부의 몸짓이었다. 내가 누구인지를 스스로에게 감추기, 생각과 감정 들을 철저히 억압해버리기. 몸무게와 칼로리 계산에 열중하고 스포츠로 육체를 소진시킴으로써 영혼의 성장을 정지시켜버리기. 감정은 장롱 깊숙한 곳에 넣어버리기. 그리하여 단순하고 작은 세상에 살고 있는 어린 소녀로 머물기.

과거 할머니, 할아버지, 어머니, 아버지로 구성되었던 안전한 세상을 구현하기 위해 몸무게만이 존재하는 혼자만의 작은 세상을 창조하고, 매일 아침이면 저울 앞에서 신중한 의식을 치렀다. 다른 어떤 걱정이나 생각, 감정 따위는 내 안에 존재하지 않았다.

어째서 다른 어떤 것도 생각하고 싶지 않았으며, 어째서 다른 어떤 것도 느끼고 싶지 않았었는가? 나의 사고를 자유롭게 풀어놓으면, 맞서고 싶지 않은 혼란스러운 감정이 수면 위로 떠올랐기 때문이다. 어린 시절 한국의 어머니가 나를 버림으로써 내게 남긴 혼란, 그것은 이제 죄책감과 수치스러움, 분노가 뒤섞인 것으로 바뀌었다. 갑자기 어떠한 신호도 없이, 나를 그렇게 혼란스럽게 했던 모든 기억들이, 그 기억의 순간들이 머릿속에 떠올랐다.

거식증은 영원히 지속될 수 없는 것이, 그 길의 끝이 죽음이기 때문이다. 그러므로 거식증은 심각한 섭식 장애, 굉장히 이상한 식사 패턴에 자리를 내어주게 되어 있다. 가혹한 몸매 관리와 폭식의 증상이 번갈아가며 나타난다.

나의 몸무게는 아버지에 대한 감정의 기복에 따라 요요 현상을 반복했다. 한순간 아버지를 끔찍하게 사랑했다가, 다음 순간 그를 증오했다. 아버지에 대한 사랑은 대개 그가 나를 때리거나 폭언을 했다는 사실, (나는 스스로 그런 벌을 받을 만하다고 생각했었다) 심정적으로 언니와 나 사이에 차별을 두지 않았다는 사실에 기초하고 있었다.

그러나 나는 이제 성장했고, 갑자기 아버지에게서 엄청난 기만을 당했다는 느낌을 갖게 되었다. 아버지가 언니와 나 사이에 차별을 두었음을, 아버지와 나 사이에 당연히 있었어야 하는 부녀지간의 경계를 넘어버렸었다는 사실을 자각했다.

아무리 술에 취한다 한들, 자신의 혈연이라 생각한다면, 자신의 딸을 성인 남녀가 어루만지는 방식으로 만지는 남자는 없다. 아버지는 술에 취했을 때면, 나를 자신의 친딸로 보지 않았다. 나는 단지 다른 사람의 아이, 금기를 넘을 수 있는 입장권일 뿐이었다. 그 아이는 더이상 아이가 아니었으며, 그는 아이가 전혀 알지 못하는 성적인 영역, 그가 모든 것을 조정할 수 있는 영역으로 아이를 데려갔다. 그에게 있어서 아이의 몸은 성적 대상이라기보다는 스스로 전지전능함을 느낄 수 있는 장난을 위한 것이었다. 그의 손아귀 안에서 아이는 두려움과 혼란스러움으로 자신에게 일어나는 모든 것을 받아들였으며, 그로 인해 그는 스스로 최상의 권위와 힘을 가진 듯 느낄 수 있었으리라. 모든 영역에서의 권위!

그는 자신의 짜증과 공격적인 기분들을 나에게 푼 것이다. 그것들을 어머니와 언니에게 보이지 않음으로써 그들에게 권위를 유지할 수 있도록. 나는 그의 장난감 역할을 하고 있었던 것이다. 그것은 고통스러운 자각이었다.

아버지에 대한 것들을 생각할 때마다 내 안에서 분노의 화산이 부글거렸다. 나는 다시 버려진 느낌, 소중한 사람을 잃어버린 듯한 느낌에 사로잡혔다. 갑자기 나는 아버지를 잃었다. 아버지. 내가 이루어낸 모든 것들과 나를 자랑스럽게 여긴다고 내가 생각했던 유일한 사람. 어머니에게 언니가 특별하듯 아버지에게는 내가 특별하다고 생각했었다. 아버지가 나를 사랑하는 방식이 특이했어도 말이다.

어떤 일이 있어도 내가 입을 열지 않을 것임을, 아버지는 직감적으로 알고 있었던 것이다. 8살(한국 나이로는 10살)이 채 안 된 아이였지만, 내가 그러한 일들을 어머니에게 말하면 가족 모두가 끔찍해할 것임을 잘 알고 있는 아이였다는 것. 그 또한 아버지는 알고 있었던 것이다.

반면 나는 대부분의 부모들이 자신의 아이가 특별한 일을 성취하거나 비밀을 지켜야만 그들을 자랑스러워하는 것이 아님을 자각하지 못했던 것이다. 나의 세계는 다시 작아졌다. 다시 느껴지는 죄책감.

나는 분노와 고통, 그리고 또 사랑의 감정 사이에서 혼란스럽게 방황하지 않을 수 없었다. 한 아이가 성희롱을 당했다면, 그것은 그 아이에게 평생 지울 수 없는 상처 자국을 남길 것이다. 더구나 그 아이가 근친상간의 희생자라면 회복이 불가능할지도 모른다. 가족이 아닌 낯선 사람에게 성희롱을 당했다면, 만에 하나 그 기억을 지워버릴 수도 있지 않을까. 희롱한 이에게 느끼는 감정도 '분노'로 요약될 수 있을 것이다. 그러나 가해자가 자신의 아버지인 경우, 그 사건은 영원히 아이의 삶 속에 남을 것이다. 그를 향한 증오와 함께 여전히 어느 구석인가에 그를 향한 사랑이 존재한다면? 그토록 상충되는 감정들이 한 존재 안에서 공존하는 양상이 어떠하겠는가? 또한 자기 인생에서 너무도 중요한 가족들에게 그들의 아버지가 무슨 짓을 했는지, 어떻게 털어놓을 수가 있겠는가?

아버지의 성적 희롱은 소위 말하는 '끝까지 가는' 그러한 형태의 것은 아니었다. 그가 나를 '강간'한 적은 없다. 그러나 그 근친상간적인 경험은 그 구체적인 내용이 성행위였든 애무나 다른 조작에 근거한 것이었든 간에 피해자가 자신의 몸을 더이상 자신의 몸으로 인식하지 않는 정신적 상해를 입힌다. 피해자는 심지어 그 상해조차도 자신의 것으로 여기지 않는다. 인생에서 가장 중요한 '믿음'이 파괴된 것이다. 나는 인간에 대한 신뢰를 잃었다. 인생에서 가장 중요한 존재, '부모'에 대한 신뢰를 잃은 것이다. 아버지에 대한 신뢰만이 부러진 것이 아니었다. 어머니와 나 사이의 믿음도 한 순간에 종말을 고했다. 어머니를 더이상 신뢰하지 않았으므로, 내게 그녀의 위로와 지지가 필요했던 순간에 그것들을 바랄 수 없었다. 그러나 무엇보다도 스스로에 대한 믿음을 잃어버린 것이 내게는 가장 큰 상실이었다. 아버지가 넘어서는 안 될 경계를 넘어선 순간부터, 나는 스스로에 대한 존중과 자신이 가치 있는 존재라는 믿음을, 자신감과 자존감을 모두 잃었다.

모든 것이 내 잘못이라 생각했기 때문에, 나는 아버지에게 모든 책임이 있다고 생각하지 않았다. 그가 매를 때린 것에 대해서, 나는 그저 내가 나쁜 아이이기 때문에 정기적으로 매를 맞는 것이 당연하다고 생각했다. 그가 나의 몸을 희롱한 일에 대해서, 나는 그것이 그의 잘못이 아니라, '내가 거기에 존재했던 것'이 잘못이라고 생각했다. 그들이 나를 입양하지 않았다면, 내가 그들의 가족에 속하는 일이 일어나지 않았다면, 아버지 역시 그러한 일들을 저지르지 않았을 것이리라. 그를 비난할 수 없었다. 모든 것은 내가 거기 존재했고, 내가 살아 있었기 때문이다. 무엇보다 나는 과거에 일어났던 일들이 수치스러웠다. 이성적으로는 8살의 어린아이가 다 큰 성인 남자와 그러한 행동을 했다고 비난받을 수 없음을 알고 있었지만, 감정적으로는 왜 내가 그런 일이 벌어지도록 방관했었는지, 왜 내가 그가 나를 희롱할 때마다 끔찍해하면서도 무조건 수동적이기만 했었는지 자책을 거듭했다.

따라서 내게 일어났던 그 모든 일들에 대한 자책을 내려놓기 위해서, 내가 살아 있다는 사실을 지우기 위해, 내 생명을 취소하고 제거해버리기 위해 나는 최소한의 먹을 것만을 취했다. 스스로가 더이상 살 만한 가치가 없는 것으로 여겨졌다. 그리하여 행복해서도 안 되고 사랑 받아서도 안 되는 존재로서의 자기 파괴는 거식증으로 시작해서 폭식증에서 클라이맥스를 맞은 셈이다.

어머니에게 아버지가 얼마나 망나니 같은 짓을 했는지 이야기하고 싶었다. 그러나 그녀가 나와 같은 슬픔을 느끼게 하고 싶지도 않았다. 나는 입을 굳게 다물었다. 그리고 모든 관심을 한국으로 돌렸다. 아버지에 대한 나의 슬픔, 유년의 고통을 아무도 나눌 수 없다는 생각은 나를 외롭게 했다. 그토록 원했던 일, 어머니와 가까워지는 것이 두려웠다. 어쨌거나 그녀의 남편인 한 인간에 대해 그녀에게 털어놓을까 봐 두려웠다. 나의 입이 열리지 않도록 하는 가장 수월한 방법은 어머니와 나 사이에 거리를 두는 것이리라.

그러한 거리를 통해서 나는 그녀가 나를 정말로 사랑했던 것은 아니라는 생각을 하게 되었다. 나는 이 가정에 속한 사람이 아니라는 생각, 이제 이곳 네덜란드에서 무엇을 더 할 수 있단 말인가? 네덜란드에서는 영원히 행복해지지 못하리라 확신했다. 운명의 실수로 이곳에 도착했지만 이제 스스로 모든 것을 되돌려 놓아야만 한다!

나의 대답은, 한국으로 영원히 돌아가는 것이었다. 내 안에 소용돌이치는 분노를 폭발시키는 위험한 상황을 연출하고 싶지 않았다. 아버지와 어머니와 언니는 옛날에 그러했던 것처럼 셋이서 다시 행복해질 수 있을 것이다. 내가 그들을 떠난다면…….

한국에서 나는 나의 행복을 찾을 것이다. 다시 한국인이 될 것이고, 한국어를 배울 것이다. 한국 사회는 나를 완전히 받아들일 것이다. 나는 한국인이지 않은가? 그들과 같은 생김새를 하고 있지 않은가? 한국 가족들은 나를 다시 사랑해줄 것이다. 결국 나는 그들의 진짜 가족이 아닌가.

그런 식으로 한국은 파라다이스가 되어갔다. 네덜란드가 나에게 주지 않았던 행복을, 한국은 줄 것이다!

2

네덜란드 속담에 '배를 불태우고 떠난다'라는 것이 있다. 되돌아갈 곳을 남겨두지 않고 어딘가로 떠날 때 쓰는 말이다. 내게 있어서 배를 태우고 떠나는 건 무척이나 쉬운 일이었다. 도대체 네덜란드에서 내가 무엇을 가지고 있단 말인가? 사람들의 관심 속에서 행복했던 시절은 초등학교가 마지막이었다. 중고교 시절 나는 줄곧 혼자였고 외로웠다.

음식 장애는 나와 반 친구들을 단절시켰다. 나의 동양인 얼굴은 다른 네덜란드 소녀들의 외모에 열등감을 느끼게 했고, 스스로 친구 사귀기를 단념하게 만들었다. 심지어 남자아이들이 나에게 호감을 표현하면, 나에게 그러한 감정을 느낀다는 것을 믿지 못하거나 혹은 나를 통해 다른 여자아이를 소개받고 싶어서 그러려니 하고 생각했다.

나는 친구 한 명과 함께 가라테 레슨을 받으러 다녔다. 가라테가 훌륭한 스포츠라고 생각했고, 특히 동양적인 정신세계를 접할 수 있어서 좋았다. 당시는 네덜란드에 태권도가 들어오기 전이었다. 가라테는 내게 있어서 동양의 세계를 접할 수 있는 관문 같은 것이었다. 물론 가라테 수업에서조차 나는 일주일에 두 번씩 스포츠를 즐기는 네덜란드 사람들에 둘러싸여 있었고, 그 안의 유일한 동양인이었다. 그러나 어쩐지 그곳에서는 내가 있어야 할 곳에 존재하고 있다는 느낌을 가질 수 있었다.

가라테 반에서 나는 두 명의 남자아이와 아주 친한 사이가 되었다. 한 명의 이름은 파스칼, 다른 한 명은 마르코. 나는 파스칼에게 강한 호감을 느꼈다. 짙은 갈색 머리에 사슴 밤비 같은 눈, 길고 아름다운 몸매를 가진 그가 가라테를 할 때 너무도 멋져 보였다. 말하자면 그는 나의 첫사랑이었다.

나의 가라테 수업은 한국으로 떠나기 전까지 2년 정도 지속되었는데, 그는 그 기간 동안 내가 침묵 속에 사랑한 소년이었고, 그 짝사랑은 그후로도 오랫동안 이어졌다. 그는 사람들과 섞이기보다는 혼자 조용히 머무는 것을 좋아하는 수줍고 내성적인 성격의 소년이었다. 언제나 심각한 표정으로 수업에 참가하던 그는 그러나 또 모두에게 친절했다. 처음에 나는 그에게 한 마디의 말도 건넬 수 없었다. 운동을 마치고 그가 '잘 가'라고 인사를 건네는 순간, '우연히' 자전거를 세워둔 장소에서 마주치는 순간을 만드는 것만이 내가 할 수 있는 전부였다. 내가 그의 자전거를 정확히 알고 있었으며, 언제나 그 자전거 옆에 내 자전거를 세웠다는 것, 그가 체육관 문을 나서 자전거를 찾으러 올 때까지 기다린다는 것을 그는 몰랐다.

나와는 정반대로 생긴 여자친구가 있었다. 다른 네덜란드 소녀들에 비해서는 키가 작았지만 나보다는 10센티미터나 컸던 아름다운 아이였다. 마른 체구에 아름다운 금발을 가진 친구는 마돈나, 신디 크로포드처럼 입술 바로 위에 매력 포인트 점까지 가지고 있었다. 그 친구는 이미 15살에(한국 나이로는 17살) 화장을 시작했고, 자신이 유명한 배우들처럼 될 것임을 의심하지 않았다. 그녀 방에는 벽마다 자신의 글래머러스한 사진이 가득 붙어 있었는데, 그녀의 방에 놀러 갈 때마다 나는 그것들을 오래도록 쳐다보곤 했다. 나는 그녀처럼 아름다운 금발을 가지고 싶었다.

사실, 그녀가 예쁘다는 사실에 질투심을 느끼지는 않았다. 그녀에게 느꼈던 유일한 질투는 그녀가 먹고 싶은 대로 다 먹고도 여전히 마른 체구를 유지한다는 사실이었다. 그 친구의 이름은 무리엘이었다. 학교에서는 '재미없고 지루한 부류'인 책벌레들과 어울리던 나였는데, 유독 무리엘이 나를 좋아한 것은 좀 예외적인 사건이었다. 서로 너무도 달랐기 때문에, 서로 너무나 다르게 생겼기 때문에? 어쨌든 나로 인해 그녀의 인기는 더해가기만 했다. 나는 순식간에 그녀의 숭배자가 되었고, 그녀는 내가 되고 싶은 모든 것이었다. 그렇지만 그녀처럼 되는 것이 불가능했던 나는 그녀 가까이에 있는 친구가 되는 것으로 만족했고, 그녀가 진짜 공주처럼 마음껏 빛나도록 하는 데 정성을 쏟았다. 내가 열광적으로 좋아하는 것들을 함께 나누었고, 심지어 나의 운동 스케줄을 통해 그녀에게 완벽한 건강을 안겨주고 싶어했다.

얼마 되지 않아 무리엘은 파스칼 및 마르코와 이야기를 나누는 사이가 되었다. 마르코는 매우 외향적인 소년이었다. 아주 창백한 피부와 금발을 가진 그는 여름 볕에 노출되면 하얀 껍질에 싸인 딸

기사탕처럼, 하얀 금발 아래 붉게 익은 피부를 드러내곤 했다. 그는 S를 잘 발음하지 못해서 S가 들어간 단어를 말할 때마다 혀를 밖으로 빼곤 했는데 그럴 때면 조금쯤 멍청해 보였다. 그러나 자신감에 넘치는 소년이었다. 금발이었음에도 불구하고 그는 내 타입이 아니었다. 개방적이고 분주한 그의 성격은 내 마음을 전혀 끌지 못했다. 적극적인 무리엘 덕분에 우리 넷은 자주 어울려 이야기를 나누는 사이가 되었다. 가라테에 미쳐 있던 무리엘의 제안으로 우리 넷은 매주 수요일과 토요일에 따로 만나 공원에서 배운 것을 연습하기로 했다. 일주일에 두 번은 체육관에서 또 두 번은 공원에서 가라테를 연습했다. 예쁘장한 무리엘이 그토록 열정적일 수도 있다는 것이 존경스러웠다. 예쁘면서도 열정적인 모습은 내가 스스로에게 원하는 바로 그런 모습이기도 했다.

나는 마음으로부터 파스칼이 좋았다. 그의 열정, 잘생긴 외모, 친절함, 그러면서도 차분하고 수줍은 성격. 그런 모든 좋은 점들의 조합인 그는 내가 결코 접근하지 못할 어떤 대상 같기도 했다.

어느 날 그가 나에게 다가와 승천대축일에 무엇을 할 거냐고 물었다. 그날은 전통적으로 아침 일찍 밖에 나가 해가 뜨는 광경을 보는 네덜란드의 국경일이다. 사람들은 새벽녘에 자전거를 타고 나가서 새벽부터 종일 산책을 즐긴다. '해돋이'를 보는 그런 날에 파스칼이 함께 나가지 않겠느냐고 물어온 것이다! 마르코와 무리엘을 포함한 넷이 아니라 단 둘이서 해돋이를 보자고 청해온 것이었다. 전혀 예상하지 못했던 질문에 나는 잠시 할 말을 잃었다. 그러고는 재빠르게 무리엘과 이미 약속한 것이 있어서 그녀와 먼저 상의를 해야겠다고 대답했다.

그가 말한 것을 그대로 믿을 수가 없었던 나는 도대체 그의 의도가 무엇이었는지 나름의 가상 시나리오를 쓰기 시작했다. 가장 그럴싸한 시나리오는 그가 무리엘과 자전거를 타고 싶었는데 수줍은 성격에 직접 말하지 못하고 나를 통한 것이라는 가설이었다. 부담 없는, 못생긴 나를 통해서 결국은 무리엘과 자전거를 타는 것이 목적이었으리라! 두번째 시나리오는 누구에게도 그런 청을 받지 못할 것이 빤한 나를 착한 그가 위로해주려고 했던 것이 아닌가 하는 것이었다. 보이스카우트 소년이 하루에 한 가지씩 좋은 일을 하듯이 말이다. '심각한 외톨이 소녀'를 위한 선생의 차원에서.

오랜 고심 끝에 결국 가장 합리적인 시나리오에 근거해서 무리엘에게 파스칼이 넷이 함께 해돋이를 보러 가자고 했다는 말을 전했다. 파스칼을 너무도 좋아했던 나는 그가 행복해하는 모습을 보고 싶었다. 그가 가장 아름답고 매력적인 여자친구를 가질 수 있도록, 나는 마르코 옆에서 자전거를 탔다. 마르코와 끝없이 이야기를 주고받으며 파스칼을 완전히 못 본 척했다. 파스칼이 무리엘 옆에서 자전거를 타며 관심을 표할 수 있는 기회를 주기 위함이었다. 그러한 역할 놀이는 그날로 끝나지 않고 그 둘이 서로 이성친구로 발전할 때까지 계속되었다. 그것은 내가 원하기도 했고 두려워하기도 한 일이었다. 너무 잘 어울려 보이는 그들. 그들을 위해 기뻐해야만 했다.

파스칼과 같은 남자친구를 갖는다는 것은 나에게 가당치도 않은 일이다. 그리고 지금 그는 내 가장 친한 친구의 애인이므로 거리를 유지해야 했다. 그러나 또 한편으로는 그렇기 때문에 그가 무리엘과 함께 얼마나 행복한지를 확인하기에는 충분히 가까운 사이이기도 했다. 그가 행복하다면, 나도 행복하다…….

후일 나는 계속해서 사랑스럽고 귀여운 소녀, 술도 마시지 않고 담배도 피우지 않으며, 오직 운동만 꾸준히 하는 소녀로 머물렀다. 남자아이들은 사랑스럽고 귀여운 소녀보다는 아름답고 씩씩하여 함께 즐길 수 있는 소녀를 좋아한다. 언니가 멋진 소년들과 연애를 하는 동안, 나는 그저 숲속에서 달리기를 하다가 마주치는 소년들을 볼 뿐이었다. 언니가 한 시간 전에 남자친구와 키스를 주고받은 바로 그 숲에서 말이다.

아마도 성적인 관계에 대한 내 안의 공포가 나로 하여금 그늘진 곳에서 좀더 편안함을 느끼게 했는지도 모른다. 이성에게 느끼는 호감은 내 존재를 위협하는 두려움과 짝을 짓고 있었다.

그리하여 나는 모든 것을, 모든 이를 뒤로하고 네덜란드를 떠나 한국으로 돌아가는 것을 심각하게 고려하기 시작했다. 그리고 그것을 위한 절체절명의 과제는 감량이었다. 서양의 기준에서 보면 나는 뚱뚱하지 않았지만, 한국 여성들이 얼마나 날씬한지를 직접 본 이상 나 역시 그렇게 되지 않으면 안 되었다. 동양인의 얼굴을 하고 있었기 때문에 내가 네덜란드에서 느꼈던 고립감을, 이제 여성 스모선수의 표본 같은 몸매로 한국에 돌아가 다시 느낄 수는 없는 노릇이지 않겠는가.

나는 다시 엄격한 다이어트에 돌입했다. 더 열심히 운동하고, 사력을 다해 폭식의 유혹을 견디는 것. 그리고 그것은 어느 정도 성공을 거두었다. 그러는 동안 비행기 티켓과 한국에서 쓸 돈을 벌기 위해 아르바이트를 구하러 다녔다. 이때만큼은 동양인의 얼굴이 득이 되었다. 중국 식당에서는 언제나 나를 환영했고, 네덜란드식 중국 음식을 테이크아웃 판매하는 곳에 쉽사리 일자리를 구할 수 있었다. 한국 음식과 함께 중국 음식은 내가 가장 좋아하는 요리였으나, 다행히도 주인아줌마의 눈치를 살피며 음식을 탐낼 필요조차 없었다. 한쪽에서 다른 한쪽으로 미끄럼을 탈 수 있을 만큼 기름때가 진 부엌 바닥을 보면, 후각을 자극하면서 만들어지는 요리들에 대해 일말의 미련도 생기지 않았다. 심지어 바닥에 떨어진 재료를 다시 주워든 주방장은 '이곳에서는 아무것도 낭비하지 않으며, 아무것도 버리지 않는다'는 원칙을 강조하며 그것들을 다시 접시에 올려놓았다. 그런 원칙은 나에게 익숙한 것이기도 했다. 네덜란드 어머니는 어제 남은 음식을 다시 꺼내놓을 때면, 아프리카에서 굶는 아이들을 생각하라며 어떤 음식도 버려서는 안 된다고 말하곤 했다. 후일 나는 그 원칙을 스스로에게 적용했는데, 어쨌거나 먹어치우는 것이 버리는 것보다는 나은 일이라고 스스로를 설득하며 끝까지 먹어댄 후 결국에는 화장실에 앉아 그것들을 게워내고는 했다. 결국 음식을 쓰레기통에 버리는 일에 대해서는 끔찍하게 생각하면서도 화장실에다가 토해버리는 짓에 대해서는 관대했던 것이다. 그러나 식당에서라면 버려야 마땅한 것들을 손님에게 주어버리는 일이 온당하게 생각되지 않았다.

 각설하고, 그렇게 3개월 동안 엄격하게 생활한 나는 한국 여성들의 표준 사이즈를 획득하는 데 성공했다. 많고 많은 접시를 닦은 덕에 한국행 티켓을 사기에 넉넉한 돈도 모을 수 있었다. 이제 가장 어려운 일이 남아 있었다. 어떻게 네덜란드 부모님과 지인들에게 내가 한국으로 가는 것이 스스로를 위한 최선의 선택이라고 설득할 수 있을 것인가. 모두에게 그저 1년 동안 한국에 가 있을 것이라고 이야기하기로 했다. 스스로는 영영 돌아오지 않을 것임을 알고 있었지만 말이다.

  떠나야만 했다. 극도로 조급해진 나는 학교를 마치는 것조차 기다릴 수 없었다. 살아오는 내내 그토록 내게 많은 것을 의미했던 학교. 배우는 것은 언제나 즐거운 일이었다. 그러나 이제 그것조차 흥미를 유발시킬 수 없었다. VWO를 마치기 위해서는 1년을 더 공부하며 시험을 쳐야 했지만, 한국에 간다면 그것들이 다 무슨 소용이 되겠는가. 한국에서 어떤 일을 할지 알 수 없었지만, 어쩐지 날씬한 몸매를 유지하기만 한다면 한국 사회가 나를 받아들이고 한국의 가족들도 나를 사랑할 것이라고 생각했다. 마른 몸매를 유지하기만 한다면, 내 앞에는 모든 가능성이 열려 있을 것이다! 한국은 하나의 거대한 망상이 되어갔고 나는 현실 감각을 조금쯤 상실한 상태였다.

  부모님들은 학교를 마치는 것조차 원하지 않는 나를 붙잡는 것은 불가능하며 그들이 할 수 있는 일이란 내 결정을 지원해주는 것밖에 없다는 것을 알아차렸다. 한국에 다녀오면 나의 '한국 열병'도 치료가 되리라고 생각했다.

  스키폴 공항에서 우리는 작별을 나누었다. 부모님, 그리고 언니. 고통스러운 이별이었다. 나는 다시 울었고, 내가 사랑하는 사람들을 다시 두고 떠나야 했다. 그러나 그것이 그들을 위한 결정이기도 하다고 믿었다. 내가 함께한다면 그들은 반드시 불행해지리라. 이제 그들 역시 진짜 가족 셋이서 단란한 가정을 꾸릴 수 있으리라. 나 역시 나의 진짜 가족에게 돌아가는 것이다. 내가 속하는 것이 당연한 '집'으로 말이다.

3

한국에서의 첫번째 달은 긴 휴가와도 같이 환상적이었다. 모두가 팔을 벌려 나를 환영했으며, 다른 한국 소녀들과 마찬가지로 날씬한 나의 몸매를 긍정의 눈빛으로 쳐다보았다. 나는 어머니가 사는 섬이 아니라 서양인들이 드문드문 섞여 있는 서울에 살기로 했다. 한국어를 공부할 수 있는 대학조차 없는 섬에서 산다는 것은 사실은 고려조차 하지 않았다. 물론 어머니와 함께 살고 싶었지만, 그토록 작은 섬에서 1년 내내 무엇을 할 수 있단 말인가. 따라서 나는 이모네에서 살기로 했다. 희진과 유진, 두 사촌과도 즐겁게 지낼 수 있으리라. 자신의 방을 하나씩 가지고 있었던 두 사촌들은 이제 함께 방을 쓰고, 나머지 방을 나에게 내어주었다. 차라리 사촌들과 방을 나누어 쓰고 싶었던 나에게 그러한 배려는 좀 당황스러웠다. 이모네에서 침대를 가진 사람도 나 하나뿐이었다.

7월이었고 방학이었던 사촌들은 나를 여기저기 데리고 다녔다. 하루가 짧았다. 여러 친구들을 소개받았고, 그들은 나를 신기하게 생각했으며 무엇보다도 나와 영어로 대화하기를 원했다. 이것저것 하는 일이 많아 바쁜 낮 동안 머릿속은 새롭게 겪고 있는 경험들로 가득 찼고, 네덜란드나 부모님을 생각할 여유가 없었다.

오직 저녁이 되어 침대에 누우면 언니와 아버지와 어머니, 그리고 이곳에 없는 네덜란드의 많은 것들을 생각했다. 그 모든 것들이 그리운 것을 뺀다면, 한국에서의 나는 굉장히 행복했다. 너무 행복한 나머지 음식에 대해 생각할 필요도 없었다. 구토로 이어지는 폭식도 찾아오지 않았다. 식사를 하는 동안에도 너무 많이 먹는 것은 아닌가, 하는 걱정이나 몸무게에 대한 염려를 하지 않았다. 단지 이모와 이모부만이 내가 온갖 맛있는 것들과 그들이 나를 위해 준비하는 특별식들을 계속해서 거절하는 것을 못마땅해했다. 이모와 이모부는 일주일간(!) 여름휴가를 잡았고, 우리는 그 일주일 동안 한국의 가장 유명한 산, 설악산에 머물렀다. 그들이 단지 일주일 동안만 휴가를 갖는 것은 놀라운 사실이었다. 네덜란드에서 여름휴가란 보통 3주 정도를 의미하니 말이다.

   모두가 집에 있는 저녁 시간, 이모와 사촌들과 함께 김치를 담그는 일은 내가 가장 좋아했던 일이다.
   김치는 한국의 전통음식으로, 식사 때면 어김없이 등장한다는 것을 그간 경험으로 알고 있었다. 한국 여성들은 그들이 담그는 김치의 품질로 평가받는다고도 들었다. 물론 지금이야 그들이 김치 담그는 솜씨보다는 외모로 평가받는다는 것을 잘 알고 있지만 말이다.
   이모가 야채를 씻고 다듬는 동안 나와 사촌들은 마늘을 벗긴다. 마늘 서너 조각을 말하는 것이 아니다. 정말로 통마늘 수십 개를 벗긴다. 한국에서는 모두들 왜 그렇게 마늘 냄새를 풍기는지 이해할 수 있는 순간이었다. 마늘을 벗기는 것이 끝나면, 동그랗게 모여 앉아 작은 절구와 절굿공이를 이용해 마늘을 곱게 찧는다. 등 뒤에서는 한국의 텔레비전이나 라디오 소리, 혹은 이모가 옛날에 대해 이야기하는 소리가 들려온다. 마늘 냄새 속에서 나는 뼛속 깊은 곳까지 한국인으로서의 나를 느꼈다. 행복했다. 마늘을 찧는 일은 모든 가정주부들이 매일같이 자신의 딸과 함께 하는 일이다. 마늘을 찧고 있으면, 내가 그들에게 속해 있다고 느낄 수 있었다.

그래서 나는 그들이 모든 집안일에서 나를 격리시키는 것이 매우 화가 났다. 한국인들은 바닥을 매우 깨끗하게 유지한다. 그들은 바닥에서 자고, 그곳에서 손님을 맞고, 심지어 그곳에 앉아 식사를 하기 때문이다. 네델란드에서는 집 안에서 신을 신는 것이 자연스러운 일이지만, 한국에서는 신을 신고 들어설 수 없으며 매일 두 번씩 바닥 청소를 한다. 서양에서처럼 긴 줄이 달린 청소기를 사용하는 것이 아니라, 무릎을 꿇고서 집 전체의 바닥에 걸레질을 한다. 한국의 집들이 작은 것은 사실이지만, 그것은 힘든 일이고 매번 무릎이 저리는 일이다. 나는 내가 하루 한 번씩 바닥 청소를 하는 것이 당연하다고 생각했는데, 그것은 절대로 허락되지 않았다. 하루는 집에 일찍 들어왔는데 별로 할 일이 없었다. '그럼, 바닥 청소를 하자!' 하고 청소를 막 시작했는데, 사촌 동생이 돌아와 내가 하고 있는 일을 보더니 보지 못할 것을 본 듯한 놀란 눈으로 자신의 가방을 던져놓고 나에게서 걸레를 빼앗더니, 입고 있던 예쁜 옷차림으로 무릎을 꿇고 바닥을 닦기 시작했다. 설거지도 하면 안 되었고, 상을 차리는 일도, 상을 정리하는 일도 하면 안 되었다. 내가 식사를 하고 싶어하면 가족 중 누군가가 나를 위해 식탁을 준비했다.

네델란드에서는 보통 저녁 6시가 되면 일터에서 돌아온 가족들이 모두 둘러앉아 함께 저녁식사를 한다. 그러나 한국 가족들은 거의 함께 식사를 하지 않는 것처럼 보였다. 대부분의 경우 밖에서 식사를 하거나 모두가 서로 다른 시간에 집에 들어온다. 한 명은 7시에, 다른 한 명은 10시에, 또다른 한 명은 자정이 되어서 따뜻한 식사를 한다. 한국인들은 언제나 따뜻한 식사를 한다. 각자가 자기 먹을 것을 챙기고(아침에 이모가 만들어놓은 것들) 식사 후에 상을 치웠다. 그러나 내가 식사를 하려고 하면, 누군가가 테이블에 식사를 차리고, 내가 다 먹고 나면 다시 누군가가 상을 치웠다. 나는 그것이 매우 싫었다. 아무리 항의를 해도 전혀 변하는 것이 없었다. 심지어 사촌들이 유일하게 늦잠을 잘 수 있는 일요일에, 누군가와 약속이 있었던 내가 일찍 일어나 아침식사거리를 냉장고에서 꺼내려고 하는 순간, 이를 목격한 삼촌이 즉시 사촌언니를 깨워서 나의 아침식사를 차리게 했다. 화가 나는 순간이었다. 손님처럼 대접받고 싶지 않았다. 그저 가족의 한 구성원이 되고 싶었다. 그러나 어찌 되었건 그들은 나를 위해 그렇게 하는 것이었고, 사소한 일이기도 했다.

사촌들을 통해 많은 것을 배웠다. 사촌언니와 나는 화장을 해도 되는 나이였다. 한국 소녀들은 대략 18살까지 얼굴에 화장품을 바르지도 않고 머리를 세우지도 않는 것을 보았다. 학교에서는 교복을 입고 머리는 모두 같은 길이로 잘랐다. 그러나 일단 고등학교를 졸업하면 그들은 세련되게 보이는 데에 열중했다. 만일 그들이 대학을 들어가면 친구들과 약속이 있거나 혹은 심지어 거리 한구석으로 장을 보러 갈 때조차 성장을 하고 두꺼운 화장을 한다. 집 밖에서 그들은 항상 그들의 가장 아름다운 모습을 하고 있어야 하는 것처럼 보였다.

그러나 일단 집에 들어서면, 그들은 추리닝 바지에 오래된 티셔츠를 입고서 화장을 지우고 화장수를 뿌려 그들의 피부가 다시 숨을 쉴 수 있도록 한다. 남자들도 그러하다. 그들은 모두 정장에 넥타이를 매고 근무지로 향한다. 어떤 일을 하든지 간에, 청소부이건 공사장 인부이건 간에 말이다. 그리고 집에 돌아오자마자 아무리 이른 저녁이라도 파자마를 걸친다. 일을 하지 않아도 되는 일요일에는 모두가 파자마 차림으로 하루를 난다.

또 한 가지 이상했던 점은, 살을 에는 추위가 느껴지는 한겨울에도 집 안을 마치 사우나처럼 뜨겁게 유지한다는 것이다. 겨울에도 집 안에서는 모두가 짧은 바지를 입고 지낸다. 구두쇠 네덜란드인들이 에너지 비용을 아끼기 위해 실내 온도는 다소 낮게 유지하고서 긴 바지와 두꺼운 스웨터, 두꺼운 양말을 신고 지내는 것과는 매우 상이한 모습이었다.

사촌들은 한국의 유행이 무엇인지, 머리를 어떻게 다듬어야 하는지를 내게 전수해주었다. 당시 한국 소녀들 사이에서는 머리를 곧게 펴는 것이 유행이었다. 스트레이트파마라고? 모든 한국인들의 머리칼은 이미 스트레이트 하지 않은가? 나 역시 사촌들이 매직 스트레이트파마를 하라고 권유했을 때 똑같은 생각을 했다. "아니야." 그들은 말했다. "매직 스트레이트파마는 머릿결을 찰랑찰랑하고 부드럽게 해주고 신비한 실크 커튼처럼 얼굴을 가려줘."

그들에 의하면, 나는 정말 스트레이트파마를 해야만 했다. 다른 한국의 바비 인형들처럼 세련된 모습이어야만 했다. 그것은 매우 비쌌지만 분명한 대가가 있어 보였다. 신비한 실크 커튼! 동양 여인들은 항상 신비한 베일에 싸여 있지 않은가? 간단한 매직 스트레이트파마를 두고 생각이 왜 이리 많은지! 오케이.

결론적으로 말하면, 그것은 최악의 결정이었다. 풍선처럼 둥근 나의 얼굴은 볼륨감 있는 머리로 인해 늘 보완되곤 했다. 이제 볼륨이 사라진 지금, 머리카락은 정말이지 글자 그대로 얼굴에 착 달라붙었다. 둥그런 광대뼈 옆으로 곧게 뻗은 머리카락. 나의 얼굴을 신비스럽게 가려주어야 할 실크 커튼을 얻은 것이 아니었다. 이차원적인 평면의 둥그런 노란 종잇장이 되어버린 나의 머리. 그것도 꼬마아이가 오려낸 종잇장 위에 일자로 된 나일론 조각 같은 머리카락이 붙어 있는 형국이었다. 뒤통수를 뻥 하고 얻어맞은 것처럼 납작해진 머리 모양. 네덜란드에 있을 때 아버지는 항상 입버릇처럼 말했다. "우리 조이가 뒤로 넘어졌던 것은 아니지? 그래서 멍청한 것은 아닐 거야." 아버지가 지금의 내 모습을 보지 못하는 것이 다행이었다. 보았더라면 또 무슨 말을 만들어낼지 모르는 일이었다.

희진과 유진은 또한 공공장소에서 어떻게 행동해야 하는지, 특히 남자들과 함께 있을 때 어떻게 행동해야 하는지 잘 가르쳐주었다. 한국어도 빠르게 배울 수 있었다. 그들 역시 나를 통해 많은 것을 배웠다. 그들은 네덜란드에서 소녀들이 얼마나 많은 자유를 누리는지 듣고는 매우 좋아했다. 나는 한국말을 잘하지 못했지만, 사전과 손짓 발짓의 도움을 받아가며 사촌들과 긴 시간 짜증 없이 수다를 떨 수 있었다.

그러나 모든 것은 끝이 있고, 방학도 그러하다. 실제의 삶이 시작되자 그것은 생각만큼 녹록한 것이 아니었다.

4

8월, 사촌들의 학교가 시작되었다. 나의 학교는 9월이 되어야 시작했다. 나는 서울대학교를 가고자 했다. 그 학교가 한국 최고의 대학이며 한국의 하버드라고 들은 바가 있었기 때문이다. 더구나 이 대학에는 한국어를 배우고 싶어하는 외국인을 위한 독립된 학과가 있었다.

이모와 이모부는 오래 전에 직장으로 돌아갔다. 그러므로 나는 한 달 동안 매일 집에 혼자 있어야만 했다. 사촌들이 이제부터 학교를 다녀야 하고, 때문에 나와 많은 시간을 가질 수 없는 것이 미안하다고 말했을 때, 그것에 대해 그리 심각하게 생각하지 않았다. '그렇다면, 매일 책을 보면서 한국어를 공부하지 뭐.' 전처럼 아무런 방해도 받지 않고 매일 운동을 할 수도 있었다. 넘치는 시간들, 오래도록 소식을 전하지 못한 부모님과 친구들에게 편지를 썼다. 할 일은 많았다.

혼자 있게 되는 것에 대한 한 점의 우려도 없이, 이모네 식구들과 함께 점심을 먹기 시작했다. 그동안 전혀 신경쓰지 않았던 일들이 눈에 들어왔다. 밥 한 공기를 먹고, 다시 한 공기, 그리고 다시 한 공기를 더 먹는 나. 사촌들에게는 웃으면서 매우 배가 고팠다고 말했다. 식사 후 쿠키를 집어먹던 유진은 나에게도 생각이 있느냐면서 그것을 넘겨주고 책을 읽기 시작했다. 희진은 설거지를 하고 있었고, 물론 그녀를 돕는 일은 허락되지 않았다. 어차피 그렇게 밥을 많이 먹었으니, 조금 더 먹는 것이야 대수롭지 않을 것이다. 첫번째 쿠키가 입으로 들어가고, 두번째 쿠키, 그리고 세번째 쿠키. 갑자기 내가 쿠키를 모두 먹어치웠다는 것을 발견하고 나는 충격을 받았다.

패닉 상태에 빠졌다. '제기랄, 뚱뚱해질 거야, 뚱뚱해질 거야.'

머릿속에서 맴도는 생각. '가능한 빨리, 몸에서 내보내야 해.' 즉시 화장실로 달려가고 싶었지만 거기서 토할 수는 없었다. 모두가 토하는 소리를 들을 것이다. 네덜란드 집들과는 반대로 한국에서는 공간 활용을 위해 복도를 만들지 않는다. 집이란 결국 복도 없이 벽으로 모든 방을 나눈 커다란 사각형의 공간이다. 화장실 문은 거실에서 바로 연결되어 있었고, 모두가 그 안에서 일어나는 소리를 들을 수 있었다. 집 화장실에서 토하는 것은 불가능한 일이었다. 나의 모든 뇌 세포는 위 속의 내용물에 대한 해결책을 찾기 위해 열심히 돌아갔다. 네덜란드였다면 그저 어느 카페에 있는 공공 화장실로 향해서, 손가락으로 목젖을 자극시켰을 것이었다.

그러나 이미 한국의 공공 화장실이 상상할 수 없을 정도로 지독히 더럽다는 것을 알고 있었다. 당시는 지금으로부터 10년 전, 그러니까 깨끗한 공공 화장실에 대한 캠페인이 있기 전이었다. 더구나 당시 여자 화장실은 대부분 좌변기가 아니어서 쭈그리고 앉아 볼일을 보아야 했다. 그러한 형태의 화장실은 물론 네덜란드에서는 한 번도 본 적이 없었다. 그곳을 이용하기 위해서 나는 다시 한 번 유년 시절의 경험으로 돌아갈 필요가 있었다.

물론 여기에도 편리한 점이 있긴 했다. 더러운 좌변기를 만나 엉덩이를 한껏 들고 앉아야 하는 불편함은 없는 것이다. 그러나 구토를 하는 데는 그리 편리한 장소가 아니었다. 구부리고 앉았을 때, 입과 변기 입구가 너무 멀기 때문에 토사물이 사방으로 튈 것이었다. 물론 토하는 당사자의 얼굴을 포함하여. 또한 이러한 화장실들은 청소하는 일이 거의 없기 때문에, 앞서 왔다간 사람들의 오줌과 분비물 냄새가 심했다. 스스로의 토사물을 피하는 일도 그리 유쾌한 일이 아니었지만, 다른 사람의 변 위로 얼굴을 들이미는 짓도 정말 피하고 싶은 일이었다. 따라서 남은 방법은 단 한 가지. 원칙을 위반하고 싶지는 않았으나, 변비약을 이용하는 수밖에 없었다.

한국어로 변비약이 무엇인지 찾아내어 종이 위에 옮겨 적었다. 그리고 골목 안에 있는 약국으로 향했다. 네덜란드에서는 의사의 처방전이 있어야만 약을 구할 수 있었다. 그러나 한국에는 사방에 슈퍼마켓만큼이나 많은 수의 약국이 널려 있었고, 나는 처방전 없이 모든 약을 구할 수 있는 것이라고 결론을 내렸다. 네덜란드와 비교해 매우 저렴한 약값 때문인지는 모르겠으나, 한국인들은 자주 알약과 가루약을 삼켰다. 네덜란드인들은 병이 매우 심각할 때 빼고는 약을 먹는 일이 드문 반면, 한국인들은 조금만 아파도 약국을 찾아가고, '약사'에게서 모양과 색이 다양한 10여 개의 알약이 들어 있는 작은 종이봉투를 받아 들었다.

한국인들은 그것을 삼키고 나서 조금쯤 나아졌다고 느꼈다. 그 종이봉투는 500원 정도했는데, 알약 10개 중 9개는 색소를 입힌 플라시보, 즉 가약(假藥)에 불과했다. 그러해야만 했을 것이다. 플라시보를 이용하지 않는다면, 한국인들은 오래 전에 약물 과다 복용으로 멸종했을지도 모른다. 다행히 당시 나는 많은 약사들이 플라시보를 판다는 것을 몰랐다. 그런 이야기는 아주 나중에 친구에게서 들었다. 그렇지 않았다면 나는 '빈' 알약이 아닌, 진짜 변비약인지 잘 확인했을 것이다. 한국인들은 한 봉지의 'm&m' 초콜릿으로 행복해질 수도 있을 것이지만, 나는 단 한 번으로 내가 먹은 것들을 배설해낼 수 없다는 것을 알고 있었다. 다른 알약이나 가루약과 마찬가지로 변비약도 헐값이라고 생각했던 나는, 적어간 종이를 약사에게 주었다. 그녀는 잠시 종이를 쳐다보다가, 나를 쳐다보고 무언가를 물어왔다. 나는 초조하게 어깨를 들어올려 보이며, 여인을 재촉했다. "빨리."

먹은 것들이 몸 안으로 흡수되어 지방으로 고착될까 봐 걱정되어 죽을 것만 같았다. "얼마나?" 그녀가 물었다. '마이 갓. 그렇지, 얼마나.' 머릿속이 혼란스러웠다. 얼마나 많은 알약이 있어야 몸 안으로 구겨 넣은 음식의 양만큼 변을 볼 수 있을까? "백." 한국어로 대답했다. "백?" 여인은 놀라면서 물었고, 종이에 100이라는 숫자를 적어 보이며 자신이 제대로 알아들은 것인지 물었다. "네." 나는 다시 고개를 끄덕였다. "백." 뒤편으로 걸어 들어갔던 그녀가 정말이지 100개의 오렌지색 알약이 들어 있는 봉지를 들고 돌아왔다. 그녀는 봉투를 닫기 전에 내 얼굴을 먼저 살폈다. "굿." 고개를 끄덕이며, 얼마냐고 물었다.

"5만 원." 그녀가 대답했다.

5만 원? 50유로 정도 되는 돈이었다. 지갑을 들여다보았다. 6만 8,000원이 들어 있었고, 그것으로 2주를 더 버텨야 했다. 그러나 뚱뚱해진다는 생각은 한 주를 돈 없이 지내야 한다는 생각보다 더 무서운 것이었다. '아, 내일 은행에 가서 돈을 좀 찾지 뭐.' 은행에 있는 돈은 수업료를 내야 할 돈이었다. 그러나 어찌 되었건 한 달 뒤쯤에는 다른 무슨 방도가 있을 터이고, 그 즈음에 나는 다시 날씬해져 있을 것이고, 그렇게 문제는 모두 해결될 터였다. 여자에게 돈을 건네고, 날아갈 듯 집으로 달렸다.

몇 잔의 물과 함께 알약을 전부 삼키고서 기다렸다. 아무 일도 일어나지 않았다. 한 시간이 지났다. 여전히 아무 일도 없었다. 몇 시간이 흘렀다. 결과는 두 번의 오줌줄기뿐. 나는 분노했다. 변을 보아야 했다. 아니, 배설. 모든 것이 전부 쏟아져 나올 때까지, 창자 안에 아무 것도 없을 때까지.

'그 여자가 분명 잘못된 알약을 준 거야'라는 생각이 머릿속을 맴돌았다. '아니면, 100알이 너무 적었던 거야. 200알을 삼켰어야 했어.' 결국 침대로 향하며 스스로에게 말했다. '괜찮아. 아마도 1킬로그램쯤 쪘겠지. 그러나 내일부터 절대로 폭식하지 않고, 체중 감량에 좀더 힘써야지. 모두에게 내가 다른 한국 여자애들처럼 날씬하다는 것을 보여줘야지.' 그런 생각 속에서 잠이 들었다. 그날 밤 나는 단 한 번 화장실에 갔을 뿐이다. 나는 여전히 그 여자가 나에게 준 것이 무엇인지 알지 못한다. 그것이 변비약이 아니었던 것만이 분명할 뿐이다. 아마도 변비약 한 알과 아흔아홉 개의 플라시보였을 것이다. 아, 잊도록 하자.

5

낯선 느낌과 함께 잠에서 깨어났다. 여전히 피곤했지만 잠을 더 잘 수가 없었다. 침대에서 빠져 나왔다. 집 안은 쥐 죽은 듯 조용했다. 이모와 이모부가 일하러 갔으며, 사촌들은 학교에 갔다는 것, 저녁이면 모두들 집으로 돌아올 것임을 잘 알고 있었다. 그러나 어쩐지 나는 버려진 것처럼 느껴졌고, 공포감에 휩싸였다. 나는 세상에 혼자 남은 레미(가족들에게 버려져 세상에 혼자 남아 있는 동화 속의 아이)처럼 느껴졌다.

침실 창문을 열어젖혔다. 밖이 내다보였다. 온통 교복을 입고 등교하는 학생들이었다. 소녀들은 목덜미까지 오도록 자른 단발머리를, 소년들은 아주 짧은 고수머리를 하고 있었다. 모두들 웃고 떠들며 걷고 있었다. 몇 미터 떨어진 곳에서 아기를 업고 시장에 다녀오는 엄마들 몇 명이 보였다. 한 여인이 들고 있는 하얀 비닐 봉투에서 오징어 다리 2개가 삐져나와 있었다. 여인들은 커다란 음성으로 이야기를 주고받았다. 한 단어 한 단어가 귀에 들려왔지만 아무것도 이해할 수는 없었다. 거리의 다른 한편에는 휴지와 빈 병들이 놓여 있었다. 거기서부터 10미터 되는 곳에 한 여인이 의자를 놓고 앉아 있었다. 그녀 앞에는 커다란 양은솥이 불 위에 놓여 있었다. 솥은 뜨거운 물로 채워져 있었고, 그 안에서 옥수수들이 익고 있었다. 사람들이 지나갈 때마다. 여인은 "옥수수 좀 사세요" 하고 말했지만, 대부분 재빨리 지나쳐 갈 뿐이었다.

  늙은이 하나가 평평한 리어카를 끌며 지나가고 있었다. 거기에는 사과와 배가 가득 실려 있었다. "천 원, 천 원." 그는 외쳐댔다. 1,000원으로 얼마만큼의 사과나 배를 살 수 있는지 알아낼 수는 없었다. 보이는 모든 것들이 그렇게 한국적인 분위기가 가득한 것이었다. 네덜란드에 있을 때 읽었던 한국에 관한 책에 실려 있던 사진 같기도 했다. 그 당시 그것은 나에게 멀고도 닿을 수 없는 그 무엇이었다.

  이제 그 한가운데 서 있는 나. 그러나 지금 이 순간처럼 한국인과 나 사이의 거리감을 분명하게 느낀 적이 없었다. 마치 내가 영화를 보고 있는 것만 같았다. 그 안에 들어가 보이는 것들의 한 부분이 되고 싶지만, 그렇게 될 수는 없는. 보고 있는 것은 영사기를 비추는 천에 불과하니까. 마치 한국 사람들로 채워진 삼차원의 영상을 보고 있는 것만 같았다. 한국에 둘러싸여 있지만 그에 속할 수는 없었다. 전혀 다른 세상 속의 '혼자'인 나.

'네덜란드의 부모님은 여전히 나에 대해 생각할까?' '여전히 나를 사랑할까?' 갑작스럽게 지독히도 빵이 먹고 싶었다. 초코바스타(초콜릿 잼)나 고기가 얹힌 빵을 많이 먹고 싶었다. 곧장 지갑을 집어들고, 빵집으로 향했다. 그 주변에는 약국만큼이나 빵집이 많이 있었다. 나는 그 빵집들이 어떻게 운영되는지 궁금해하곤 했다. 당시 한국에서 사람들은 거의 빵을 먹지 않았기 때문이다. 빵뿐만이 아니라 미국에서 수입한 초코바스타도 팔고 있는 빵집이 하나 있었다. 그 빵집까지 걷는 것이 어려운 일은 아니었다.

서른 가지가 넘는 다양한 빵이 존재하는 네덜란드와는 달리, 한국에는 온통 하얀 빵뿐이었다. 갈색 빵이나 통밀 빵에 대해서는 알지 못하는 듯했다. 그곳에는 노란색을 띠는 빵이 있었는데, 후에 그것이 옥수수가루로 만들어진다는 것을 알았다. 주인은 매우 친절했고, 남을 돕기 좋아하는 사람이었다. 그는 내게 미국에서 왔느냐고 물었다. "노, 네덜란드."

"아, 네덜란드." 그는 마치 그곳에 다녀온 적이 있는 사람처럼 고개를 끄덕였다. "네덜란드 뷰티풀?" 그가 물었다. "노"라고 대답하며 그 대화를 마감 지었다. 게걸스럽게 먹고 싶은 욕망이 너무 커서, 가능한 빨리 집에 돌아가야 했다. 빵은 1,200원이었다. 초코바스타는 5,000원. 값을 치르고 나서 집으로 달렸다.

신발을 벗어야 한다는 것조차 거의 잊을 지경이었다. 재빨리 냉장고로 달려가 생수통을 집어들었다. 폭식을 하기 전에는, 물을 4

143

컵 마셔야만 한다. 위에서 음식이 물과 섞여 전체적으로 흐를 수 있는 상태가 되어야 한다. 그렇게 해야만, 수월하게 게워낼 수가 있는 것이다. 음식을 먹는 동안에도 추가로 물을 2컵 더 마셔야 한다.

한국에서는 수돗물을 마시지 않는다. 따라서 매주 사람들은 산으로 가 깨끗하고 맑은 약수를 통에 가득 채워온다. 물은 차가웠다. 어렵사리 물을 위에 부어넣었다. 그러고 나서 접시와 칼을 집었다. 벽에 세워져 있는 밥상을 가져왔다. 그것은 25센티미터 정도 높이의 작은 사각형 테이블이다. 텔레비전 앞의 바닥에 앉아 다리 사이에 밥상을 놓았다. 빵과 초코바스타를 가져와 나이프와 함께 테이블 위에 올려놓고, 앉은자리 옆에는 물 2컵을 놓았다.

텔레비전을 켜고 손목시계를 쳐다보았다. 12시 10분. 먹는 데 허락된 시간은 정확히 1시간. 빵을 집어 초코바스타를 두껍게 발랐다. 아무것도 이해할 수 없는 텔레비전을 열심히 쳐다보며 첫번째 빵 조각을 베어 물었다. 그것을 씹으며 두번째 빵을 발랐다. 첫번째 바른 빵의 마지막 조각을 삼키기도 전에 두번째 빵을 베어 물었다. 그런 식으로 빵을 절반쯤 먹어치운 뒤 첫번째 물 잔의 물을 한번에 털어넣었다. 다시 나머지 빵 뭉치를 올려놓았다. 그러는 사이 손가락과 입은 초코바스타로 범벅이 되었지만, 눈은 여전히 텔레비전을 노려보고 있었다. 빵을 바르고 씹고 삼키고. 마지막 빵 조각이 몸 안에 들어올 때까지 계속되었다. 한숨과 함께 두번째 물 잔을 집어 털어넣었다. 물이 입가를 타고 흘러내렸다. 왼 손등으로 입을 문질러 닦으며 시계를 바라보았다.

1시 10분 전. 토해내는 시간까지 아직 20분이 남았다.

나는 방 안을 둘러보았다. 수족관 위에 한국 과자가 놓여 있었다. 새우 맛이 나는 튀김 조각이었다. 봉지를 열었다. 그후 오직 과자를 씹는 소리만이 그곳에 존재했다. 마지막 부스러기까지 사라지고 나자 다시 시계를 쳐다보았다. 아직도 10분이 더 있었고, 나는 다시 방 안을 둘러보며 먹을 것을 찾았다. 네덜란드에서는 먹을 것을 찾기 위해 선반을 뒤져야 했다. 대개의 간식거리들은 상자에 담긴 채 찬장 속에 놓여 있다. 그러나 한국 가족들은 그저 방 안의 눈에 띄는 장소에 놓아둔다. 누구나 먹고 싶을 때 먹을 수 있도록 말이다. 나의 시선이 열려 있는 쿠키 봉지에 가 닿았다. 그것은 소파 오른쪽에 놓여 있었다. 즉시 쿠키가 놓여 있는 소파 위에 앉아서 먹기 시작했다. 팔꿈치를 무릎에 받친 자세로 쿠키를 향해 몸을 숙이고 앉아 있었다. 똑바로 앉거나 의자에 기대어 앉아 먹는 것은 불가능했다. 그런 자세를 하기에는 위가 너무도 꽉 차 있었다. 그러는 동안에도 여전히 텔레비전을 보고 있었고, 계속해서 쿠키를 입 안으로 밀어넣었다. 부스러기가 소파와 바닥에 떨어졌지만 알아채지 못했다. 어느 순간 시계를 쳐다본 나는 질겁했다. 이미 1시 10분이었다. 이제 게워내야 하는 순간인 것이다. 봉지 안에는 쿠키가 세 개 남아 있었지만, 이제 먹을 수 없었다.

 옷을 벗고 속옷 차림으로 거울 앞에 섰다. 몸을 옆으로 비스듬히 돌려 옆선을 볼 수 있도록 했다. 위가 너무 가득 차고 위로 볼록하게 솟아 있었다. 커다란 수박 같은 배 때문에 가슴은 허약해 보이기 짝이 없었다. 마치 두 개의 자두가 커다란 수박과 함께 과일접시에 놓여 있는 형국이었다. 배를 위에서 아래로 쓸어내렸다. 커다란 배 아래의 두 다리도 막대기처럼 얇아 보였다. 화장실로 달려가 변기 시트를 위로 올렸다. 손가락을 목젖에 집어넣을 준비가 완료

된 것이다.

　몸을 앞으로 숙이는 순간 변기 안의 물을 보았다. 이미 알고 있었지만 잊고 있었던 사실. 변기에는 끊임없이 물이 채워지고 있었다. 변기의 물을 내리면 물이 아래로 빨려 들어가면서 거의 동시에 새로운 물이 어느 수위까지 채워진다. 우선 변기에 물이 너무 많이 채워져 있어서, 만일 지금 토하면 토사물 때문에 물이 전부 내려가지 않을 것이고, 아마도 다시 채워지는 물과 합쳐져서 넘칠 것이었다. 이 변기 시스템은 줄곧 나를 괴롭혀왔다. 매번 화장실에 가서 일을 볼 때면, 엉덩이가 젖게 되고 따라서 속옷도 젖었다. 엉덩이를 닦는 수건은 화장실에 없었고, 화장지로 닦아내는 것은 역부족이었다.

　어쨌든 좋다. 패닉에 빠질 필요는 없다. 나는 그런 문제를 해결하는 데는 선수가 아닌가? 대야를 발견했다. 유레카! 대야에 토하고, 조금씩 변기에 넣어 처리하면 되는 것이다. 변기가 넘치는 일이 없도록 말이다. 대야를 부여잡고 바닥에 앉았다. 그러고는 오른손을 적셨다. 마른 손가락을 목구멍에 넣으면 굉장히 힘들다. 검지와 가운뎃손가락을 목구멍에 집어넣고 손등으로 내리 누른다. 구토가 인다. 한 번 두 번, 그리고 토사물이 쏟아진다. 똘똘 뭉친 빵은 식도를 통해, 긴 소시지가 되어 입 밖으로 나왔다. 그것은 초코바스타로 인해 갈색이 되어 있었고, 때문에 정확히 똥과 같은 모습이었다. 잠시 숨을 골랐다. 나는 이미 절반 이상을 게워냈다고 생각했다.

　숨을 들이쉬고 다시 손을 입 안으로 가져갔다. 이번에는 세 번의 구토가 인 후에 토사물이 나오기 시작했다. 과자와 쿠키는 액체 상태의 거대한 덩어리가 되어 있었다. 위가 비었다. 이마가 축축했고, 땀이 목을 타고 흘러내렸다. 대야를 노려보고 있던 나는 위에서 게워낸 것들의 그 많은 양에 놀랐다. 부엌으로 달려가 냉장고에서 물을 꺼냈다. 물 8컵을 마시고 시계를 쳐다보았다. 5분. 위가 물로 깨끗이 청소되는 데 소요되는 시간은 5분이다.

몇 분 뒤 나는 다시 화장실로 갔다. 다시 한번 대야 위에 서서, 오른손을 적신 뒤 목젖을 자극했다. 이번에는 입을 통해 물이 분수처럼 쏟아져 나왔다.

물은 여전히 위에 남아 있던 초코바스타 때문에 연한 갈색을 띠고 있었지만, 만족했다. 이제 위가 완전히 깨끗하다는 것이 확인된 것이다. 손과 얼굴을 씻고, 대야의 토사물들을 조금씩 변기에 흘려보냈다. 물을 내리고, 기다리고 다시 조금 부은 뒤 물을 내리고, 기다리고. 대야가 완전히 빌 때까지 그것을 반복했다. 그러고 나서 깨끗하게 대야를 씻었다.

다시 속옷 차림으로 거울 앞에 섰다. 몸을 약간 돌려 옆모습을 살폈다. 이제 배는 다시 평평해졌고, 가슴은 다시 보통의 크기로 비춰졌다. 다리가 두껍고 건장해 보인다는 것만 빼면 모든 것이 다 보통으로 돌아와 있었다. 감사를 마감하는 사람처럼 배를 툭툭 쳐주고 나서, 옷을 입었다.

재빨리 청소를 시작했다. 설거지를 하고 과자 부스러기를 줍고 바닥을 청소했다. 1시간여가 지나자, 아무 일도 일어나지 않았던 것처럼 보였다. 집 안은 조용했고, 나는 다시 혼자인 느낌, 버려진 느낌을 받았다. 그러나 더이상 돈이 없었다. 나는 우선 은행에 가야 했지만, 은행이 어디 있는지 묻는 것을 잊었던 것이다.

지독한 외로움을 느끼고, 무엇보다 불안함을 느끼던 길고 긴 날들이 이어졌다. 감옥에 앉아 있는 것만 같았다. 이모는 내가 길을 잃을까 봐 어디에도 가지 못하게 했다. 사실 내가 아는 몇 마디의 한국말로는 아무 데도 갈 수 없었다. 서울은 거대했고 어디든 가기 위해서는 버스나 지하철을 타야 했다. 무엇보다 서울의 버스정류장에는 버스가 어디어디를 경유하는지 표지판을 찾을 수가 없었다. 대개 한국인들은 그저 버스가 올 때까지 기다렸다가, 맞는 번호의 버스에 올라타는 것처럼 보였다. 나 같은 이방인은 절대로 무슨 버스를 타야 하는지 알 수 없는 것이다.

처음에는 한국의 텔레비전이 너무나 흥미로웠다. 아무것도 알아들을 수 없었지만, 다른 한국인들을 바라보는 것만으로도 기분이 좋았다. 그러나 이제 텔레비전은 지겨웠고, 진짜 사람들과 이야기가 하고 싶었다. 네덜란드의 모두가 너무도 그리웠다. 모두가 집에 있는 저녁 시간에는 괜찮았다. 그러나 사촌들은 점점 더 나와 멀어지면서 그들의 일상적인 삶을 살기 시작하고 있었다. 대부분 그들은 10시 반이 넘어야 집에 돌아왔다. 네덜란드에서는 대개 집에서 친구들을 만나는 반면, 한국에서는 거의가 밖에서 모임을 갖는다. 한국의 집들이 매우 작기 때문이라고 나름대로 추측해보았다. 네덜란드 학생들이 책을 빌리기 위해 도서관에 잠깐 들르는 것을 제외하곤 거의 집에서 숙제를 하는 반면에, 한국 학생들은 주로 학교 도서관이나 카페, 혹은 학원에서 숙제를 했다. 그런 식으로 나의 사촌들도 방과 후에는 친구들을 만나러 카페로 향하거나 도서관에 머물렀다. 그들을 보는 일이 거의 없었다.

이모 역시 11시 이전에는 집에 없었고, 나는 자주 8시면 집에 오는 이모부와 함께 있었다. 물론 그와 대화를 할 수는 없었다. 그는 나를 향해 무언가 말을 하는 법이 없었고, 거의 유일하게 그가 묻는 것은 밥 먹었냐는 것이었다. 나는 종일 창밖을 내다보거나 골목을 어슬렁거리거나 일주일에 서너 번 폭식과 토역질을 하면서 시간을 보냈다. 한 번도 먹어보지 않은 한국 음식들에 도전했다. 한국의 많은 군것질들도 나에게는 새로운 것이었고, 얼마 지나지 않아 나의 사촌들이 평생 먹었을 양보다 많은 군것질을 하고 있었다.

자주 네덜란드에 대해 생각했다. 무엇보다도 부모님 생각이 많이 났다. 그들이 너무도 그리웠다. 어머니뿐만이 아니라 아버지도 그리웠다. 그와의 모든 다툼들은 잊혀져갔고, 미움도 사라졌으며 오직 우리들 사이에 있었던 좋았던 시간들만 생각났다. 그가 여전히 나를 사랑하는지 궁금했고 나를 여전히 사랑했으면 하고 빌었다.

이 모든 것이 도대체 어디서부터 시작된 것인지 의아스러웠다. 어째서 네덜란드로 다시 돌아가지 않겠다고 결심한 것일까? 갑자기 나는 네덜란드의 좋은 면들을 보기 시작했다. 그리고 한국인들의 잘못된 점들이 보였다. 한국이 완벽한 나라라는 인상이 시들해져 가면서, 그들이 외국인들을 대하는 차별적인 모습도 눈에 들어왔다. 이방인에 대한 태도는 네덜란드인들이 훨씬 성숙한 면모를 가지고 있었다. 한국인들은 동물을 끔찍이도 거칠게 다룬다는 사실도 눈에 들어왔고, 화장지 없는 더러운 공공 화장실은 네덜란드를 향한 나의 향수를 부채질했다. 그러한 태도들은 내가 경험한 네덜란드에서는 보지 못한 것들이었다. 네덜란드의 민주의식, 자유, 여성 해방의 면모들은 이제 천국처럼 생각되었고, 한국인들의 게으름과 편협한 시민의식, 무엇보다도 서양인의 눈으로 볼 때, 여성들이 제2계급처럼 취급받는 사실들이 눈에 들어왔다.(이것은 12년 전의 일이고 그간 한국은 많이 변화했다.)

화장실의 종이가 언제나 젖어 있는 것은 정말 죽도록 싫은 일이었다. 이모네에는 샤워실이 따로 없었다. 욕실에는 변기와 수도가 있을 뿐이었고, 따라서 깨끗이 씻고 싶을 때면 대야(그렇다, 그 대야)에 물을 담아서 물을 끼얹어야 했다. 사방으로 물을 끼얹고 나면, 마른 것은 하나도 없었다. 화장지도 언제나 젖어 있었다.

6

다행히도 나의 권태로운 나날은 큰외삼촌의 출현과 함께 막을 내렸다. 그는 부인과 아이들과 함께 남쪽, 어머니가 있는 곳에서 그리 멀지 않은 곳으로 피서를 갈 계획이었다. 그는 어머니에게 가지 않겠느냐고 물었다. 물론 가고 싶었다. 한국에 다시 온 이후로 그녀를 본 적이 없었다.

"3주나 있어야 된다." 삼촌은 말했다. "그리 오래 지낼 수 있겠니?"

"물론이요."

머릿속에서는 매일 두 동생들과 산책을 하고, 어머니가 집안일을 하는 것을 돕는 상상을 했다. 물론 김치를 만들 때도 포함해서.

"미리 말해 두어야겠는데." 삼촌이 말을 이었다. "네 어머니는 잠시 아주 작은 집으로 이사를 했단다. 방은 하나이고, 욕실도 없어."

"아, 상관없어요." 어깨를 들어올려 보이며 대답했다. 그렇게 한 방에 모두 모여 있으면 즐겁지 않겠는가. 이곳에서도 샤워실은 없었으니, 별로 문제될 것도 없었다. 어머니가 나를 다시 보면 기뻐할지 궁금했다. 적어도 지난번보다는 날씬하니까, 아마도 그녀는 나를 자랑스러워할 것이다. 갑자기 몹시 초조했다. 3주는 서로에 대해 알 수 있을 만큼 긴 시간이다. 그녀와 서로 잘 맞지 않을 수도 있는데, 3주를 그녀 곁에서 머물고 싶은가? 물론! 그녀는 나의 어머니이지 않은가? 나는 그녀를 사랑하지 않는가?

나는 유진과 이야기를 하고 있는 이모를 바라보았다. 그녀는 바쁘게 이야기를 했고, 유진은 웃기 시작했다. 웃음소리에 이모는 더 큰 목소리로 이야기를 이어갔다. "엄마." 사촌이 엄마를 진정시키기 위한 톤으로 말했다. 이모는 유진의 코를 톡 치고서 손가락으로 딸의 머리를 빗겼다. 너무도 질투가 나는 장면이었다. 그 옛날, 왜 유진이 아니고 내가 보내졌어야 했는지 궁금하지 않을 수 없었다.

어머니에게 가는 길은 매우 길고 피로한 여정이었다. 6명이 한 차에 앉아 가야만 했다. 삼촌과 숙모, 그들의 8살, 9살 난 두 딸과 돌이 채 안 된 아들, 그리고 나. 아이들은 내가 누구인지 전혀 모르고 있는 것 같았다. 그들은 내가 가족의 일원인지에 대해서도 궁금해하지 않았다. 이해할 수 있는 일이었다. 그들은 아직 어리니까. 나는 아이들에게 나를 소개하지 않았다. 그것은 내가 그들 가족의 일원이 아니며, 설명도 필요없는 존재라는 '거부'의 표시로 느껴졌다. 삼촌이 이사한 어머니의 집 주소를 정확히 알지 못했기 때문에 우리는 작은 식당에서 만나기로 했다.

우리가 막 식사를 마쳤을 때 어머니가 도착했다. 이번에는 검은 투피스 차림으로 나를 향해 걸어왔다. 그렇게 걸어오면서도 계속해서 머리를 만졌다. 그녀는 나의 얼굴을 응시하다가 옆으로 와서 앉았다. 식탁에 이미 먹다 남은 음식들이 놓여 있었음에도 그녀는 고개를 흔들며 내가 더 먹어야 한다고 했다. 나는 이미 많이 먹었고 배가 부르다고 말했다. 그녀는 나의 손을 잡아 쥐고 나의 얼굴을 주의깊게 보더니 말했다.

"예쁘다."

무슨 말을 해야 할지, 어떻게 행동해야 할지 몰라 나는 웃었다. 주변을 둘러보았다. 아이들은 모두 웃으며 놀고 있었고, 어른들은 이야기를 하는 데 열중해 있었다. 어머니와 나만이 유일하게 조용히 앉아 있었다. 삼촌이 돈을 내기 위해 일어섰고, 어머니 역시 지갑을 들고 일어서 삼촌이 나를 여기까지 데려온 것에 감사하는 뜻으로 대신 지불하려고 했다. 그는 찬성하지 않았고 어머니는 돈을 삼촌의 주머니에 넣으려고 시도했으나, 그는 이미 자동차에 올라탔다.

침묵 속에서 우리는 나란히 걸어 집으로 향했다. 주변에는 온통 꼬마들이었다. 작은 아이들이 너덜너덜한 셔츠와 팬티 차림에 더러운 얼굴을 하고서 거리에서 모래를 가지고 놀고 있었다. 굉장히 야윈 개들이 지나쳐 갔다. 그곳은 전에 어머니가 살던 곳과는 분명히 다른 지역이었다.

드디어 어머니의 집에 도착했다. 어머니는 나를 안으로 안내했고 앉으라고 권했다. 그녀는 투피스를 벗고, 오래된 티셔츠와 무릎길이의 반바지로 갈아입었다. 그사이 나는 주변을 둘러보았다. 그 집은 정말로 방 한 칸으로 이루어져 있었고, 미닫이문을 달아서 두 칸으로 나누어놓은 것이 전부였다. 교과서와 갖가지 잡동사니들로 가득한 책상이 보였다. 벽 쪽에 장롱이 놓여 있었고 다른 쪽에 작은 화장대가 거울과 함께 서 있었다. 구석에는 작고 오래된 흑백텔레비전이 놓여 있었다. 미닫이문을 통해 다른 쪽으로 가면, 그곳에 1미터 정도의 높이에 50센티미터 넓이의 사각형 구멍이 있었다. 그곳을 통해 기어나가면, 곧장 밖, 동시에 부엌에 이르렀다.

부엌 바닥은 그냥 거리였다. 플라스틱 가리개로 위를 덮었고, 작은 수도와 작은 풍로가 있었다. 그 풍로에서 어머니가 요리를 했다. 정말이지, 삼촌이 말한 대로 욕실은 없었다. 그러나 화장실도 없었다. 그사이 어머니는 성경을 펼쳐들고 내게 옆에 앉으라고 했다. 성경을 읽겠느냐고 물었다. 아쉽게도 나는 그녀를 실망시켜야만 했다. 어머니와 함께 성경 책장을 넘기는 동안 동생들이 학교에서 돌아왔다.

동생들은 그 구멍을 통해 기어들어 오면서 내 이름을 요란하게 불러댔다.

막내동생 남규는 종이로 접은 작은 새들이 가득 들어 있는 유리병을 가지고 있었다. 특별한 이름을 가지고 있는 이 새들이 행운을 가져다준다고 말했다. 그것을 선물 받았을 때, 나는 무척이나 감동했다. 그들은 엄청나게 자라 있었다. 남규는 여전히 장난이 심한 어린 소년이었지만, 송규는 한국의 딕 트롬(근육질 몸매로 유명한 네덜란드 모델) 같았다. 유일하게 (딕 트롬과) 다른 점은 송규는 아주 똑똑해 보였고 현명하고 심각한 눈빛으로 나를 바라보았다는 것이다. 잠시 시장에 들렀던 어머니가 커다란 수박을 들고 돌아왔다. 그리고 한쪽을 잘라 나에게 먹으라고 권했다. 천천히 한 입 한 입 수박을 먹으며, 나는 어머니를 바라보았다. 수차례 사람들은 내가 그녀를 닮았다고 말했다. 믿기 싫었고 보기 싫었던 진실이지만, 이제 내 눈으로 그 진실을 보고 있었다.

그녀가 어떻게 수박을 먹는지 바라보았다. 커다랗게 베어 물어 입으로 가져가 소리 내며 씹는 모습. 그녀의 눈은 오직 수박에 꽂혀 있었다. 눈, 나와 정말로 똑같이 생긴 눈. 수박의 둥근 형태 때문에 그녀가 수박을 베어 물면 수박이 뺨에 닿았고, 젖은 분홍빛 자국을 볼에 남겼다. 그 볼, 나의 것과 똑같이 둥근 그 볼. 얼굴을 오른쪽으로 약간 기울이면 거울 속에 나타난 나의 얼굴이 보이고, 다시 고개를 세우면 어머니 안에서 다시 나의 얼굴을 볼 수 있었다. 먹고 있는 건장한 한 여인, 먹고 먹고 계속해서 먹는. 그녀의 얼굴은 나의 얼굴이었고, 그녀의 몸매는 내게 공포를 안겨주었다. 그녀처럼 나도 역시 먹었다. 먹고 먹고 먹고 먹고, 그리고 또 먹는 것, 우리 둘에게 일어났던 일에 대한 슬픔과 분노를 위해. 나는 그러한 유사성에서 충격을 받았다. 갑자기 그녀를 향한 거대한 염증이 일었다. '이 여자는 누굴까? 이 사람은 내 어머니가 아니야.'

다행히도 곧 잘 시간이었다. 두 동생들과 그들의 아버지가 미닫이문의 다른 편에서 자고, 나와 어머니는 다른 편에 누웠다. 이불을 나누어 덮었기 때문에 서로 가깝게 누워야만 했다. 갑자기 그녀 옆에 눕기가 싫었다. 나는 완전히 낯선 여인, 전혀 알지 못하는 한 여인 옆에 누워 있는 느낌이었다. 그녀에게 등을 돌리고 누워 네덜란드의 어머니를 생각했다. 그녀의 팔에 안겨 누워 있고 싶었다.

그녀가 몹시도 그리웠다. 내가 한국에 와 있음으로써 그녀에게 고통을 안기고 있다는 생각이 들었다. 그녀를 너무도 사랑한다는 깨달음, 그녀 없이 살 수 없다는 깨달음이 찾아왔다. 눈물 속에서 잠이 들었다. 네덜란드 어머니를 향한 눈물, 너무도 그녀 곁에 있고 싶은 눈물. 한국의 어머니를 위한 눈물, 그녀가 겪었던 일들과 결국 여전히 자신의 딸을 되찾지 못하고, 딸에게 완전히 낯선 이가 되어버린 그녀를 위한 눈물.

7

어머니 곁에 머물던 날들을 통해 나는 그녀를 좀더 잘 알 수 있게 되었다. 그녀가 그 모든 시간 동안 내가 찾아 헤매던 바로 그 여인이 아니라는 깨달음은 실로 고통스러운 것이었다. 이 여인은 나에게 낯설었으며, 내가 전혀 이해하지 못할 행동들을 했다. 내 안에 있을 것이라고 상상도 하지 않았던 감정들이 수면 위로 떠올랐다. 그녀를 향한 분노와 짜증.

무더운 여름이었다. 그러나 나는 달리고 싶었다. 짧은 바지를 입고 문을 나서려는 순간, 아니 밖을 향해 기어나가려고 하는 순간, 어머니가 어디를 가느냐고 물었다.

"달리려고요."

그녀는 화를 냈다. 그런 차림새로는 밖에 나갈 수 없으며, 먼저 긴 바지로 갈아입으라고 했다. 나는 놀라서 그녀를 쳐다보았다. 이 무더위에 내게 긴 청바지를 입고 달리라는 건가? 나는 뾰로통한 얼굴이 되어 다시 안으로 들어갔다. 달리고 싶은 생각이 사라졌다. 그녀는 그런 나를 바라보기만 했다.

나는 그녀를 바라보았다. 어머니는 거의 매일 티셔츠와 무릎길이의 반바지를 입고 있었다. 그러나 오케이. 그녀는 결혼한 여인이었다. 내 눈에 비춰지기로, 한국에서는 배우자를 찾아야 하는 연령대의 젊은이들은 집 밖에서 잘 차려입은 모습이어야만 했다. 그러나 결혼을 하자마자, 그들은 노 메이크업과 오래된 옷을 입고 활보하는 단정하지 못한 여인으로 바뀌는 것이다. 거리에서는 실제로 나이 들고 결혼한 여인들의 고함과 새된 소리를 들을 수 있다.

얼마간의 시간이 지나 내가 모든 것을 잊고 있던 어느 날, 어머니는 젖가슴이 다 보이도록 티셔츠를 말아올리고서 거리낌 없이 여기저기를 긁어댔다. 나는 놀라운 눈으로 쳐다보았다. 어떻게 저럴 수 있단 말인가? 품위는 어디에 있단 말인가? 35도의 불볕더위에 달리기를 하기 위해 짧은 바지로 갈아입었다고 야단법석을 했으면서. 그러나 그녀는 그 집에서 젖가슴을 온통 드러낸 채 긁고 앉아 있었다. 그녀는 거리낌 없이 그렇게 하고 있었다.

왜 그녀는 조금이라도 이모 같지가 않단 말인가? 그러한 일련의 일들 이후에 나는 어머니가 항상 먹는 것에 열중한다든지 하는 사실들에 화가 났다. 이모는 그렇지 않았다. 어머니의 집에서 나는 편안함을 느낄 수 없었고, 내 집이라는 느낌은 전혀 가질 수가 없었다. 두 동생들을 무척이나 좋아했지만 완전히 낯선 가족 속에 있는 것 같았다. 어머니를 위해 완벽한 한국 딸이 되고 싶다는 나의 열망은 서서히 사라져 갔다. 오히려 내가 그녀의 딸이 아니고, 그녀가 나의 어머니가 아니었으면 좋겠다는 생각만이 강렬해졌다.

나의 어머니는 네덜란드에 있는 것이다! 음식에 대한 열망이 다시 찾아왔다. 그 열망은 그 어느 때보다 강렬했다. 나는 금지된 선을 넘어서기 시작했다.

이미 늦은 시간이었다. 우리는 이미 저녁식사를 마쳤다. 많이 먹어댄 후였으나 그곳에서 게워낼 수 있는 가능성은 없었다. 몇 미터 떨어져 있는 화장실에 토하러 가고 싶지는 않았다. 그것은 우리와 이웃들이 모두 사용하는 유일한 화장실이었다. 사실, 그것은 화장실이라고 부르기에도 좀 뭣했다. 땅에 깊게 파놓은 작은 구멍. 50센티미터 너비에 1미터 정도의 길이. 다리를 각각 구멍의 한 편에 놓고, 배설물을 그곳에 떨어뜨려야 했다. 매우 깊이 판 구멍이기에, 매월 한 번씩만 비워냈다. 따라서 그곳에서 풍겨져 나오는 악취란 묘사할 수 없는 수준의 것이다. 더구나 빛이 있는 낮 동안에는 구멍 아래편이 보이는데, 그 광경을 한번 상상해보시라! 갈색 톤으로 그려진 한 폭의 아름다운 그림이 거기 있는 모습을.

그러므로 게워내고 싶을 때면, 앞으로 몸을 굽히고 보이는 풍경을 참아내야 했다. 사실 그런 느낌을 너무 잘 견디어내는 나였다. 나도 참지 못하는 어떤 경계를 가지고 있다고, 최소한 그렇게 생각하고 있었는데도 말이다. 어머니가 나를 위해 특별히 만든 밥과 국수(라면과 잡채) 같은 것들로 배는 풍선처럼 부풀어올라 있었다. 체중이 증가했을까 봐 걱정이었다. 돌아오는 주에는 아주 조금만 먹어야겠다고 결심했다. 적어도 서울로 올라갈 때는 다시 날씬해져 있어야 하는 것이다.

동생들의 갑작스러운 환호성에 생각에서 깨어났다. 막 들어선 그들의 아버지가 빵이며 쿠키, 사탕으로 가득 찬 가방을 들고 있었다. 송규와 남규는 늑대들마냥 맛난 것들을 향해 돌격했다. 어머니가 쿠키 한 봉지를 뜯었고, 나에게 먹어야만 한다고 했다. 나는 감사하지만 배가 너무 부르다고 말했다. 그녀는 계속해서 강요했다. 나는 이제 한국에서의 손님 접대란 음식으로 요약되며 얼마나 많은 음식을 대접하느냐가 손님을 잘 치르는 주인이 되는 관건이라는 것을 알게 되었다. 또한 그것을 거절하는 것은 매우 예의바르지 못한 행동이라는 것도. 그러므로 나는 그것을 집어들었다. 그녀가 나의 다이어트를 전혀 이해하지 못하는 것에 화가 났다. 오케이. 그녀는 내가 이것을 먹기를 원하는가? 그렇다면 먹지 뭐. 동생들은 이미 음식을 먹으며 자신들의 아버지와 이야기를 나누고 있었다. 어머니는 넋을 놓고 텔레비전을 보고 있었다.

 그들과 함께 이야기를 나누거나 무슨 이야기를 하고 있는지 이해하고 싶었지만, 불가능한 일이었다. 텔레비전 속에서 벌어지는 일들을 이해하고 싶었지만 역시 불가능했다. 그러므로 어머니는 그녀의 바람을 이루었다. 나는 먹었다. 그것이 내가 유일하게 할 수 있는 일이었다. 어떤 결과가 따라올지 알고 있었다. 먹은 뒤에 토하러 갈 것이다. 그것은 증오스러운 일이었다. 냄새나는 구멍을 향해 가고 싶지 않았다.

 그러나 의식 없는 로봇처럼 나는 쿠키들을 집었고, 그것들을 모두 먹어치웠다. 그뒤 케이크를 한 조각 먹었고, 어렵사리 빵 두 조각을 안으로 밀어넣었다. 위가 터지기 일보직전이었다. 어머니에게 화장실에 다녀오겠다고 말한 후, 두루마리 휴지 하나와 한 그릇의 물을 준비했다.

그 끔찍한 구멍을 향해 걸으며, 그것이 점점 가까워지는 것을 보며, 두 눈을 감고 기도를 올렸다. '제발, 사랑의 주님, 이번 일이 끝나면, 다시는 이와 같은 일을 할 필요가 없도록 도와주십시오.' 구멍 앞에 서니, 되돌아가고 싶은 마음이 굴뚝같았다. 그러나 나는 지나치게 팽창된 나의 위가 등을 고통스럽게 압박해가는 것을 느꼈다. 게워내는 것 외에 다른 방법은 없다는 것을 알고 있었다. 스스로에게 말했다. 지금 5분내지 10분간 참담함과 냄새 위에 앉아 있는 것이, 오래도록 추가된 지방을 질질 끌고 다녀야 하는 것보다는 낫다고. 후자의 경우 훨씬 더 많은 비참함을 느낄 것이므로.

구멍 화장실의 문을 열었다. 벌써부터 끼쳐오는 악취. 스스로에 대해 욕지기가 일었다. 스스로에게 반복해서 이런 일을 저지르는 내가 싫었다. 반가운 어둠. 아래에 놓여 있는 것들이 하나도 보이지 않았다. 뒤섞인 온갖 음식들이 아래로 떨어지는 소리를 들으며, 생각했다. '왜, 스스로에게 이런 짓을 하는 것일까? 자신과 약속하지 않았는가. 이것은 나의 경계를 벗어난 짓이고, 이곳에서는 토하지 않기로 하지 않았는가? 왜 나는 지금 이곳에 서 있는가?'

나 자신에게 맹세했다. 이곳에서 몸을 숙이고 서 있는 것은 마지막일 것이라고. 당시 나는 음식 중독자의 맹세가 딱 마약 중독자가 하는 약속만큼의 값어치를 갖는다는 것을 몰랐다. 비참함을 느꼈고, 오직 소리쳐 울고 싶었으며, 비행기를 타고 곧장 집으로 돌아가고 싶었다.

흘러내리는 눈물을 훔쳐내고 얼굴을 씻었다. 환한 웃음과 함께 어머니를 향해 걸어가, 그녀에게 부엌에서 몸을 좀 씻어도 되느냐고 물었다. 대야의 물을 몸으로 쏟으며, 한숨을 돌렸다. 그 일이 지나간 것이다. 몸을 깨끗이 씻을 수 있고 악취를 소독할 수 있다는 사실이 기뻤다. 떨어지는 물방울을 즐겼다. 그 즐거움은 그날 음식을 먹을 때 느꼈던 것보다 훨씬 강렬한 것이었다.

8

한국 어머니는 점차적으로 사람들에게 내가 그녀의 딸임을 발설할지도 모른다는 두려움에 사로잡혔다. 그것은 비밀로 남아야 했다. 그리하여 동생들은 내가 자신들의 누나라는 것을 몰랐다. 그들은 그저 내가 사촌이라고 생각했다. 어린 나이에 부모님을 따라 외국으로 이민 간 사촌. 처음에 나는 그들이 나에 대해서 알고 있는 줄 알았다. 그들이 언제나 나를 '나이 많은 여자형제'라는 뜻의 '누나'라고 불렀기 때문이다. 그러나 이제 나는 '누나'가 단지 나이 많은 여성에 대한 호칭이라는 것을 배워서 알고 있다. 그것은 진짜 누나일 수도 있고, 그저 사촌일 수도, 심지어 그저 친구일 수도 있었다.

그들에게는 단지 사촌일 뿐이었지만, 나는 그들을 친동생으로 사랑했고, 그들이 가는 곳은 어디든 함께했다. 선물도 많이 했고, 함께 놀아주기 위해 노력했다. 그러나 그 시간들 속에서도 나는 내 안의 커다란, 채워질 수 없는 빈자리를 느꼈다. 그것은 어머니에 의한 것도, 동생들에 의한 것도 아니었다.

때때로 나는 어머니와 이야기를 나누었다. 그러면 그녀는 내가 네덜란드에서 행복했는지, 좋은 부모님을 가졌었는지 묻곤 했다.

나는 그녀에게 네덜란드 아버지에 대해서 사실대로 말하고 싶지 않았다. 그녀가 더욱 깊은 죄책감에 사로잡히거나 슬퍼하는 것을 원하지 않았기 때문이다. 내가 행복했다고 대답하면, 그녀는 다음과 같은 질문으로 반응해왔다. "그렇다면 왜 네덜란드에 머물지 않았니? 그토록 오랫동안 너를 잘 보살펴주신 분들을 버리는 것은 그리 좋아 보이는 일이 아니다. 생각이 짧았던 거야. 잘 생각해보아라."

당혹스러웠다. 어째서 그녀는 나를 그런 식으로 판단하는가? 그녀에게 고통을 안기지 않기 위해 나는 내가 네덜란드에서 가졌던 고통에 대해, 양아버지가 나에게 어떻게 했는지를 말할 수가 없었다. 그리고 이제 그녀는 나를 그런 식으로 생각하는 것이다. 이제 나는 그녀의 눈에도 바르게 행동하지 않는, 남에게 상처를 주는 사람으로 비춰지는 것이다. 내 안의 구멍은 점점 커져갔다. 나는 익숙한 패턴으로 그 구멍을 채우고자 했다. '음식.' 분노, 슬픔, 무기력, 그것들 다음에는 다시 토하고 있는 나.

어머니와 함께 머물면 머물수록, 폭식과 구토의 충동이 강해져만 갔다. 그러나 나는 절대로 그 더러운 화장실에서 토하고 싶지 않았다. 따라서 될 수 있는 한, 그곳에 가지 않으려고 노력했다. 더군다나 어머니와 동생들이 이러한 폭식 증상을 보지 않아야 했고, 내가 토하는 것을 발견하지 않아야 했다.

집에서는 한 점의 프라이버시도 가질 수가 없었기에, 방해받지 않고 게걸스럽게 먹을 수 있으려면 어떤 해결책을 생각해내야만 했다. 그러나 음식에 관련된 것이라면 나는 굉장히 영리하고 재빠르게 해결책을 발견해냈다.

한국 아이들이 그들의 숙제를 도서관에서 한다는 사실 외에도, 여름이면 자주 밖에서 숙제를 한다는 사실을 발견해내었다. 공원이나 거리의 조용한 공간, 숲 또는 산 같은 장소에서 말이다. 따라서 내가 어느 날 오후 밖으로 나가 공부를 하겠다고 했을 때, 어머니는 조금도 이상하게 생각하지 않았다. 어머니가 한국어 교재들로 가득 찼을 거라고 생각하는, 커다란 배낭을 등에 멨다. 그 안에는 사실 커다란 물병과 두루마리 휴지 한 통, 가방을 먹을 것으로 가득 채울 수 있는 돈이 들어 있었다.

그리고 나서 가게를 몇 군데 들렀다. 한 곳에서는 과자를 필요한 만큼 살 수 없었기 때문이다. 어느 거리에나 많은 수의 작은 가게들이 있었고, 그곳에서는 모두 같은 음식과 과자를 팔고 있으며, 그것들이 정확히 같은 위치에 놓여 있는 것을 보는 것은 우스운 일이기도 했다. 구조가 없다는 것이 더 정확한 말일지도 모른다. 모든 음식들은 서로 섞여 있었다. 모든 종류의 칩들은 구석에 산더미처럼 쌓여 있고, 다른 구석의 테이블 위에도 다시 섞여서 쌓여 있었다. 손님들은 그들이 원하는 것을 찾을 때까지 그 더미를 뒤진다. 나는 그러한 구멍가게에 들어가 주변을 둘러본다. 사실 내가 무엇을 원하는지 전혀 알 수 없었다. 지난 며칠간 먹어치운 것들로 이미 포화상태였기 때문에 무엇에도 식욕이 없었다. 그러나 나는 먹어야 했다. 결국 나는 초콜릿 케이크 한 상자와 쿠키 두 봉지와 칩 한 봉지를 집어들었다. 돈을 지불하고 나면 다시 다음 가게로 향했다.

약간 초조했다. 이렇게 많은 과자와 음식을 사면, 사람들이 나에 대해 무슨 생각을 하겠는가? 그러나 가게에 들어서면 누구도 나에게 신경을 쓰지 않았고, 계산의 순간에 주인들은 내가 그토록 많이 산 것에 대해 즐거워했다. 세번째 가게를 방문한 후, 가득 찬 배낭을 짊어지고 산으로 들어섰다.

아름다운 산책이었다. 길을 잃지 않도록 똑바로 직진했다. 길 위에서 몇몇의 사람들과 마주쳤다. 나는 더이상 아무와도 마주치지 않을 때까지, 작은 집들이 보이지 않을 때까지 계속 걸었다.

이제 완전히 혼자가 되면, 약간의 풀들만 자라고 있는 바위를 기어오른다. 주변을 둘러본다. 정적. 사방이 조용하다. 심지어 가벼운 바람조차 일지 않았다. 완벽한 고독. 나는 배낭을 열어 물병을 꺼낸다. 그러고는 손목시계를 확인한다. 한 시간을 먹어야 한다. 1.5리터의 물이 병 안에 들어 있다. 1리터의 물을 마신다. 위가 출렁거린다. 앞에 펼쳐진 풍경을 바라본다. 회색빛 산등성이들이 아름답게 파노라마를 펼치고 있다. 수많은 나무들과 수풀로 인해 드문드문 초록색으로 칠해진 배경에는 구름 한 점 없다. 천국의 파란빛. 그토록 아름다운 것들에 둘러싸여, 그토록 진창을 느낄 수 있는지 의아스러웠다.

주변을 둘러보면 모든 것이 완벽한 조화 속에 존재했다. 나만이, 이곳에 속하지 않는 성가신 존재였다. 도대체, 나는 어디에 속한단 말인가? 네덜란드에서 나는 단 한 번도 어딘가에 속한다는 느낌을 가진 적이 없었다. 한국인들 사이에서도 나는 역시 이방인이었으며, 심지어 이곳에서조차, 어딘지 모를 이곳에서조차, 나는 더럽고 불결한 자국으로 그림을 망치고 있었다.

풍경을 응시하며 초코파이 상자를 연다. 파이는 두 부분으로 나누어지는데, 초콜릿이 크림 층을 둘러싸고 있다. 어릴 때는 언제나 두 부분을 나누어 초콜릿 크림을 천천히 핥아 먹는 것이 습관이었다. 아니면, 매우 작은 조각으로 나누어 먹기도 했다. 그러나 이제 나는 단지 입을 세 번 움직여 케이크를 입 안에 밀어넣는다. 진짜 초콜릿 맛이 나기는 하는가? 단맛이었는가? 대답할 수 없다. 연달아 대충 씹으면서, 12개 전부를 입 안에 처넣는다. 먹고 있는 것의 맛은 거의 느껴지지 않는다. 상자가 빌 때까지 계속 그렇게 한다.

쿠키 한 줄을 연다. 그러고는 또 한 줄, 또 한 줄. 똑바로 앞을 바라보고 있는 나의 눈에 아무것도 보이지 않는다. 빵 4개와 초콜릿 2개, 칩 2봉지도 모두 먹어 치운다. 그리고 나서 가까스로 물병의 나머지 물을 털어 마신다. 배낭이 비는 데는 한 시간이 걸렸다. 이제 시간이 되었다. 빈 상자들과 종이들을 전부 가방 안에 집어넣고 일어섰다. 물은 더이상 없었다. 그러므로 손가락을 목구멍에 집어넣기 전에 적시는 것 따위는 기대할 수 없었다. 입 안의 손은 불쾌하도록 말라 있었지만, 이미 토사물이 손을 타고 아래로 흘러내리는 것이 느껴졌다. 손가락을 목구멍에서 빼내고 잠시 숨을 골랐다.

오른손에 갈색의 구역질나는 것들이 잔뜩 묻었다. 그것들을 씻어내고 싶었지만, 더이상 물이 없었다. 끔찍한 심정으로 그것을 바라보았지만, 아직 위가 빈 것이 아니었다. 그러므로 나는 같은 손을 다시 입 안으로 집어넣었다. 마지막 토사물이 목구멍에서 흘러나올 때, 나는 생각했다. '지금 내가 스스로 숨을 끊거나 심장발작을 일으키면, 아무도 나를 찾지 못할 거야. 아무도 내가 어디 있는지 알지 못할 것이고, 아무도 내가 최후의 시간 동안 어떠했는지 알지 못할 거야. 그러나 무슨 상관인가. 나는 이미 죽은 것이나 다

름없는데.'

스스로에 대한 냉담함에 몸서리가 쳐졌다. 입가와 손을 종이와 풀들로 닦은 후, 집으로 향했다. 그런 날이 계속되는 동안 나는 규칙적으로 등산을 했고, 이곳저곳에서 게워내었다.

일시에 모든 것이 더이상 참을 수 없는 수위에 다다랐다. 게걸스럽게 먹어치우기, 폭식과 구토, 어머니가 나를 이해하지 못한다는 사실, 내가 그녀를 이해할 수 없다는 사실들에 지쳐갔다. 서로에 대한 이해가 불가능하다는 것은 커다란 실망으로 다가왔고, 더이상 그녀 곁에 머물면서 그러한 고통을 느끼고 싶지 않았다. 그러므로 다시 서울로 돌아가기로 결정했다. 2주를 그녀 곁에서 견딘 것이다.

그녀는 한 주 더 머물지 않겠느냐고 물었지만, 나는 정말로 그렇게 할 수 없었다. 완전히 지쳐 나가떨어진 나. 폭식 후에만 게워내는 것이 아니었다. 어머니와 함께 해변에 가면 그곳에서, 장을 보러 시장에 가면 그곳에서, 우리는 사방으로 먹으러 다녔고, 먹은 뒤에는 곧장 게워내고 있었다. 토할 수 있는 공간을 찾아내는 일에도 지쳤다. 해변에서는 쓰레기 더미 뒤가, 시장에서는 더러운 공중화장실이 그러한 공간이었다. 죽도록 피곤했다. 피곤해서 다시 서울로 돌아가 쉬고 싶었다. 다시 다이어트를 하고 싶었다. 어머니가 내 앞에 들이미는, 그 모든 먹어야만 하는 것들에서 자유롭고 싶었다. 어머니는 남편과 아이들을 잠시라도 떠날 수가 없었다. 그러나 나는 어렵지 않게 서울로 혼자 돌아갈 수 있다고 말했다. 그녀가 할 일은 나를 이곳의 버스에 앉혀주는 것뿐이고, 이모가 서울에서 나를 픽업한다면 모든 것이 해결되는 것이 아닌가? 그러나 그녀는 나를 끝까지 데려다주려 했고, 그렇게 우리는 다음날 함께 서울로 향하는 버스에 올랐다. 그리고 그날 나는 어머니가 길 위에서 나를 위해 산 모든 음식들을 거절했다.

05 무엇이 그토록 두려웠던 것일까? 무엇으로부터 그토록 도망치고 싶었던 것일까? 스스로의 삶에서 책임져야 하는 것들로부터, 혹은 삶 그 자체로부터 도망쳤던 것이다. 그것은 동시에 삶의 아름다운 것들, 사랑이나 우정, 행복한 관계들을 회피하는 것을 의미했다. 그것은 관계가 아닌 장막 속에서의 삶이었다.

폭식의 시간들

1

9월. 드디어 학교에 갈 수 있게 되었다. 바야흐로 한국에서의 진짜 삶이 시작되려 하고 있었다.

학교에서의 첫 주는 정말로 환상적이었다. 많은 행복을 느꼈다. 모든 것이 새롭다는 것이 그 이유였지만, 무엇보다도 평범하게 다른 급우들과 함께 식당에서 식사를 할 수 있었기 때문이다. 심지어 통학하는 길도 즐거웠다. 한국어 문장과 단어와 연습 문제들이 들어 있는 카세트테이프를 등굣길에 들었다. 가능하면 빨리 한국어를 배우고 싶었다. 지하철에서는 서로를 밀쳐대는 사람들 틈에 서서, 교재를 머리 높이 들고 서서(한국에서는 다른 작은 사람들 사이에서 그렇게 할 수 있는 것이다) 한국어 단어들을 머릿속에 집어넣었다. 이동 시간은 놀랍도록 빠르게 지나갔다. 어느새 버스에서 내리면 나도 모르는 사이에 대학 캠퍼스 앞에 서 있었다.

서울대학교는 산을 둘러싸고 지어진 아름다운 캠퍼스를 가지고 있다. 사방에서 책을 옆구리에 낀 남녀 학생들이 걷고 있는 것을 볼 수 있다. 모두 나와 같은 한국인들! 나는 눈이 휘둥그레져서 쳐다보았다. 비행기에서 내려 처음으로 한국 땅에 섰을 때 느꼈던 그러한 기분이었다. 집에 온 느낌. 내가 있어야 할 곳을 찾아낸 것이다.

남녀 학생들이 서로 이야기를 주고받으며 웃고 있는 장면을 멈춰 서서 바라본다. 환상 속의 나는, 그 그룹과 어울려 웃으며 수다를 떨고 있다…….

환상은 급작스러운 고함 소리에 깨어졌다. 몇 미터 앞에 한 떼의 젊은이들이 서 있었다. 모두들 하얀 전통의상을 입고 머리에는 붉은 띠를 둘렀다. 앞장선 젊은이들이 슬로건을 외치면 뒤따르는 젊은이들이 다함께 주먹을 공중으로 들어올리며 노래를 불렀다. 정부에 저항하는 데모대였다. 갑자기 눈물이 났다. 깊이 감동되는 순간이었다. 그 고함 소리들이 마음 깊은 곳에 새겨졌다. 그들은 하나가 되어 조국의 민주주의와 정의를 위해 행진하고 있었다.

나 역시 그들 사이에 서서, 주먹을 들어올리고 싶었다. 나 역시 나의 조국, 한국을 위해 행진하고 싶었다.

두번째 날, 한 한국 청년을 만났다. 그는 나의 좋은 친구가 될 수 있을 것 같았고, 역시나 그해 내내 좋은 친구가 되어주었다.

휴식 시간. 나는 커피를 마시기 위해 독일 여성 하나와, 나처럼 입양된 또다른 한국 여성과 함께 수다를 떨며 서 있었다. 어느 순간 잘생긴 한국 청년이 우리 뒤에 나타났다. 보통의 다른 청년들에 비해 키가 컸고, 몸도 건장했으며, 뒤로 넘겨 빗은 그의 머리카락은 목까지 늘어져 있었다. 넓은 턱선과 두꺼운 입술을 가진 입. 코는 넓었으나 평평하지는 않았다. 그리고 잘 들여다보아야 보이는 매우 가느다란 눈.

그는 확신에 차서 수업 후에 그의 친구들과 함께 식사하러 가지 않겠느냐고 물어왔다. 몇 미터 뒤에 그의 친구 2명이 우리를 향해 조금 수줍은 웃음을 보내며 서 있었다. 우리가 'yes'라고 말하는 순간 그 청년과 2명의 친구들은 흔적도 없이 사라졌다. 그러나 1시가 되어 수업이 막 끝나자 그들은 벌써 우리 앞에 서 있었다. 그의 친구들 중 한 명은 작고 날씬했다. 짧게 깎은 머리, 콧잔등에는 거대한 사각형의 검은 안경이 얹혀 있었다. 다른 청년들과 유사한 모습이었다. 한국 안경은 한 가지 모양만 있는 것 같았다. 그는 매우 유머러스했다. 검지로 자신의 가슴을 가리키며 "나, 풍석! 허리케인을 의미하지. 잊지 말기를. 오케이? 나를 쳐다보면 저절로 내 이름이 다시 생각날 거야."

웃지 않을 수 없었지만, 그는 강렬한 인상을 가진 청년이 아니었다. 그야말로 이름이 주는 인상과는 정반대로 생긴 청년이었다. 어쨌거나 그와 그의 이름이 주는 상반된 인상으로 인해 나는 그의 이름을 기억하게 되었다. 세번째 청년은 민종이라고 했다. 그중 가장 나은 영어를 구사하는 청년. 아버지가 서울에 있는 미군부대에서 근무했기 때문에, 미국인들과 접촉할 기회가 많았고 영어를 연습할 수 있었다고 했다. 그다지 매력적이지 않은 얼굴에, 확신에 차고 외향적인 분위기가 약간은 바람둥이 같기도 했다. 가장 서구화된 행동과 사고방식을 가지고 있는 그였지만, 그에게서 그다지 깊은 인상을 받지는 못했다.

우리에게 맨 처음 말을 걸어온 청년의 이름은 춘석이었다. 수줍어하는 기색은 전혀 없이, 침착하고 내성적인 분위기를 지닌 청년이었다. 약간 신기한 분위기를 풍기기까지 했는데, 그를 알면 알수록 도무지 그의 머릿속에서 일어나고 있는 일들이 무엇인지, 그를 더 알고 싶었다. 다른 두 친구들이 그를 존경하고 리더로 간주한다는 것이 분명했다. 어떻든 간에, 나는 그에게 호감을 느꼈다. 그는 내가 한국의 청년들은 이러할 것이라고 상상했던 바로 그 모습을 지니고 있었다.

그 이후 나는 춘석과 자주 어울려 다녔고, 그는 나의 베스트 프렌드가 되었다. 그는 나에게 모든 것을 보여주었고, 어디에고 나를 데리고 다녔다. 수업이 끝나면 매일 그와 함께 밥을 먹었고, 식사를 하는 동안 무엇을 먹는지는 전혀 중요하지 않았다. 나는 모든 것들을 조금씩 먹었다. 그와 함께 있으면 아주 행복했다. 흰밥이냐 현미밥이냐는 아무런 상관도 없었다.

식사를 마치면 우리는 손을 잡고 교정을 산책했다. 그럴 때면 그는 나에게 자신이 갖고 있는 꿈을 이야기해주었다. 한국의 진정한 민주화, 한국의 현실이 어떠한지를 말해주기도 했다. 정부 안에서 발언권을 가지고 있는 사람들은 가난한 사람들이 터전에서 쫓겨나는 것에 대해 침묵한다면서, 자신은 한국의 자유와 정의를 위해 싸우고 싶다고 했다. 그의 이야기를 들으며 나는 우리 앞에 펼쳐져 있는 산의 능선과 우리를 지나쳐가는 사람들을 바라보았다. 내 주변을 감싸고 있는 이 땅에서 출현한 사람들, 그리고 그에게 존경과 경이로움이 느껴졌다. 내가 다시 찾은 조국, 내가 태어난 곳.

그와 함께 있으면 안전한 느낌이 들었다. 당시 나는 한국의 청춘 남녀들의 자유로운 성에 대해 몰랐었다. 모두들 처녀, 총각으로 결혼을 하는 줄 알았다. 따라서 그와 함께 있어도 성에 대한 의무감 따위로 공포감을 느끼거나 하지는 않았다. 춘석 역시 한국의 가치와 전통 속에서 살고 있는 듯했다. 아니면 내가 그에게 전혀 매력적이지 않았을 수도 있었을 것이라는 생각도 든다.

춘석으로 인해 나는 처음으로 많은 학생들이 공부하고 있는 거대한 도서관에 가보았다. 그곳에서 유지되는 정적은 압도적인 경험이었다. 그곳에서는 말하는 것이 철저하게 금지되어 있었다. 내가 그곳에 공부하러 갈 때마다, 그곳은 언제나 학생들로 꽉 들어차 있었다.

매일같이 춘석과 함께 도서관에서 몇 시간씩 공부를 했다. 내가 한국어를 공부하는 동안 그는 보통 잠을 잤다. 한밤중에 공부하는 습관이 있는 그는, 낮 동안에는 도서관이나 수업 중간 중간에 잠을 잤다. 그렇게 첫번째 주가 지났다. 그러자 음식과 그리고 돈 때문에 다시 신경이 곤두서기 시작했다.

춘석과 매번 식사를 같이하는 것은 즐거운 일이었지만, 돈이 너무 많이 들었다. 우리는 자주 저렴한 학생식당이 아니라 시내로 나갔다. 그곳에서 파는 것들은 가격만 비싼 것이 아니라, 지방 함량도 높은 음식들임에 분명했다. 그러므로 나는 이모네에서 밥과 야채로 아침식사를 하기로 결정했다. 과일 살 돈이 없기도 했다. 오후에는 아무것도 먹지 않고, 저녁 9시경 집으로 돌아오면 다시 밥과 야채를 먹었다.

춘석에게 내가 왜 그와 함께 식사를 할 수 없는지 변명을 했다.

조깅을 하기에 가장 좋은 계절이고, 이미 오래 전부터 이모 집 근처에서는 조깅을 할 수 없다는 것을 확인했다고. 이모네 아파트는 분주한 도로 옆에 있었고, 100미터마다 신호등을 만나고 매번 길을 건너기 위해 오랜 시간을 기다려야 했다. 그러나 대학 주변을 둘러싼 자연 속에서는 전부터 조깅하는 청년들을 여러 명 목격했었다. 반면 한국의 젊은 여성들에게 조깅은 별로 인기가 없는 것 같았다.

  춘석에게 앞으로 수업이 끝나면 조깅을 하겠다고 이야기했다. 그러면 그는 그동안 식사를 했고 나는 그를 나중에 도서관에서 다시 보았다. 그는 우리가 더이상 함께 식사를 하지 않는다고 아쉬워했지만, 조깅을 하러 간다는 것에는 수긍했다. 한국에서는 네덜란드에서보다 외모가 훨씬 더 중요했다. 그러나 그는 어쨌거나 여자가 조깅을 한다는 것에 대해 약간의 존경심과 함께 격려해주었다. 내가 운동을 위해 점심을 포기하는 것에 대해 춘석이 존경심을 표했던 반면, 나는 내가 네덜란드에서와 같은 행동 패턴으로 떨어지리라는 것에 대해 주의를 기울이지 못했다. 음식에 대한 강제된 절제와 운동 스케줄을 이용해 다른 사람한테서 스스로를 고립시키기. 그런 식으로는 아무도 사랑할 수 없었지만 누구에게서도 상처받거나 버림받지 않을 수 있는 것이다.

2

  길고 피곤한 날들이었다. 아침이면 벌써부터 빈 위장으로 달려야 하는 오후가 눈앞에 어른거렸다. 운동 후에는 도서관에 앉아 있어도 꼬르륵거리는 위장 때문에 책에 집중할 수가 없었다. 저녁이 되면 극도로 피곤했다. 1시간 반 동안 지하철이나 버스에서 더이상 서 있을 수 없을 것 같은 에너지의 고갈, 허약함을 느꼈다.

처음의 즐거웠던 시간들, 한국인들 사이에 억지로 끼어 '우리'라는 느낌을 받았던 시간들. 그러나 이제 나는 스스로 그 시간들을 거세시켰고, 그런 것들에 신물을 느꼈다.

독립하여 대학 근처에 살고 싶다는 생각에 점점 더 구미가 당겼다. 프라이버시를 되찾을 필요가 있었으며 무엇보다 스스로 요리를 해야만 했다. 다시 나의 건강 식단을 만들고, 그렇게 모든 음식을 통제할 수 있도록. 지방 없는 식사를 준비할 수 있기를, 쉽게 칼로리를 계산해내기를 바랐다. 다른 사람이 요리한 음식은 도무지 무엇이 들어 있는지 알아내기가 너무도 어려웠다. 그것은 거의 불가능한 일이었다.

또한 살을 많이 빼고 싶었다. 이미 체중은 줄어 있었지만 다른 한국 여성들에 비해서는 여전히 뚱뚱했다. 그들처럼 날씬해지고 싶었다. 그리하여 그들처럼 진짜 한국 여성이 되고 싶었다.

방은 어디서 빌리고 생활비는 또 어떻게 마련한단 말인가? 일이 필요했다. 나는 몇몇의 학생들에게서, 그들이 일하는 학원에서 초등학생들에게 영어를 가르칠 외국인 선생을 구한다는 이야기를 들었다. 이전에 캠퍼스 근처에서 '학원'이라는 간판이 걸려 있는 건물을 보기도 했다. 용기를 내서 기회를 잡아보자고 결심했다.

그날 오후, 시내로 나가서 단정한 옷을 구입했다. 그 옷을 입으면 좀더 나이 들어 보이고 성숙한 분위기가 풍겼다. 다음날 특별한 노력을 들여 몸치장을 했다. 머리를 올리고, 확신에 찬 표정을 얼굴에 싣고, 나의 괜찮은 연극 실력을 무기 삼아 학원으로 향했다.

학원은 사각형의 3층짜리 건물이었다. 최상층에 접수대가 있었다. 작은 창을 통해 안을 들여다보았다. 20대 근처로 보이며 긴 머리를 두꺼운 띠로 묶은 여자가 보였다. 그녀는 컴퓨터 뒤에 앉아 있었는데 서류 업무를 담당하는 듯했다. 다시 한번 앉아 있는 남자가 없는지를 엿보았다. 이미 오래 전부터 한국에서는 중요한 결정이 오직 남성들에 의해서만 이루어진다는 것을 알아차리고 있었기 때문이다. 물론 그 당시의 일이지만 말이다. 그 여자를 제외하고는 아무도 보이지 않았다. 노크를 해보기로 했다. 여자가 놀라 컴퓨터 모니터에서 문 쪽으로 시선을 돌렸다. 나를 보자마자 그녀는 문을 열어주면서 몸을 굽혀 인사했다. "무엇을 도와드릴까요?" 확신에 찬 목소리로 나는 그녀에게 대사를 읊었다. "나는 한국에서 태어났지만 여섯 살 때 네덜란드로 건너갔으며, 네덜란드에서 영어는 제2국어입니다. 그러나 영어와 네덜란드는 한 뿌리에서 갈려나온 언어이기 때문에 그리 크게 다르지 않습니다. 방언끼리 사소한 차이가 있을 뿐입니다. 그러한 이유로 네덜란드인들은 모두 영어를 잘 할 수 있고, 나 역시 영어를 유창하게 구사합니다. 이곳에서 학생들에게 영어를 가르칠 수 있었으면 좋겠습니다."

그녀에게 내가 영어를 잘 구사할 수밖에 없는 이유들을 가지고 있다고 설득하기 위해 약간의 과장과 거짓말을 섞었다. 작년에 1년 간 미국에 다녀왔기 때문에 줄줄이 내뱉는 말속에 미국식 악센트가 섞여 있다고까지 이야기했다. 내가 그녀가 찾는 바로 그 사람이라는 것을 증명하기 위해서였다. 한국에서는 오직 미국식 영어만이 관심의 대상이라는 것을 알고 있었다.

몸에 밴 공손한 태도로 나의 이야기를 경청한 그녀는 다시 한번 고개를 숙여 인사를 하고 즉시 대표 선생을 데려오겠다고 했다. 그녀는 사라졌다. 잠시 후 그녀는 신중하게 생긴, 안경을 쓴 남자를 데려왔다. 다시 한번, 예의 그 커다란 검은 사각테 안경.

그가 권위적이지 않다는 것은 분명했으나, 나는 그의 얼굴에 여드름이 있다는 것을 알아차리지 못할 만큼 긴장해 있었다. '오케이, 조이.' 스스로에게 말했다. '이제 네 역할을 잘 해내야 해.' 이번에는 내가 몸을 굽혀 인사할 차례였다. 눈을 아래로 공손하게 내리면서 두 손을 포개어 배 앞에 놓고, 크게 인사했다.

부드럽고 나긋한 목소리로 말했다. "안녕하세요." "헬로." 그가 말했다. 그는 한국어로 내가 외국에서 계속 살았다는 것이 정말인지 물어왔다. 다시 한번 나는 내 이야기를 했고, 다시 한번 영어 문장을 줄줄이 쏟아냈다. 이번에는 미국식 악센트뿐만 아니라, 미국식 몸짓까지 중간 중간 섞어가면서. 내가 좋은 인상을 주고 있다는 확신이 들었다. 15분 뒤 나는 그와 임금을 협상하고 있었다. 우리는 하루 3시간씩 주5일 수업하는 것으로 합의를 보았다. 월요일부터 금요일까지, 4시에서 7시 사이가 수업 시간이고, 주당 30만 원을 받기로 했다.

만족한 나는 건물 밖으로 걸어나왔다. 몇 번씩 몸을 굽혀 서로 인사를 나눈 뒤였다. 이번에는 윤주희로서가 아닌, 윤 선생님으로서였다. 그리고는 곧장 방을 구하러 나섰다.

방을 구하는 것은 일을 구하는 것보다 훨씬 어려웠다. 춘석도 도울 수가 없었다. 그는 아직 부모님 집에서 살고 있었기 때문에 이 방면으로는 아무런 연결고리가 없었다. 다행히도 잠시 다른 한국 친구의 도움을 받을 수 있었다.

서울에서 학생들은 하숙집을 구한다는 것을 알아냈다. 방을 빌리는 것은 대부분 남학생들이고, 이 남성우월주의 사회에서 그들이 스스로 요리를 하고 세탁을 한다는 것은 상상하기 힘든 일이기 때문이라고 생각했다. 그런 일들은 주인집 아주머니의 몫이었다. 아침 7시(!)까지 (네덜란드에서는 보통 7시부터이나) 아침식사를 할 수 있었다. 점심은 학교에서 먹고, 저녁 6시 반부터 다시 식사가 준비된다. 배가 적당히 부르면 주인아주머니께 맛있게 잘 먹었다고 이야기하고 자신의 방으로 들어간다. 세탁물들이 '깨끗하게' 개어져 쌓여 있다. ('깨끗하게'에는 의문부호가 붙는다. 그것들은 종종 깨끗함과는 거리가 멀었고, 나는 도대체 세탁을 거친 것인지, 아니면 그저 다시 개어서 방에 놓아둔 것인지 의아하기도 했다.)

따라서 이러한 종류의 방은 내가 찾던 유형이 아니었다. 스스로 요리를 할 수도 없었다. 그러나 그 '하숙집'이 내가 당장 들어갈 수 있는 유일한 공간이었다. 적어도 방이 학교에서 걸어서 다닐 수 있는 거리에 있다는 것은 매우 매력적인 점이었다.

방을 보러 가기로 결정했다.

집은 작은 언덕 위에 있었다. 따라서 먼저 10미터 정도, 언덕에 지어진 계단을 따라 등산을 해야 했다. 커다란 집은 매우 오래된 것이었다. 그 집에는 복도가 없었다. 현관문을 열고 들어서면, 바로 커다란 사각형의 부엌이 나오고 벽마다 방문이 2개씩 달려 있었다. 그곳에 침실들이 있는 것이다. 60대로 보이는 늙은 여인이

다가왔다. 아마도 실제로는 더 젊었을지도 모른다. 40대 이하의 여성들은 매우 젊고 사랑스러워 보이는 데 반해, 50대가 지난 여성들은 두 배로 빨리 늙는 것 같았다.

친구가 사정을 설명했고, 이야기를 다 들은 주인 여자는 우리를 2층으로 안내했다. 2층에도 방이 5개가 있었다. 가장 큰방이 아직 비어 있었다. 빈방은 가로 3미터 세로 3.5미터의 크기로, 가로 30센티미터 세로 40센티미터의 아주 작은 창이 나 있었다.

방세를 물었다. 65만 원! 그러나 그것은 식사와 세탁비가 포함된 가격이었다. 오래 생각할 것도 없었다. 지금 이 방을 선택하지 않으면, 아마도 내일 아침에는 다른 이에게 나갈 것이다. 더이상 이모 집에 머물고 싶지 않았다. 짧은 망설임 끝에 수락했다. 임시로 쓰겠다는 생각이었다. 차차 더 저렴하고 스스로 요리를 할 수 있는 방을 구할 수 있을 것이었다.

다른 이가 요리한 음식을 먹어야만 한다는 작은 실망감에도 불구하고, 더이상 긴 시간 이동하지 않아도 되며 이모 집을 떠날 수 있다는 사실에 한숨을 돌렸다.

그 다음 주, 춘석이 자동차를 가지고 와서 이사를 도와주었다. 희진만 집에 남아 있었다. 나는 자랑스럽게 춘석을 소개하며 희진의 눈에 그가 괜찮아 보이기를 바랐다. 희진의 눈에서 흥미롭다는 기색을 엿보고는 기쁘기까지 했다. 옮길 것은 많지 않았다. 책과 옷가지들뿐이었다. 짐을 싣는 것은 신속하게 완료되었다. 가능하면 빨리 떠나고 싶었다. 희진을 제외하고는 이별인사를 나눌 사람도 없었다.

자동차에 올라 생각했다. '아, 홀가분하다. 자유다!' 그러나 그것이 곧장 고독과 두려움의 세계로 걸어 들어가는 순간이라는 것을, 나는 아직 깨닫지 못하고 있었다.

폭식과 구토가 나선을 그리며 반복되는 감옥 속으로 직진하는 길, 결국 완벽한 자기파괴의 길.

3

다음날, 나는 나의 훌륭한 계획들을 실행에 옮기기 시작했다. 6시에 일어나 캠퍼스 주변 12킬로미터 정도를 뛰는 것으로 하루를 시작했다. 그 시간 캠퍼스에는 아주 적은 수의 학생들만이 오갔다. 그들은 공부벌레로 누구보다 먼저 도서관을 차지하고 공부를 하려는 학생들이었다.

놀라서 쳐다보는 사람들 때문에 방해받는 빈도가 아주 낮았고, 새벽의 어스레한 조명은 안전한 느낌을 주기에 충분했다. 나는 과일을 사서 아침식사를 했다. 점심은 거의 건너뛰거나 혹은 학생식당에서 밥과 국, 김치를 먹었다. 저녁에는 '아줌마'의 하숙집에서 밥과 김치를 먹었다.

아이들을 가르치는 것은 점점 더 많은 즐거움을 안겨주었다. 나의 한국어가 수업을 하기에는 너무 부족했기 때문에 아직은 다른 선생님이 동석하여 모든 것을 통역했다. 내 일의 핵심은 아이들의 발음을 향상시키기 위해 어린이용 영어책을 소리 내어 읽는 것이었다. 아이들은 나를 따라 읽었다. 수업이 끝날 때쯤에는 그들과 함께 영어 수수께끼라든지, 내가 영어로 어떤 단어를 묘사하면 아이들이 그 단어를 찾아내는 따위의 놀이를 했다. 어떻게 하면 그들에게 적절한 방법으로 수업을 할 수 있을지에 대해 점점 많이 고민하고 준비했다. 그들도 즐겁고 나도 즐거운 수업이었다.

내가 학위 없는 17살(한국 나이로는 19살)의 애송이였음에도, 4살부터 12살짜리 학생이 섞여 있는 반 아이들은 나를 무척 존경했다. 그들은 언제나 나를 '윤 선생님'이라고 불렀고, 수업의 시작과 끝에는 언제나 악수를 하고 몸을 숙여 인사했다. 나는 그들이 미치도록 좋았다. 그들이 너무도 사랑스러웠다. 다행히 그것은 양쪽 모두의 마음이었다. 아이들도 나를 무척 좋아했다. 그들은 나에게 잘 보이려 했고 나의 관심을 끌고 싶어했다.

처음에 나는 심각한 척, 어른스러워 보이려고 노력했다. 단정한 옷차림에 가능한 치장에 정성을 쏟았다. 그러나 서서히 그러한 면모들은 변화되었다. 나는 그들의 영어가 내가 말하는 것을 이해하기에는 너무나도 부족하다는 것을 알아차리고, 손짓과 발짓을 이용하기 시작했다. 그러고는 곧 이해가 가능한 수업으로 만들기 위하여 연극적인 몸짓들을 섞기 시작했다. 영어로 된 짧은 이야기들 속의 등장인물을 흉내 내는 나. 연극으로 된 나의 수업이 끝날 때쯤, 아이들은 이야기의 내용을 이해했으며 무엇보다도 중요한 것은 그들이 다음 수업을 고대한다는 것이었다.

그렇게 몇 주가 흘렀다. 아침 일찍 일어나 조깅을 한 후에 학교에 가고, 춘석과 도서관에 가거나 시내에 나갔다가 학원으로 수업을 하러 갔다. 그러고 나면 나의 방으로 돌아와 공부를 하거나 같은 하숙집 학생들과 이야기를 나누었다.

그러나 3주 후, 나는 다시 나의 오래된 습관으로 되돌아갔다. 다시 이어지는 폭식과 토역질. 그것은 대개 저녁 무렵 가르치는 일을 마치고 시작되었다. 3시간 동안 아이들을 즐겁게 해줄 수 있는 모든 것을 하고 난 후 웃음을 주던 유쾌한 조이는 사라졌다. 대신 모든 가게들을 섭렵하는 내가 있었다. 두세 개의 커다란 음식 가방을 손에 들고 집으로 돌아온 후 나는 저녁 내내 문을 잠그고 스스로를 가두었다. 문은 오직 화장실에 갈 때만 열렸다.

며칠이 지나자 쿠키와 칩을 씹는 것에 신물이 났다. 스스로 만들어 먹는 감자요리라든지, 스파게티, 피자 같은 것들을 열망하기 시작했다. 내가 사용할 수 있는 가스레인지가 없었기 때문에 전기 프라이팬이라도 하나 사자고 결심했다. 그러고는 그것을 이용해 감자, 고구마, 그리고 다른 일품요리들을 요리했다. 얼마간의 시간이 지나자 나는 팬을 이용해 가장 기름지고 살이 찌는 재료들로 식사를 만들고 있었다.

어느 저녁, 바쁘게 요리에 열중하고 있던 나의 현장이 발각당하고 말았다. 바닥에는 음식들이 널려 있고, 팬에는 한 가족이 먹기에도 족한 감자가 가득 차 있었다. 밖에 있는 사람들이 계속되는 부스럭거리는 소리와 봉지 뜯는 소리를 듣지 못하도록 하기 위해, 라디오가 켜져 있었다. 문도 물론 잠겨 있었다. 따라서 갑자기 문이 열리고 하숙집 아줌마가 바로 뒤에 서 있는 것을 본 나는 깜짝 놀랐다.

그녀는 노크도 없이 자신이 가지고 있던 여분의 열쇠로 문을 열었다. 보통의 상황이라면 나는 불쾌해하며, 그녀에게 어떻게 그런 식으로 방문을 열 수 있냐고 화를 냈을 것이다. 그러나 나는 지금 음식에 둘러싸여 입가에는 빵 부스러기를 묻히고, 옷에는 음식물 얼룩이 가득한 채 서 있었다. 상처받고, 작고, 무가치하며 무의미한 존재 그 자체였다. 아무 말도 할 수가 없었다. 내 안의 작은 아이가 다시 밖으로 기어나와, 당황한 채로 땅을 내려다보며 벌을 기다리고 있었다.

아줌마는 놀라서 방을 들여다보더니 웃기 시작했다. 그러고는 홍수처럼 말을 퍼부었다. 알아들을 수 있는 몇 가지 문장이 있었다. "식사 시간에 먹는 음식이 부족하냐? 어쩌고저쩌고, 어쩌고저쩌고……. 한국 음식이 입에 맞지 않느냐? 어쩌고저쩌고, 어쩌고저쩌고. 왜 방에서 요리를 하느냐?" 나는 아무것도 알아듣지 못하는 양 웃으며 그녀를 바라보기만 했다. 그녀는 다시 한번 방 안을 샅샅이 들여다본 후, 호기심에 찬 검사를 끝내고는 (행복하게) 돌아갔다.

그녀가 왜 방문했던 것인지 알 수는 없었지만, 다음날 하숙집 전체가 내 방에서 벌어지고 있었던 일에 대해 알게 될 것이라는 것은 분명했다. 무엇보다 이제부터 나는 한국의 '아귀', 아무리 먹어도 성이 차지 않는 귀신으로 불릴 것이었다. 아니나 다를까 다음날 아침, 나를 유심히 바라보는 눈들을 느끼며 나는 생각했다. '조이, 이제 이사를 갈 시간이다.'

4

같은 날, 나는 누구의 도움 없이 혼자서 방을 구하러 다녔다. 스스로 해결하고 싶었고, 누구에게도 왜 이사를 하는지 설명하고 싶지 않았다. 나의 한국어는 그동안 어느 정도 향상이 되어 있었다. 다만 때로는 다른 사람들이 말하는 것을 쫓아가지 못하는 어려움이 있었다. 한국인들은 굉장히 빨리 이야기하는 습관을 지니고 있다.

세탁과 요리를 대신해주지 않는 방을 찾고 싶었다. 스스로 기름을 사용하지 않는 건강한 요리를 하고 싶었고, 스스로 세탁을 하는 것이 훨씬 깨끗할 것이라는 생각도 갖고 있었다. 부동산 중개인을 찾아가 그와 함께 몇몇 집을 방문했다. 꼭 하나씩 모자라는 방들이 많았다. 샤워실이 없거나 따뜻한 물이 나오지 않거나, 심지어 화장실이 20미터 떨어진 곳에 있거나, 마치 어머니의 집이 그러했던 것처럼 땅 위에 구멍이 뚫린 것이 전부인 집도 있었다. 어머니 곁에서 애태웠던 그 경험들을 통해 절대로 다시 한번 그것들을 겪고 싶지는 않았다. 새로운 방에서는 절대로 폭식과 구토를 하지 않을 것이지만, 일상적인 욕구들을 그저 평범한 서양식 화장실에서 처리하고 싶었다. 또한 많은 방들이 2층에 있었다. 새로운 방으로 이사한 후 조깅과 더불어 에어로빅도 하려고 했기 때문에, 2층에 있는 방도 탈락이었다. 뛰는 소리에 아래층 사람들이 방해받지 않는 1층에 있는 방이어야만 했다. 얼마 지나, 내가 찾는 바로 그런 방을 구할 수 있었다.

한 여성이 아들과 함께 살고 있는 깨끗한 아파트 1층이었다. 그녀의 남편은 부산에서 일하고 있어서, 오직 명절과 휴가에만 집에 다니러 온다고 했다. 그녀의 아들 역시 군 복무를 하고 있어 집에서 볼일이 거의 없었다. 그리하여 그녀에게는 세를 놓을 수 있는 작은 방 하나가 남았다. 그 방은 매우 작았다. 1.5미터에 2.5미터 크기. 그러나 깨끗한 샤워기가 딸린 청결한 욕실과 부엌을 사용할 수 있었다.

집세는 보증금 60만 원에 월세 30만 원이었다. 네덜란드인으로서 생각하기에는 그러한 작은 공간을 빌리기 위한 가격으로 매우 비쌌지만, 당시 내가 머물고 있던 하숙집에 비하면 저렴한 편이었다. 그 방을 계약했고 그곳에서는 폭식과 구토를 하지 않을 것이라는 새로운 희망을 품었다. 이제 스스로를 살찌게 할 아무런 변명거리도 없었다. 다시 먹는 것을 통제하고, 스스로를 관리하고, 나의 삶 또한…….

살고 있던 방과 새로운 방 사이의 거리는 2킬로미터 정도였고, 무엇보다 옮길 물건이 많지 않았기 때문에 혼자 걸어서 이사를 하기로 결정했다. 총 6번을 왕복해야 했다. 2번은 옷가지들, 다시 한 번은 이부자리, 그러고는 책과 욕실용품의 차례였다. 그러고 나서 생활용품 차례, 마지막으로 라디오와 기타 잡동사니들.

오후가 끝날 무렵 이사가 끝났고, 나는 피곤에 절어서 마지막으로 하숙집을 찾아가 주인아주머니와 다른 하숙생들에게 인사를 했다. 모두들 내가 도움을 요청하지 않고 혼자서 이사를 했다고 이상해했다. 물론 그들은 내가 가능한 많이 움직임으로써 가능한 많은 칼로리를 소모시켜야 했다는 것을 알 리가 없었다.

다른 하숙생들은 나를 이상하게 생각했다. 다른 한국 여자들과 비교했을 때 나는 뚱뚱한 편이었다. 그리고 한국인들은 뚱뚱한 사람들은 게으르고 컨디션도 좋지 않다고 생각했다. 그러므로 어떻게 저렇게 뚱뚱한 아이가 매일 운동을 하고, 혼자서 6번씩이나 힘들여 짐을 나를 수 있을까? 무엇보다도 어쩌면 저렇게 여성스럽지 않을 수가? 그러나 그들이 나에 대해 어떻게 생각하는지는 중요하지 않았다. 나에게는 새로운 방이 있었고, 더이상 아무도 내게 간섭하지 않는다는 사실이 기뻤다.

새로운 방으로 들어가는 날, 가구도 없는 작은 방에 물건들을 다 들여놓는 일이 남아 있었다. 가능한 경제적으로 공간을 활용해서 방 가운데에 내가 뛰어오르거나 에어로빅을 할 수 있는 공간을 남겨놓아야 했다. 이불은 작게 말아서 문 옆에 놓았다. 침대가 있고 없고는 공간에 큰 차이가 난다. 이불은 작은 방을 위한 좋은 해결책이라고 나는 지금도 생각한다. 그동안 나는 바닥에서 자는 것에 익숙해 있었고, 심지어 그쪽이 더 편하기도 했다.

왼쪽 벽에는 옷걸이를 놓고, 다른 한 쪽에는 낮고 긴 테이블을 놓았다. 그것은 주인아주머니가 준 것인데, 그 위에 이제부터 필요한 팬과 식료품, 물병들을 올려놓았다. 또한 전에 있던 방보다 아늑하게 꾸미기 위해, 거리로 나가 한국 텔레비전 스타들과 가수들의 예쁜 포스터를 사왔다. 나는 그런 사람들을 알아가기 시작했고, 그들을 좋아했다. 이제부터 진정한 체중 감량을 시작하여 다른 한국 여자들처럼 날씬해지기 위해 체중계도 하나 샀다. 나의 방에 즐거운 분위기를 더하기 위해 한국 대중가요 테이프들도 샀다.

정리가 끝나고, 나의 작은 구석방을 둘러보니 매우 아기자기한 방이 되어 있었다. 이곳에 오래 머물러야지. 이곳에서 새로운 시작을 하는 거다. 이곳에서 나를 변화시키고 거식증 없는 새로운 내가 되어야지.

같은 날 저녁, 주인아주머니는 나를 저녁식사에 초대했다. 서로 안면을 익히자는 것이었지만, 식사는 상세한 지시사항으로 끝이 났다. 샤워를 하고 싶을 때는 보일러 버튼을 돌려야 하고—한국에서는 많은 집들의 경우, 보일러 버튼을 눌러야만 온수를 사용할 수 있다—샤워가 끝나는 즉시 버튼을 내려야 한다. 온수는 오직 샤워를 하는 데만 사용해야 한다. 설거지를 하거나 세탁할 때는 온수를 사용할 수 없다. 부엌을 사용하고 나서는 언제나 정갈하게 정리하고 깨끗이 청소해야 한다고 했다. 그것은 내가 원하던 바이기도 했다. 그녀의 집이 잘 정돈되고 매우 청결하다는 사실에 기뻤다. 그러한 정갈하고 청결한 환경에서는 토하고 싶거나 엉망인 상황을 만들고 싶지 않을 거라는 확신이 들었다.

나의 규칙들은 점점 더 엄격해져갔다. 이제 집에서 요리할 수 있었기 때문에, 나는 학교나 다른 곳에서 먹는 것을 금지했다. 그러한 방식은 스스로를 다른 사람들에게서 격리시킨다는 사실을 미처 몰랐다. 수업이 끝나고 같은 반 친구들이 함께 식당으로 점심을 먹으러 가는 것에도 함께할 수 없었다. 그렇게 춘석과 나 사이의 거리감도 커져갔다. 나는 여전히 식사 시간에는 그를 피했다.
내가 열중하고 있는 것들을 현실화하는 한편, 나는 날씬해진다면 나의 삶도 성공적일 것이라고 확신하고 있었다. 그러므로 다이어트 때문에 우정을 포기해야만 한다고 스스로를 합리화했다. 만일 내가 목표를 이루어 날씬해지면 다시 친구들을 많이 사귈 수 있을 것이다. 스스로 자연스럽게 다른 이들과 관계를 맺는 대신, 음식을 이용해 거리를 만들고 있다는 것을 알고는 있었다. 그러나 다른 이들과의 '관계'는 위험했다. 결국은 그들을 잃을 것이고, 그들에게서 상처받을 것이다. 그런 것은 예방하는 것이 나았고, 그러기 위해서는 다른 무엇인가를 꽉 잡고 있어야 했다.

학교와 더욱 가까이 살게 되어서 7시까지 잘 수 있었다. 일어나면 물 2컵을 마신 후 1시간 정도 달렸다. 다시 물 2컵을 더 마시고 샤워를 하고 학교로 향했다. 가는 도중에 아침식사로 과일 2개를 먹었고, 가방에는 사과 1개와 물 1병이 간식으로 들어 있었다. 수업 중간에 약 20분가량 화장실에 가 있어야만 했다. 이미 마신 물들을 내려보내기 위해서였는데, 무척이나 쉽지 않은 일이었다. 수업을 마치는 종이 울리면 화장실로 급히 달려가 반 리터의 물을 마셨다. 매 식사를 하기 전, 정확히 15분 전에 위를 깨끗하게 세척해 주어야 했다.

가끔 다른 이들과 함께 학생 식당으로 가서 먹었는데, 그것은 나에게 하나의 '선택'이었다. 다른 이들과 즐겁게, 그러나 건강에 해로운 기름진 음식을 먹느냐, 아니면 건강한 현미와 저지방 야채를 나 혼자서 먹느냐. 그렇게 생각하면 선택은 그리 어렵지 않았다. 그들은 어떤 순간이 되면 뒤돌아 나를 떠나겠지만, 내가 먹은 비건강식품의 지방들은 영원히 내 몸 속에 남을 것이기 때문이다.

5

 하루에도 몇 리터의 물을 마셔야 하는 사람에게 수돗물을 바로 마실 수 없다는 것은 매우 불편한 일이었다. 따라서 나에게는 물을 마시는 두 가지 방법이 존재했다. 가게에서 물을 사거나 산에서 떠오거나. 첫번째 경우는 하루 3리터의 물을 마셔야 하는 나에게는 매우 비싼 방법이었다. 두둑한 내 월급으로 얼마든지 지불이 가능했지만 나는 여전히 구두쇠 네덜란드인이었다. 그러므로 다른 곳에서 공짜로 얻을 수 있는 것을 위해 100원이라도 지불하는 것이 아까웠다. 따라서 다른 한국인들처럼 물을 떠오기 위해 등산을 했다. 그러나 물을 뜨기 위해 등산한다는 것이 어떤 것인지 알았더라면, 아마도 나는 바로 가게로 달려갔을 것이다. 그러나 일단 한번 시작한 이상 정기적으로 물을 떠오는 의식을 치름으로써 강제적으로 운동하는 효과를 노리기로 결심했다.
 무엇을 준비해가야 하는지 도무지 알 수가 없었다. 약수터가 정확히 어디인지 주인아주머니에게 물었다. 약 3킬로미터 정도 떨어진 곳이라면 찾기 쉽겠다고 생각했다. 약수터는 관악산이 시작되는 지점에 있었다. 1.5리터짜리 병 3개를 비닐 봉투에 집어넣었다. 모두 합쳐 4.5리터가 될 테니까, 첫날을 위해서는 충분한 양이리라. 그러나 나의 비닐 봉투를 발견한 아주머니가 웃기 시작했다. "아니, 아니. 이건 너무 불편해. 그렇게 하면 안 돼." 그녀는 장롱에 넣어둔 커다란 등산 배낭을 꺼내왔다. 정말이지 마치 일주일 정도 등산할 요량으로 메고 가는 거대한 등산 배낭이었다. 그러고는 내 방으로 달려가 그녀가 일찍이 봐두었던 빈 병 9개를 가져와 가방에 넣었다. 그녀는 모두 12개의 병이 담긴 거대한 등산 배낭을 내 등에 지어주었다. "나는 이렇게 매주 물을 떠와. 그렇게 하면 빠르지."

예의 없이 굴기 싫었다. 사랑스러운 미소를 띠고 그녀의 현명한 충고와 배낭을 빌려주어 감사하다고 말했다. 동시에 속으로는 이런 생각을 하고 있었다. '이렇게 걸어서야 웃음거리만 될 텐데. 열두 개의 빈 병을 등에 지고 걷는 나를 보면 사람들이 비웃을 텐데. 그리고 도대체 이것들에 물을 다 채우면, 어떻게 집으로 지고 온단 말이야? 열두 개의 병을 지고 일주일에 두 번 걷는 것보다, 매일 병 세 개씩을 들고 걷는 것이 더 좋은데.' 어쨌거나 아주머니에게 말했다. "한 시간 뒤에 돌아올게요."

나는 여전히 그 순간 그녀가 왜 그리 웃어댔는지 이유를 알지 못했다. 다만 나는 빠르게 그녀를 떠나 걸었다.

관악산의 산책로는 아름다웠다. 서로 다른 산봉우리에 오르는 작은 오솔길. 도중에 많은 등산객들을 만났고, 그들은 대개 나이 지긋한 사람들이었다. 놀랍게도 그들은 모두 나처럼 거대한 배낭을 메고 있었다! 그들은 조금 이상하다는 표정으로 나를 쳐다보곤 했다. 물을 뜨러 산에 가는 것은 젊은 여자의 일이 아니었던 것이다. 거의 모두 아저씨나 아주머니 들이었다.

가을이 한창 깊어지던 때였다. 한국이 가장 아름다운 시기. 태양은 빛나고, 적당한 온도가 기분좋은 때. 왼편을 바라보면 대학 캠퍼스가 눈에 들어왔다. 약간 높은 곳에서 바라보는 캠퍼스는 순환도로가 완연한 가을 색으로 둘러쳐져 매우 아름다웠다. 오른편을 바라보면 수풀과 나무에서 떨어진 낙엽들로 찬연한 황금색 카펫이 산을 뒤덮고 있는 것 같았다. 길 위에도 페르시아 카펫을 떠올리게 하는 형형색색의 나뭇잎들이 깔려 있었다. 나뭇잎들이 발치에서 꿈틀거렸다.

한쪽 편에서는 여인들이 담요를 깔고 앉아 온갖 종류의 음식들을 팔고 있었다. 삶은 옥수수와 구운 감자, 밤, 보기좋게 잘라 포장한 김밥 도시락 등. 마른 오징어도 팔고 있었다. 한국 사람들이 무척 좋아하는 이것은 단백질이 풍부하게 함유되어 있지만, 씹고 나면 턱 근육이 고통스러워지는 음식이다. 오징어 한 조각을 먹으려면 굉장히 오래 씹어야 하고, 아마 세 조각 이상을 먹었다가는 다음날 턱이 얼얼할 것이다. 다른 좌판에는 스낵과 음료수들이 놓여 있었다. 그들은 등산객들을 좌판으로 끌어들여 돈을 벌기 위해 무척 애를 썼다.

청명한 가을 공기를 코로 빨아들이니 갑자기 무척 행복하다는 느낌이 찾아들었다. 굉장히 낯선, 정적 한가운데에 있는 느낌. 마음속 고요. 그것을 행복이라고 부를 수 있었다. 바로 그 순간이 내게는 행복이라고 여겨졌다. 아름다운 풍경에 둘러싸여 걷고 있는 나. 나처럼 고요와 자유를 즐기고 있는, 내 곁을 스쳐 지나가는 사람들. 강박과 불안이 나를 폭식과 구토로 몰고 갔던 것이다. 이렇듯 평안한 상태에서는 그 어떤 폭식에의 갈망도 없는 것이다. 이렇듯 자유를 느끼고, 이 풍경, 이 산책길과 같은 삶의 아름다움을 즐긴 것이 얼마나 오래 전의 일이었던가. 나는 지금부터라도 내 삶의 이러한 행복한 순간들을 위해 싸워나가겠다고 맹세했다.

수백 미터를 더 지나, 드디어 약수가 솟고 있는 샘에 도착했다.

기실 샘이라기보다는 작은 수로였다. 약수를 뜬다는 것이 어떤 것인지 전혀 몰랐고, 어떻게 무엇으로 물을 뜨는 것인지도 감이 오지 않았으나 상황은 최악이었다. 우선 각자 커다란 생수통 혹은 수십 개의 빈 병을 가진, 약 20명 가량의 사람이 길게 줄을 서 있었다. 산비탈에는 아주 작은 구멍이 나 있었고, 그곳에 일종의 관을 꽂아 두었는데 거기서 '한 줄기' 물이 관을 타고 흘러내리고 있었다. 병 하나를 채우는 데 2분씩은 족히 걸려 보였다. 그제야 아주머니가 왜 그토록 많은 병을 가져가라고 했는지 이해가 되었다. 그 긴 줄은 물병 3개를 채우기 위해 기다릴 만한 것이 아니었다.

어쨌거나 줄 맨 뒤에 가서 서기로 했다. 사실 그곳에서 한 시간 가량 기다리는 것이 그리 짜증나는 일은 아니었다. 그곳은 재미있는 수다 판이기도 했던 것이다. 물을 뜨러 온 사람들은 거의 나이 지긋한 아주머니, 아저씨 들이었고, 그들은 앞뒤로 서 있는 사람들과 편안하게 이야기를 나누었다. 여기저기 분주히 몸짓을 섞어가며 수다를 떠는 여인들이 보였다. 남자들은 지상 최고의 취미인 양 그르렁거리다가 땅 위에 침을 뱉었다. 나이 많은 여인들이 머리에 물통을 이고 가는 모습은 무척 인상적이었다. 그녀들이 '거친 아줌마'가 되는 모습을 지켜보는 것은 하나의 오락이기도 했다. 앞선 사람이 조금이라도 오래 그 귀한 약수로 물통을 씻거나 하면, 그들은 눈에서 독기를 뿜으며 얼굴색 하나도 변하지 않은 채로 당사자를 거칠게 노려보았다. 그러고는 거칠게 공기 중으로 삿대질을 해가며 새된 목소리로 온갖 말들을 쏟아냈다. 나는 웃지 않을 수 없었다. 그들이 30년 전 공공장소에서 눈을 아래로 내리 깔고 두 손을 무릎에 가지런히 포갠 채 침묵하던, 바로 그 앳된 소녀들이었던 것이다!

　그러나 나 역시 몇 개월 전에는 몇 모금 목을 축이려고 수도꼭지를 완전히 열어젖히다가, 지금은 이곳에서 저 가느다란 물줄기에서 한 주 동안 마실 물을 얻기 위해 긴 줄에 서 있지 않은가. 이것 역시 믿기 힘든 일이기는 마찬가지이다. 유머러스한 상황이었다. 마치 아프리카에 와 있는 것 같지 않은가. 아프리카에서는 얼마간의 물을 얻기 위해 줄을 길게 서야 하는 곳으로 유명하지 않은가. 언제나 아주 멀게만 느껴지던 그곳, 신문에서나 보던 그런 곳. 바로 그런 곳에 와 있는 느낌! 오케이. 어쨌거나 물이 얼마나 소중한 것인가를 배우고 있지 않은가.

　그사이 사람들이 나에게도 말을 걸어왔다. 한국의 어르신들은 젊은 아가씨가 이곳에 왜 왔는지 궁금해했다. 첫번째 질문을 하고 난 뒤, 내가 한국말을 잘 못한다는 사실을 알게 되면 곧이어 더 많은 질문들이 꼬리를 물었다. "왜 한국말을 못하느냐, 왜 외국으로 갔느냐, 왜 다시 돌아왔느냐." 그 질문들에 대한 대답은 이미 너무도 많이 반복한 뒤라, 제법 유창하게 해줄 수 있었다. 장장 4시간여 뒤에 드디어 나의 물통이 채워졌다. 이야기를 하다 보니 시간이 제법 빨리 지나간 것이다. 이제 남은 문제는 단 하나. 어떻게 이 무거운 배낭을 등에 질 수 있을까.

　한 친절한 아저씨가 도와주었다. 반바지 차림에 친근한 얼굴을 하고, 계속해서 얼굴 전체로 웃고 있던 아저씨였다. 그는 유쾌하게 눈을 반짝이면서 친절하게 나를 도와주었다. 나는 뒤에 남은 사람들에게 상냥하게 인사를 하고 집으로 향했다.

　몇 분 지나지 않아 벌써 이마에서 땀이 흘렀다. 손등으로 땀을

훔치다가 시계를 보고는 소스라치게 놀랐다. 이야기에 정신이 팔려 물을 마시는 스케줄을 잊고 있었고, 저녁식사 시간도 이미 지나 가버린 뒤였다. 저녁은 점심과 딱 4시간 간격을 두고 먹어야 했다. 그렇지 않으면 뱃속에 남아 있는 음식들 때문에 빈속에 취해야 하는 아침 과일을 먹을 수가 없는 것이다.

그러나 그 행복했던 느낌, 자유로움과 내적인 고요에 대한 체험은 여전히 머릿속에 남아, 불현듯 정확한 시간에 물을 마시는 것이 그리 중요하지 않다는 자각을 불러일으켰다. 그렇다! 물을 마시지 않으면 어떠한가. 먹고 싶을 때 먹도록 하는 거다. 그 순간이 밤 10시에 찾아오더라도 말이다. 안도와 고양된 행복감을 느끼며 마저 집으로 가는 길을 걸었다. 그리고 2주 동안, 나는 안정감 속에서 생활했다. 그토록 집착하던 매일의 의식들에도 불구하고 말이다.

수업을 받고 수업을 하고, 매일 1시간씩 운동하고, 매일 장을 봐서 하루 두 번 요리하는 것은 무척 분주한 일상이었다. 저녁이 되면 너무도 피곤한 나머지 다른 어떤 사회적인 만남도 갖기가 힘들었다. 오직 수업을 받고, 수업을 하는 시간만이 사회적 접촉을 갖는 시간이었다. 그밖에 일주일에 두 번 물을 길어왔고, 일주일에 서너 번 빨래를 했다. 내 생에 처음으로 스스로의 옷을 세탁하는 경험이었고, 더욱 놀라운 것은 세탁기 없이 그 일을 했다는 것이다.

세탁의 전 과정을 손으로 해야만 했다.

빨랫비누로 옷들을 문지른 뒤, 쭈그리고 앉아 빨래판에 옷들을 비볐다. 그러고 나서 얼음처럼 찬물에 그것들을 헹구어야 했다. 그럴 때마다 옷가지들을 세탁 바구니에 던져놓기만 하면, 다음날 어머니가 깨끗하게 빨고 다려서 옷장에 넣어놓던 때가 생각났다. 그러다가도 때로는 웃음이 났다. '스스로를 봐. 열일곱의 어린 나이에 학위도 없이 그렇게 많은 돈을 벌고 있잖아. 그 어느 때보다도 부자이면서 일주일에 두 번씩 물을 뜨기 위해 긴 줄에서 서너 시간을 기다리고, 또 옷을 빤답시고 오래된 구식 빨래판을 찬물에 넣고서 쭈그리고 앉아 있으니!' 삶이란 참 온갖 아이러니들의 조합이 아닌가.

나 자신에게 지시한 많은 책무들. 경제적으로 스스로를 돌보고 일상생활에서도 그래야 하는 상황은 내가 짧은 시간 안에 성숙해지도록 몰아붙였다. 그러나 한편으로 나는 여전히 작은 어린아이에 불과했고, 잠시 잠자던 불안과 고통과 슬픔이 다시 끓어오르기 시작했다. 그것들은 나를 다시 망가뜨리기 위해 언제든 튀어오를 준비가 되어 있었다.

불안감이 다시 고개를 쳐들면 나는 어느새 규칙적인 생활 대신에 폭식과 구토, 자기혐오에 빠져 있었다. 그것은 강박적인 물 마시기로부터의 해방이었다. 강박적인 운동과 강박적인 식사로부터의 해방이기도 했다. 그러나 그것은 강박적인 폭식과 구토의 시기가 다시 찾아왔음을 의미하는 것이기도 했다.

매일 샤워를 하고, 깨끗한 속옷과 겉옷을 갈아입는 것 외에 나는 더이상 자신을 돌보지 않았다. 마대 자루처럼 쭈글쭈글해진 스웨터를 입고, 머리 손질도 하지 않았다. 메이크업도 더이상 하지 않았다.

그토록 오랫동안 스스로에게 좋은 내가 되었던 적이 없었다. 그만큼 이미 충분히 '좋은 나'로 지낸 것이다. 오후 1시에 학교 수업이 끝나면 장을 보러 직행했다. 익숙한 길을 따라 걸으며 모든 가게들을 섭렵했다. 상자와 봉지들을 가득 들고 들어서며 아주머니가 거실에 있지 않기를 기도했다. 내 손에 잔뜩 들려 있는 것들을 보지 않도록 말이다. 다행히도 그녀는 낮 동안에는 거의 외출 중이었고 저녁에는 언제나 안방에서 텔레비전을 보았다.

그로부터 오후 3시 반까지 폭식을 하고 그것을 게워냈다. 다시 좀 단정하게 보이도록 노력하고 눈을 서너 번 깜빡거려 충혈된 눈자위가 좀 덜해 보이도록 한 뒤 수업을 하러 학원으로 향했다. 단정한 교사의 이미지에서 이미 약간의 변화를 주었던 것은 다행한 일이었다. 지금의 내 모습은 완전히 그것에서 멀어져 있었다. 이제는 그저 만 17살 애송이가 헌옷을 주워 입고 수업을 하는 모습이었다. 다른 선생들과 학생들은 나의 변모를 알아차렸지만 그다지 주의를 기울이지는 않았다. 이상하게도 그들은 나를 점점 더 좋아했다. 그들은 내 수업 방식을 무척 좋아했다. 나는 광대처럼 서서, 끼로 가득 찬 코미디언처럼 원맨쇼를 하듯 온갖 인물들을 연기했다. 물론 모든 것은 영어로 진행되었다. 입소문이 빠르게 퍼져나갔고, 점점 더 많은 학생들이 몰려들었다. 나의 외모가 더이상 중요한 요소가 아니라고 생각하게 되었다.

사실 자신의 무가치함이 더 크게 느껴질수록, 그것에 의해 내부적 상황이 악화될수록, 바로 그만큼 나는 더 코믹해져갔다. 어쨌거나 내가 하고 싶은 이상한 짓거리들을 모두 할 수 있지 않은가. 여기서 더 잃을 것이 뭐가 있겠는가? 계속해서 돈을 벌 수 있다면, 계속해서 폭식거리를 살 수 있다면 말이다. 방세를 제외한 거의 모든 수입이 먹을 것을 사는 데 쓰이고 있었다.

학원에 도착하는 시간만큼은 거의 언제나 정확했다. 그러나 이제 수업 전에 게워내기를 끝내도록 신경을 쓰고 있음에도 불구하고, 서너 번 제시간에 가지 못하는 일이 발생했다.

매서운 겨울 추위가 시작된 12월의 어느 날, 혹독한 추위 속에서도 많은 호떡장사들이 길에 나와 있었다. 안에 시럽이 들어 있는 이것은 미니 팬케이크처럼 생겼는데 작은 쇠판 위에서 구워졌다. 길 위에서 창백한 얼굴로 그것들을 팔겠다고 서 있는 사람들이 안쓰러웠다. 그리하여 오늘은 폭식거리를 사기 위해 가게로 달려가는 대신, 이 노점상들을 기쁘게 해주리라 결심했다. 결과는 성공적으로 보였다. 가게 주인들은 매일 엄청난 음식을 사가던 나를 알아보기 시작했고, 내게 음식물을 많이 파는 기쁨은 항상 폭식하는 나에 대한 염려로 바뀌어 있었다. 그래서 오늘은 노점에서 호떡을 사기로 결심했다.

호떡이 잔뜩 들어 있는 커다란 봉투를 들고 집으로 돌아왔다. 봉투는 이미 기름에 절어 있었다. 방으로 들어가 먹었다. 그러나 모두 먹어치우고 나서 토해내려고 했을 때, 물론 호떡들은 뱃속에서 엄청나게 불어 있었다. 그것들은 함께 뭉쳐진 공이 되어 움직이지 않았다. 좀 느슨한 조직이 되어 흐를 수 있도록 더 많은 물을 마셨지만 도움이 되지 않았다. 적은 양이 나오기는 했으나, 나머지는 그대로 뱃속에 들어차 나올 생각을 하지 않았다. 일주일 동안은 족히 먹고 살 수 있는 양이었다.

한 시간 정도의 게워내기 시도가 실패하자, 나는 완전히 패닉에 빠졌다.

거꾸로 서서 배를 쥐어짜기도 해보았지만 소용없는 일이었다.

그것들은 여전히 위에 머물러 움직이지 않았다. 그사이 4시가 되었다. 학원에 아프다는 기별을 넣고 오후 내내 뱃속의 것을 끌어내는 데 열중해볼까 하는 생각이 들었지만, 아이들이 수업을 받지 못하게 하는 것은 죄책감이 느껴지는 일이었다. 아이들을 무척 좋아하기도 했고, 다른 한편으로는 돈을 놓치는 것이 아깝기도 했다. 네덜란드에서는 아파도 여전히 임금이 지불되는 반면, 내가 일하는 학원에서는 '일하지 않는 자에게는 임금도 없다'는 룰이 있었다. 아파도 임금을 받을 수 있는 사람들보다, 임금을 받지 않는 이들이 오히려 빨리 회복되는 것은 분명하다.

여전히 호떡으로 가득 찬 위장을 움켜지고 가능한 빨리 학원으로 내달렸다. 이미 10분이 늦었지만, 한 번 더 화장실로 달려가 손가락을 목구멍에 집어넣어보았다. 그간 위산이 그것들을 흐를 수 있게 만들어놓았는지 누가 알겠는가. 매우 더러운 화장실이라는 것을 알고 있었지만, 그곳에 들어가 마른 손을 입 안으로 구겨 넣었다.

스스로를 그 냄새나는 변기통으로 몰아넣었으나, 여전히 아무 일도 일어나지 않았다.

서둘러 모두가 기다리고 있는 교실에 들어섰다. 뭐라 미안하다는 말을 해야 하는 것인지 알 수가 없었다. 그러나 희지가 뜻밖의 질문으로 나를 구원했다. "선생님, 눈이 왜 그리 빨개요?" 나는 렌즈 낀 눈이 너무 아파 화장실에 가서 렌즈를 빼다 땅에 떨어뜨려 한참을 찾느라 늦었다고 재빨리 대답했다. 더이상의 질문은 없었다. 오히려 렌즈를 잃어버린 나를 바라보는 동정에 찬 시선들을 느끼며 수업을 시작했다. 수업은 무척이나 길게 느껴졌다. 마침내 수업이 끝나자 신속하게 가게들에 들러 음식들을 모았다.
 이번에 먹고 토할 때는, 아직도 위에서 느껴지는 오후에 먹은 음식들까지 함께 게워내야만 하는 것이다.

6

 독립한 이후, 한국 가족들과는 그리 자주 연락이 닿지 않았다. 가끔 어떻게 지내는지 묻기 위해 식사에 초대하거나 한 번 들를 수 있는지 묻는 전화가 걸려왔다. 처음에는 이모와 사촌들을 정기적으로 보러 갔지만 점점 횟수가 줄었다. 네덜란드에서 그들을 생각하며 느꼈던 나의 사랑이 점점 식어가는 형국이었다. 그들이 나에게 어떤 의미를 갖는 것인지 더이상 알 수 없었고, 더욱이 그들에게 내가 어떤 존재인지는 더더욱 알 수 없었다. 끊임없이 나와 자신의 딸들을 비교하는 이모에게는 때때로 화가 났다. 그럴 때면 사촌들이 나보다 예쁘게 생겼다는 사실이 뚜렷하게 보였다. 어쩌면 나는 버려져야 했고, 그들은 자신들의 어머니와 머물 수 있었다는 사실에 질투를 느꼈던 것인지도 모른다. 그저 감정적인 방황이었을 수도 있고, 그저 원망과 분노 혹은 자기 연민이었을 수도 있다.
 어쨌거나 나의 전략은 수정되었다.
 처음에는 그들에게 사랑받고, 받아들여지기 위해 무엇이든 하고자 했다. 무엇보다 내가 그들이 잃어버렸던 가족 구성원으로서 사랑으로 환영받기를 원했다. 그들을 위해 날씬해지고 싶었고 그들을 위해 예뻐지고 싶었다. 그들을 위해 무섭도록 놀라운 속도로 한국어를 배웠던 것이다. 한국 여성처럼 행동하려고 노력했고, 한국의 행동양식에 나를 맞추려고 했다. 그러나 모두 부질없는 일이었다. 나는 여전히 그들에게 속하지 않는 존재였고, 이곳에서도 여전히 이방인에 불과했다. 그러므로 나는 정반대로 돌아섰다.

처음에는 모든 부분에 섬세하게 신경써서 나를 치장하고 한국 가족들을 만나러 갔지만, 이제는 아무렇게나 걸친 복장으로 그들을 방문했다. 그사이 수 킬로그램이 불어 있던 나는 더 예뻐질 수도 없었다. 체중을 감량하기 위한 그 어떤 노력도 기울이지 않았다. 그러면서 스스로에게 말했다. '자, 당신들이 나를 어떻게 생각하는지는 내게 하나도 중요하지 않아. 당신들도 나를 위해 더이상 아무것도 하지 않고, 나 역시 더이상 당신들에게 속할 필요를 느끼지 않아.' 또한 더이상 수줍고 얌전한 소녀처럼 굴지 않기로 결심했다. 그들에게 속하지 않아도 된다는 것을 강렬하게 각인시키기 위해, 한국 여자와는 거리가 먼 이상한 행동이나 요란한 농담을 했다.

그런 식으로 나는 내가 한국 여자가 되기 위해 노력하지 않으며, 네덜란드 여자로서 행동하고 또 앞으로도 그럴 것이라는 것을 그들이 알아차리게 했다. 그들이 유감으로 생각한다면? 이는 모두 그들의 잘못으로 생겨난 부스럼이다. 그들이 나를 버리지 말았어야 했다.

나의 변화는 가족들과 함께 있을 때에만 해당되는 것이 아니었다. 공공장소에서도 다르게 행동하기 시작했다. 전에는 모두가 나를 그저 그들에게 속한 하나로 여겨주기를 원하고, 다른 여자들처럼 전철에 앉아서는 고개를 기울이고 눈을 아래로 내리깐 다음 침묵했다. 그러나 이제는 거칠게 고개를 들고서 사람들에게 영어로 말을 걸어 내가 외국에서 왔음을 알아차릴 수 있도록 했다. 길을 묻는 사람이 있으면, 가능한 한국말로 잘 대답해주며 여기서 평생 산 사람인 척하고는 기뻐하던 내가, 이제는 누군가 말을 걸어오면 즉시 영어로 외국에서 온 탓에 잘 모른다고 대답했다.

엇나가는 마음은 거기에서 멈추지 않았다. 사실 얼마 전부터 한국어 수업을 받으러 다니는 것을 그만두고 싶다는 생각을 가지고 있었다. 우선은 모든 것이 죽도록 피곤하기만 했다. 매일 아이들을 가르치고, 또 매일같이 폭식과 구토를 하고, 폭식거리를 마련하기 위해 장보는 일만으로도 에너지가 모두 고갈되는 느낌이었다. 건강은 악화되었고 매일 죽도록 피곤했다. 더이상 무엇에도 집중할 수가 없었다. 대학에서 한국어 수업을 받는 것만이라도 그만두는 것이 나을 듯했다. 아이들을 가르치면서 배우는 한국어가 상당했기에 진행이 느린 학교 수업이 따분하게 느껴지기도 했다. 학교를 그만두고 싶었던 또 하나의 이유는 한국 어머니의 태도였다. 그녀는 내가 서울대학교에 다닌다는 사실을 무척 자랑스러워했다. 그것이 그녀가 나를 조금이라도 자랑스러워하는 유일한 이유인 것만 같았다. 그렇다면 더더욱 더이상 다니고 싶지가 않았다. 그것은 한국 가족들에게 내가 등을 돌렸다는 것을 알리는 가장 확실한 방법이기도 했다.

대화를 지속하는 것만이 내가 가족들에게 속하는 유일한 열쇠이기도 했다. 그러나 그들이 나를 저버릴지도 모른다는 두려움에, 나는 스스로 그들과 연결되어 있는 통로를 막아버리고자 했다. 한국어 수업을 그만둠으로써 말이다. 물론 가족들에 대한 원망이 학교를 그만두는 이유의 전부는 아니었을 것이다. 아무것도 끝맺지 않고, 어떤 것으로부터도 도피해버리는 것. 그것은 내가 자신의 삶에 등을 돌릴 때, 가장 먼저 나타나는 징후이기도 했다.

무엇이 그토록 두려웠던 것일까?

무엇으로부터 그토록 도망치고 싶었던 것일까?

스스로의 삶에서 책임져야 하는 것들로부터, 혹은 삶 그 자체로부터 나는 도망쳤던 것이다. 그것은 동시에 삶의 아름다운 것들, 사랑이나 우정, 행복한 관계들을 회피하는 것을 의미했다. 그것은 관계가 아닌 장막 속에서의 삶이었다.

어떻게 '살아야' 하는지 알 수가 없었다. 내가 아는 유일한 것은 내 안에 존재하는 고통과 두려움을 느끼고 싶지 않다는 사실이었다. 폭식과 구토는 마치 마약처럼, 일시적으로 나를 그 모든 관계들로부터 떼어내주었다. 모르핀과도 같이 내 안의 고통을 경감시켜주었다.

7

지금 생각하면 '도대체 어떻게 내가 살아남을 수 있었을까?'라고 자문하게 되는, 그러한 길고 긴 시간들이 나를 찾아왔다.

이제 아침이면 더이상 학교에 갈 필요가 없었다. 우선 늦잠을 늘어지게 자고 일어나 장을 보러 갔다. 그러고는 아이들을 가르치러 가기 전까지 폭식과 토역질을 해댔다. 먹고 있는 것의 맛을 느끼지 못하는 일이 잦았다. 남의 눈에 띄지 않고 토하기 위해 온갖 방법을 동원했다. 추위가 매서운 한겨울이었고, 아주머니는 자주 집 안에 머물렀다. 그녀는 부엌에서 일을 하거나 침실에 머물렀지만 낮 동안 그녀의 방문은 늘 열려 있었다. 상황이 그렇게 되자 집 안에서 그녀 모르게 토하는 것은 불가능했다. 뭔가 다른 방법을 찾아야 했다.

깨끗한 서양식 변기를 찾기 위해 이미 어느 정도 눈에 익어 있던 동네를 돌아다녔다. 크고 작은 식당들이 즐비했지만 대부분 화장실이 없거나, 땅에 쭈그리고 앉아야 하는 재래식 화장실을 가지고 있었다. 그런 곳은 마음에 들지 않았다. 오후 내내 찾아 헤맨 끝에, 비상시 토할 수 있는 화장실 몇 군데를 정해놓을 수 있었다. 화장실 선정은 쉽지 않았다. 몸이 너무 많은 영양을 흡수하기 전, 즉 집에서 5분 정도 만에 닿을 수 있는 곳이라야 했기 때문이다.

첫번째 화장실은 카페에 딸려 있는 것이었다. 상당히 모던한 분위기에 많은 젊은이들이 그곳에서 만나 커피나 차를 마시는 카페였다. 그곳 화장실은 매우 깨끗할 뿐만 아니라, 카페보다 한 층 높은 곳에 있어서 온 힘을 다해 토하는 동안에도 누군가 소리를 들을까 봐 두려워하지 않아도 되었다.

두번째 비상 화장실은 일종의 부속 병원에 딸려 있었다. 내가 가장 선호했던 이 화장실은, 분수 기능이 부착되어 있는 세면대에서 물이 계속 흐르고 있었기 때문에 토하고 난 즉시 손과 입을 닦을 수 있었다. 한 가지 흠이 있다면 문고리가 고장 나 있었다는 점이었다. 한국에서 그러한 것이 수리되기까지는 시간이 좀 많이 걸렸다. 그러므로 매번 문이 갑자기 열리지나 않는지 신경을 써야만 했다. 마지막 비상 화장실은 가장 먼 곳에 있었다. 그곳에 가기 위해서는 버스를 타야 했지만, 기실 2분마다 한 대씩 오는 버스를 잡아

타는 것은 일도 아니었다. 작은 호텔에 딸린 식당, 그 식당 화장실이었다. 따라서 귀찮게 질문 받는 일 없이 들고 날 수 있었다.

사실 사람들은 그 호텔 방을 몇 시간 동안만 빌리는 것 같았다. 이른바 '러브호텔'이라 불리는 이러한 종류의 장소에서 시간당 얼마씩을 지불하고 집에서 할 수 없는 의식들을 치르는 듯했다. 그래서인지 그리 엄격하게 통제하는 것 같지 않았다. 그곳은 또한 넉넉하게 화장실 휴지를 배치해두는 유일한 곳이었다. 토하느라 늘 휴지가 많이 필요했던 나는 빈 가방을 가지고 이 화장실에 가서 휴지를 잔뜩 담아왔다. 맹세하건대 이것이 내 생의 유일한 도둑질이었다. 그리고 뒤에 들어오는 사람을 위해 언제나 한 통 정도는 남겨두었다. 그것에 대해 크게 죄책감을 느끼지는 않았다.

죄책감은 오히려 따뜻한 내 방을 향해 가는 추운 겨울 저녁, 그 길 위에서 느끼곤 했다. 가방 가득 음식을 짊어지고, 한밤중까지 무언가를 팔기 위해 추위 속에 서 있는 사람들을 볼 때 그러한 기분이 들었다. 담요를 둘둘 말고서 땅에 앉아 있는 사람들, 삼삼오오 모여 서서 군불을 쬐고 있는 사람들을 볼 때 죄책감을 느꼈다. 그들은 불을 향해 손을 죽 내밀고서 여전히 얼어붙은 발을 동동 구르고 있었다. 스스로에 대한 학대로 돌처럼 굳은 가슴에 아주 가는 금이 가는 것을 느꼈다. 그들로 인해 슬픔과 고통을 느끼며, 왜 세상은 불공평한 것인지 의문을 던지기도 하고 머리를 뉘일 집이 있다는 사실에 감사하기도 했다.

그러나 그러한 사람들을 보고도 아무런 느낌이 없을 때도 있었다. 가령 고통스럽게 가득 찬 위를 부여잡고 비틀거리며 거리를 지날 때, 목구멍으로 손가락을 집어넣느라 찢어진 입가를 하고서 얼굴에 매서운 겨울바람을 맞을 때 그러했다. 완전히 녹초가 되어 주위를 둘러볼 힘도 없는 순간. 그러한 순간에 나는 왜 스스로에게 그러한 짓을 하고 있는 것인지 자문하면서, 거리의 그 사람들이 적어도 나보다는 훨씬 나은 삶을 살고 있을 것이라 생각했다. 끝없이 반복되는 폭식과 토역질의 고리에 묶여 있는 삶보다 거리의 삶은 훨씬 매력적인 것이리라. 그들이 가난 속에서 살아야 하는 운명인 것처럼, 나 역시 온몸이 부서져버릴 때까지 폭식과 구토를 해야 하는 운명인 것이리라.

나는 행복해서는 안 되는 운명이라는 것을 확신했다.

나는 행복해질 가치가 없는 존재이며, 이런 식으로 육체를 학대하며 죽어가야 한다는 미친 생각에 사로잡혔다. 그러나 모든 인간에게 있는 생존에 대한 본능이 내 영혼 어느 구석인가에서 숨 쉬고 있었다. 더이상 견딜 수 없는 지경에 이르자, 살아남기 위해 나는 전략을 수정했다.

다시 의식처럼 식사들을 치러내는 데 집착하고, 운동으로 자신을 몰아붙이며, 미친 듯이 살을 뺐다. 그러한 스케줄을 지키는 데 문제점은 이제 시간이 너무 많이 남아돈다는 것이었다. 폭식과 구토를 하지 않고 학교도 가지 않으니 무엇으로 시간을 채운단 말인가! 대학으로 돌아가는 것은 어쩐지 내키지가 않았다. 자원봉사 일을 하기로 했다. 다시 사람들 사이에 끼어 살고 싶었다. 그러나 무엇보다도 서양인들을 만나고 싶었다.

서울에는 북한의 침략에 대비하여 미군이 주둔하고 있었다. 그 미군 기지는 사실 미국의 한쪽을 뚝 잘라 서울에 가져다놓은 것 같았다. 그들은 그 안에 학교와 가게, 미국 제품을 가져다놓은 슈퍼, 병원까지 가지고 있었고 서구적인 운동 시설과 진짜 미국 식당까지 갖추고 있었다. 그 식당에서는 미국식 인스턴트식품을 값싸게 팔고 있었고 언제나 미국인들로 북적거렸다.

원칙적으로 한국인들이나 다른 외국인들에게는 그곳 출입이 금지되어 있었다. 그러나 적십자 자원봉사자가 되면 출입증이 주어졌다. 이 출입증으로 미군 부대 안의 가게들과 도서관, 체육관 등 모든 시설을 이용할 수 있었다.

일주일에 사흘간 적십자 봉사 활동을 하기로 했다. 어떤 종류의 봉사 활동을 할지 스스로 선택할 수도 있었다. 나는 병원을 선택했고 병원에 딸린 도서관에 배치되었다. 서고에서 책을 뽑아오고 대출증에 도장을 찍는 일을 했다. 내가 가장 좋아했던 것은 병실을 순회하는 일이었다.

일을 하는 동안은 적십자 유니폼을 입도록 되어 있었다. 오전이 끝나갈 무렵이면 왼쪽 가슴에 적십자 마크가 새겨진 파란 유니폼을 입고서, 책으로 가득 찬 카트를 끌고 병실을 순회했다. 도서관까지 걸어올 수 없는 환자들을 위한 서비스였다. 카트를 끌고 산부인과에서부터 외과까지 두루 돌아다녔다. 가는 곳마다 사람들과 담소를 나누었다. 산부인과에서는 아이들을 보고 감탄했다. 사실 분만실에는 한국인 산모들이 압도적으로 많았다. 외국에서의 더 나은 삶을 희망하며 미국인 남편을 만나 행복을 찾고 있는 사람들인 것 같았다.

도서 카트를 밀다가 미국인들을 만나 이야기하는 것은 너무도 즐거운 일이었다. 나의 영어 실력을 향상시킬 수 있는 좋은 방법이었고, 그들의 문화를 약간이나마 접할 수 있었다. 얼마 지나지 않아서 미국에서도 가장 멍청한 부류들이 주한 미군으로 부임해 온다는 것을 알아차렸지만 말이다. 고국에서 더 나은 일자리를 갖기 힘든 이유로 몇 년간의 한국 체류 계약서에 사인을 한 사람들이었다. 모두 한국을 끔찍이도 싫어했고 가능한 빨리 고국으로 돌아가고 싶어했다.

일과 중 많은 시간 동안 영어 책을 읽었다. 책이야 원하는 만큼 빌릴 수 있었다. 도서관 관리는 한국인 매니저와 한국인 조수가 맡아 하고 있었다. 한국인들을 고용하는 것이 미국인들을 데려오는 것보다 훨씬 저렴했기 때문에 고용직의 대부분은 한국 사람들로 채워져 있었다. 매니저는 작지만 건장해 보이는 남자였다. 독특한 악센트를 가진 영어였지만 그의 영어는 유창했다. 짐작했던 사실이지만 그는 미국에서 학업을 마쳤다고 말했다. 그는 언제나 몸에 꼭 맞는 더블 양복을 입고 다녔다. 대부분의 한국 남자들이 좀 헐렁한 바지를 입는 것에 비하면 파격이었다. 그의 조수는 40대의 나이 든 여성이었다.

놀랍게도 그녀는 싱글이었다. 그녀는 독립된 삶과 직업을 더 중요하게 생각하고 있었다. 그녀와 함께 한국 여성들에 대한 이야기를 많이 했다. 그녀는 상당히 모던한 사고방식을 지닌 사람이었다. 자신에게 꼭 맞는 사람을 만나면 결혼하고 싶지만, 자신의 나이대가 되면 그것이 점점 더 요원한 일이 되어가는 것 같다고 말했다. 어떤 남자도 마흔이 넘는 여성과 결혼하기를 꺼린다는 것이다. 때문에 자신의 이상형을 찾지 못하면 자유롭고 독립된 삶 속에서 만족을 구할 것이라고 했다.

많은 책들을 접하게 되면서, 다시금 다이어트와 식이요법, 건강에 대한 책들에 관심이 일었다. 이것저것 탐색하는 동안 거식증과 폭식증에 대한 책들도 만날 수 있었다. 대여 기록을 입력하는 것도 나의 일이었기 때문에, 많은 사람들이 그러한 책을 대출해갔다는 기록도 만날 수 있었다. 당시 나는 한국에는 그러한 병리적 현상이 잘 알려져 있지 않아서 인구에 회자되거나 책으로 쓰이는 일이 거의 없을 것이라고 생각했다. 미군 부대에 딸린 도서관이니 그런 책들이 있는 것이라고. 섭식 장애는 미국에나 있는 병인 양 생각하고 있었다.

이 기간 동안 나는 오랫동안 산책을 즐겼다. 관악산의 모든 산책로를 걸었고, 거의 모든 봉우리에 다 올라보았다. 일이 없는 날이면 아침 일찍 배낭을 메고 집을 나섰다. 배낭 속에는 지방 없는 건강식품들과 커다란 물병이 들어 있었다.

등산은 나에게 고요함을 선물했다. 아름다운 자연과 경치들이 커다란 행복을 느끼게 해주었다. 언제나 홀로였지만 한 번도 외롭다고 느껴지지도 않았다. 일요일이면 많은 가족들이 등산을 즐겼다. 그들을 바라보는 것도 즐거운 일 중의 하나였다. 관악산 입구나 가파르지 않은 둔덕에는 나무로 된 커다란 평상들이 놓여 있었다. 등산 나온 사람들이 피크닉을 즐기는 곳이었다. 할머니와 할아버지를 포함한 온 가족이 그곳에 앉아 웃고 떠들며 식사를 하면, 그 한편에서는 아이들을 포함한 젊은 층이 배드민턴을 쳤다. 바라보는 것만으로도 행복해지는 풍경. 그러한 한국 가족들을 바라보면서도 질투나 슬픔을 느끼지 않았다. 다만 조금 궁금했다. "나 역시 저런 가족들로부터 출현한 존재일까? 나 역시 저렇게 행복했던 적이 있었을까?"

한국인으로 받아들여지고 싶은 욕구가 사라지자, 그저 그들을 바라보는 것, 그들의 행복한 모습을 바라보는 것이 무척이나 즐거운 일이 된 것이다.

조금 더 걸어 들어가니 완벽한 혼자가 되었다. 아무도 마주치지 않았다. 지금 생각하면 좀 위험한 행보였다. 그러다가 길을 잃거나 무언가 사고가 일어날 가능성이 아주 컸다. 발목이라도 삐었다면, 아무도 나를 도와줄 수 없는 그런 상황이었다. 그러나 사람들과 더이상 마주치지 않을 정도로 깊은 산 속의 정적이 두렵지는 않았다. 삶에 대한 두려움도, 무엇보다 상실에 대한 두려움도 느끼지 않았다.

걷고 걷고 또 걸었다. 몇 시간 동안 멈추지 않고 걸었다. 길은 가파르고 온몸이 땀에 절었지만 걱정스럽지 않았다. 더이상의 욕구도, 고통도, 슬픔도 느껴지지 않았다. 무언가를 게걸스럽게 먹어치우거나 게워낼 필요도 느끼지 않았다.

어느 날은 그렇게 몇 시간 아무도 마주치지 않은 채 걷다가 길을 잃었다. 내가 어디쯤에 있는 것인지 도통 알 수가 없었던 순간, 갑자기 왁자지껄한 소음이 들려왔다.

소리를 따라가자 바위와 돌들이 섞여 있는 평지가 나타났다. 그 가운데로 맑은 시내가 흐르고 있었다. 막 떠서 마실 수 있을 것 같은 맑은 시내였다. 그곳에는 한국 젊은이들 한 떼가 몇 명씩 그룹을 지어 둘러앉아, 먹고 마시며 노래를 부르고 있었다. 각 그룹마다 기타를 멘 이가 하나씩은 있었고, 그를 제외한 나머지들은 박수를 치며 목청을 높여 노래를 불렀다. 무척 한국적인 풍경이었다. 함께 노래하고 음악을 즐기는 풍경…….

 30분 동안이나 그들을 바라보았다. 오직 한 가지 생각만이 머릿속에 가득했다. '집에 가고 싶다. 네덜란드, 부모님께로 달려가고 싶다. 네덜란드의 친구들과 웃고 떠들고 싶다.' 삶을 전진시키고 싶었다. 언제 끊어질지도 모르는 얇은 환상 줄에 더이상 매달려 있고 싶지 않았다. 한국인이라는 환상, 한국이 내 집이라는 환상.

 한국을 떠나기로 결정했다. 다시 집으로, 네덜란드로 가고자 했다. 그곳에서 새롭게 시작하리라.

8

 네덜란드에서 나는 한국 가족들에게 잊혀질까 봐 늘 두려워했었다. 이제 한국 땅에 서서, 네덜란드 부모님이 나를 잊지는 않았을까 몹시 궁금했다. 더이상 그들의 딸이 아닐 것만 같았다. 그들이 여전히 나를 사랑하고 있을지, 여전히 나를 생각하고 있을지, 심각하게 걱정이 되었다.

 다시 네덜란드로 돌아가야만 했다. 그러나 네덜란드의 가족에게 외면당할지도 모른다는 두려움은 한국의 가족들이 나를 포기했다는 사실보다 훨씬 더 고통스러웠다.

 네덜란드의 부모님과 언니가 점점 더 많이 생각났다. 그들이 몹시도 그리웠다. 그들의 편지를 읽고 또 읽으며 매번 눈물을 흘렸다. 그들을 저버리고 떠나왔다는 사실이 고통스러웠다. 그들과 그렇게 헤어졌다는 사실이 고통스러웠다. 누구보다도 아버지 생각이 많이 났다. 그의 편지들은 많은 격려와 사랑을 담고 있었다. 그것들을 읽으며 아버지를 향한 그리움이 일었다. 그가 나에게 저지른 일들은 잊고자 했다. 그를 용서하리라. 아버지와의 좋았던 일들만을 기억하리라.

비로소 나를 낳은 친어머니는 내 몸을 흐르는 피와 나를 형성한 유전자만을 준 존재라는 사실이 눈에 들어왔다. 네덜란드 어머니와 나 사이에 형성된 모녀간의 사랑은 친어머니가 절대로 대신할 수도 깨뜨려버릴 수도 없는 그 무엇이었다. 네덜란드의 어머니, 내가 달려가고 싶은 나의 유일한 어머니. 그녀의 무릎에 얼굴을 묻고 울고 싶었다. 눈물이 다 말라 사라질 때까지 그렇게 울고 싶었다.

다시 돌아가겠다고 결심했지만 몇 개월을 기다려야 했다. 의무적으로 채워야 하는 시간들이 아직 남아 있었다. 교사로서의 직업.

학원에서는 나를 채용하던 당시, 얼마나 한국에 머물 계획이냐고 물었다. 당시 나는 돌아가지 않을 것이라는 나의 진심을 말했다. 그들은 나를 잃지 않으려고 많은 투자를 했었다. 그들은 나의 수업을 통역하고 돕기 위한 한국인 보조 선생님을 채용했었고, 물론 그녀에게 월급을 지불했다. 그들이 미국인 선생님(나는 미국에서 온 것으로 되어 있었다. 사람들은 도통 네덜란드에 대해서 들어본 적이 없었다. 당시 거스 히딩크는 한국에 존재하지 않았으니까)을 데리고 있다는 사실을 알리기 위해 많은 광고를 냈었다. 그러므로 최소한 학기가 끝날 때까지는 일해주어야 했다.

물론 적십자 일도 어느 날 갑자기 그만둘 수 있는 성질의 것이 아니었다. 자원봉사였지만 후임자가 생길 때까지 일해주고 싶었다. 저축이 필요하기도 했다. 비행기 티켓을 사고 네덜란드의 가족들을 위해 한국의 기념품을 사고, 또 한국의 가족들에게 답례로 줄 선물도 사야 했다.

한국에서의 마지막 주는 무척 분주했다. 모두와 이별의식을 치러야 했고, 그밖의 모든 것들을 정리해야 하는 주였다. 다시 돌아간다는 사실이 무척 기뻤다.

학원에서의 작별 인사는 내가 생각했던 것보다 훨씬 무거웠다. 무척이나 사랑했던 아이들. 그들은 나를 위해 작별 파티를 열어주었고 한아름의 선물을 안겨주었다. 그들 모두 편지를 쓰겠다고 약속했으며, 몇몇은 훌쩍이기까지 했다.

나 역시 내가 무척이나 열중해 있던, 내가 가장 좋아했던 그들을 다시 볼 수 없을 거라는 사실이 견디기 힘들었다. 아이들이 원하는 만큼의 과자와 음료수를 사서 선물했다. 다시 한번 많은 가게들을 섭렵하며 많은 먹을거리들을 샀다. 그러나 이번만큼은 나 자신을 위한 사재기가 아니었다.

저녁에는 다른 선생님들과 술자리를 함께했다. 그들과도 주소를 교환했으나, 아이들에게서 느꼈던 친밀감에 비하면 다소 형식적이라는 느낌만을 받았다.

춘석과도 식사를 했다. 그를 만나 서로를 알 수 있었다는 사실은 행복한 일이었으나, 그를 두고 한국을 떠나는 것이 어렵게 느껴지지는 않았다.

한국 가족들과의 작별은, 가족들에게도 나에게도 그다지 힘든 일이 아니었다. 친어머니의 진정을 볼 수는 없었지만, 내가 다시 돌아간다는 사실에 그녀가 평안을 느낄 것이라는 믿음이 내게는 있었다.
 우리 모두 알고 있었다. 내가 돌아가는 것이 모두에게 좋은 것이라는 사실을. 유진만이 진심으로 슬퍼하는 유일한 사람이었다. 나는 그녀가 나를 진심으로 좋아했었다고 믿는다. 나 역시 그러했고.

06 더이상 아버지와 한 지붕 아래에서 살 수 없었다. 그를 용서하고 싶었지만 쉽지 않았다. 그와의 연락을 두절함으로써 모든 것을 잊고 마음의 평정을 유지하고 싶었다. 그와 매일같이 심적으로 부딪치지 않아야 한다는 한 가지 사실만이 분명했다. 어머니를 떠나고 싶지는 않았지만 어머니가 아버지 곁에 남기로 결정했다면, 내가 집을 떠날 수밖에 없었다.

분노

1

　스키폴 공항에는 부모님과 언니는 물론이고, 할머니, 할아버지를 비롯하여 이모, 심지어 이웃집 아주머니까지 가족들을 대동하여 마중을 나와 있었다.

　모두에게 둘러싸인 나는 지독히도 행복했다. 이곳이 나의 집인 것이다. 이 사람들이 내가 가장 사랑하는 사람들인 것이다. 아버지가 다소 불안해하는 것 같아 그에게 다가가 깊은 포옹으로 인사를 했다.

　그들 모두를 앞장세워 레스토랑으로 향했다. "자, 커피와 케이크!" 할아버지가 이렇게 말하며 100유로를 내밀었다. 나는 "아니, 제가 내요!"라고 크게 외치며 오른쪽 바짓가랑이를 들어올렸다. 모두에게 내가 양말 속에 무엇을 숨겨왔는지 보여주기 위해서였다. 1,000유로짜리가 2장이나! 한국에서 양말에 숨겨온 돈. 그러나 물론 정직하게 아이들을 가르치고 번 돈이었다. 한국에서의 마지막 몇 개월 동안 화장실서 게워내지 않은 대가이기도 했다.

모두가 놀라서 바라보는 동안 할아버지가 껄껄 웃으시더니 말했다. "후일 배고플 때를 생각해서 아껴두고, 오늘은 이것으로 커피와 케이크를 사자꾸나." 그러고는 100유로를 억지로 내 손에 쥐어 주셨다.

나를 제외한 모두를 위해 커피와 케이크를 주문했다. 이미 폭식과 구토를 멈춘 나였기에 케이크 따위는 먹고 싶지 않았다. 행복했다. 폭식증 없는 새로운 삶을 시작해야지! 마침내 행복해지는 것이다!

그리고 실제로 몇 주간 모든 것이 잘 흘러갔다. 토하는 일이 없었으며, 건강한 식사 습관을 잘 지켰고, 그러한 자신을 바라보며 기쁨을 느꼈다.

그러나 아무것도 아닌 것에서 분노가 시작되었다.

매우 사소한 것들 때문에 불같은 분노가 아버지를 향해 꽂혔다. 모두가 둘러앉아 식사를 하는 동안 내 눈에는 아버지의 손이 보였다. 나이프와 포크를 들고 고기를 썰고 있는 손. 그러나 은색의 도구들은 내 눈에 들어오지 않았다. 오직 그 큰 손만이 보였다. 너무도 자주 내게 육체적 고통과 수치와 혼란스러움을 남겨주었던 그 손. 내 안에서 화산이 폭발을 시작한 것 같았다. 증오의 용암이 가슴을 타고 흘렀고 몸 안 구석구석에서 내상의 고통이 느껴졌다. 그러나 분노가 식고 나면, 용암이 굳듯 심장이 딱딱하게 굳었다. 아무것도 느낄 수가 없는 상태가 되는 것이다. 오직 먹고만 싶었다.

터지도록 먹어치우고는 모든 것을 게워내고 싶었다. 그 모든 고통과 분노까지.

나는 다시 방에서 숨어 먹고 2층 화장실에서 토하기를 매일같이 반복했다. 어머니가 더이상 견뎌내지 못할 때까지 그러기를 반복했다. 어느 날, 내가 화장실을 잠그고 오래도록 나오지 않자 어머니가 소리쳤다. "이제 충분해. 집을 나가 머물 곳을 찾아. 매일 네가 그런 식으로 스스로를 망가뜨리는 꼴을 더이상 볼 수가 없어." 그 순간 나는 화장실 문을 열어젖히고 그녀를 향해 절규했다. "이런 꼴을 보기 싫으면 전처럼 매일 일을 나가면 되잖아! 전처럼 일을 나가. 아버지가 정기적으로 나를 때리며 쫓아다니는 것을 보지 못했던 그때처럼."

거대한 가족 드라마가 시작되는 순간이었다.

내가 아무렇지도 않은 척하던 그 시절들, 그 시절들에 아버지와 나 사이에 어떤 일들이 벌어졌으며 그래서 내가 그렇게 될 수밖에 없었다는 이야기를 차마 차와 쿠키를 앞에 놓고 꺼낼 수는 없었던 것이다. 그러나 어머니와 나 사이에 형성된 분노와, 그 분노의 발산이 내가 그토록 오랫동안 어머니에게 고백하고 싶었던 이야기가 툭 터져나올 수 있도록 도와준 셈이다. 어머니는 처음으로, 아버지가 나에게 폭력적이었을 뿐만 아니라 나를 성적으로 희롱하기까지 했다는 사실을 듣게 된 것이다. 그녀에게는 청천벽력이었다. 그녀가 상상조차 할 수 없었던 일. 나 역시 그녀에게 숨기기 위해 할 수 있는 모든 방법을 동원했던 바로 그 사건들.

물론 그녀는 언제, 어떻게, 어디에서를 묻고 싶었다. 그러나 깊은 충격에 휩싸인 그녀는 그 대답을 들을 준비가 되어 있지 않았다. 그녀는 단지 나를 품에 안고 함께 울 수 있을 뿐이었다. 마침내 나는 내게 일어났던 일들을 흐느낄 수 있게 된 것이다. 마침내 내게 가장 소중한 사람에 기대어 슬픔을 밖으로 보일 수 있게 된 것이다.

그러나 모든 것을 말해버림으로써 찾은 안도감은 잠시 동안만 가질 수 있는 것이었다. 그것은 곧 커다란 죄책감에 자리를 내어주었다. 죄책감은 강한 마약처럼 모든 것을 파괴했다. 마약이 몸과 마음을 상하게 하듯, 죄책감은 나 자신과 그리고 삶을 망가뜨렸다. 마약 대신 내가 사용한 것은 음식이었다. 헤로인 주사를 맞듯, 먹고 그리고 토했다.

행복했던 어머니의 삶도 종말을 고했다. 어머니에게는 가장 끔찍한 악몽이 현실이 되어버린 셈이었다. 그토록 믿었던 남편이, 그토록 사랑하는 남편이 자신이 알던 사람이 아니었던 것이다. 그러나 그 모든 의구심에도 불구하고, 그 시기가 나에게는 어머니가 나를 정말로 사랑한다는 것을 확실히 느낄 수 있었던 유일한 때였다. 그녀는 나를 버리지 않았다. 그렇게 할 수도 없었고 하려고 하지도 않았다. 나는 그녀의 딸이었던 것이다!

가족 드라마가 시작되던 순간부터 그녀는 나를 믿었고 지지했으며, 서슴없이 내 편이 되는 것을 선택했다. 깊은 충격과 거대한 슬픔 속에서 우리 가족은 갈래갈래 찢어졌다. 한편에는 내가, 다른 한편에는 아버지가, 그리고 그 가운데 어머니가.

어머니는 의식하지 못했을 수도 있으나 그녀는 단 한 번도 내가 한 말들을 의심하지 않았다. 아버지 역시 내 말을 부인하지 않았다는 사실은 생각해볼 만한 것이다.

일을 마치고 귀가한 아버지는, 집에 들어서 우리를 보는 순간 그가 가장 두려워하던 것이 현실이 되고 말았다는 것을 직감했다. 그는 나를 향해 화를 내지도 않았으며, 그의 죄를 드러낸 것에 대해 비난하지도 않았다. 사실 분노와 비난, 그것이 내가 예상했던 그의 유일한 반응이었다.

그는 즉시 울부짖으며 말했다. "맞아. 나는 잘못을 저질렀어. 무척이나 미안하게 생각하고 있다. 내가 왜 그랬는지 나도 모르겠어. 깊이 수치스러워. 조이를 때리지 말았어야 해. 내 안의 악마에게 손을 들었던 거지. 나는 자신의 분노와 짜증을 통제할 수 없었어."

그 순간 나는 무릎을 꿇고 앉아 우는 어린아이를 보았다. 불쌍한 아이. 내가 말해버린 모든 것들을 주워 담고 싶었다. 그는 더이상 작은 아이를 쫓아다니며 때리는 망나니가 아니었다. 그저 엄청난 스트레스 속에서 자신을 달리 어떻게 해볼 수 없었던, 그런 한 상처받은 인간이었던 것이다.

그리고 그가 그렇게 행동했던 것은 내가 거기 있었기 때문인 것이다.

내가 이 가족 안에 존재하지 않았더라면, 어머니는 이와 같은 상황을 만나지 않았어도 된다. 그들은 나를 입양하지 말았어야 했다. 도대체 그들은 그들의 삶 속에 무엇을 끌어들인 셈이란 말인가? 운명의 장난이다. 내가 다른 가족에게 입양되었더라면? 이 가족은 지금 어떤 삶에 도달해 있는가. 아버지는 이토록 수치스러운 상황에 놓이게 되었고, 어머니는 자신의 소중한 사람과 충돌해버리지 않았는가.

 그렇다, 내가 이 모든 것의 원인이야! 이 모든 상황이 일어난 것, 그건 바로 나 때문이야!

2

 그로부터 며칠, 몇 주, 몇 달 동안, 나는 견디기 힘든 시간을 지나야 했다. 분노와 죄책감과 아버지를 향한 깊은 동정심 사이에서 갈피를 잡을 수가 없었다. 모든 것을 내 안에 담아두었던 시절에는 어느 정도 감정을 통제할 수 있었다.
 그러나 아버지를 향한 통제할 수 없는 분노가 어머니와의 이야기 속에서 한번 터지고 나자, 그 단 한 번의 고백이 돌덩이가 되어 거대한 벽에 가 꽂힌 것만 같았다. 그 돌이 벽을 무너뜨렸다.
 내 안의 감정들을 가두어둘 수가 없었다. 아버지는 나에게 언제나 두려운 존재였다. 나를 향해서는 언제나 권위적이고 폭력적이며, 굉장히 독재적이었던 사람. 그의 그러한 면모들은 내가 가지고 있는 증오들을 정당하게 느끼게 해주었다. 그가 나에게 저지른 일들을 실컷 증오할 수 있었다. 그러나 이제 그는 나약하며, 수치심에 휩싸여 상처받기 쉬운 존재가 되어버렸다. 그런 사람을 증오하는 것은 쉬운 일이 아니었다. 동정심은 마음을 누그러뜨렸다. 용서하고 싶은 마음조차 들었다.
 어머니는 말했다. 아버지의 어린 시절에 가정 폭력은 다반사였다고. 아버지는 6살에 부친을 잃었고, 그의 어머니는 재산 없이 다섯 아이를 키워야 했다고. 그런 상황이 아버지의 성장기에 큰 흔적을 남겼다고. 무엇보다 그의 어머니가 얼마 지나지 않아 재혼을 했고, 그 남편이 무척이나 독재적인 사람이었다고. 그는 자주 아이들을 때렸다고. 그런 과거가 변명이 될 수는 없지만, 역사는 되풀이되기 마련이라고, 어머니는 말했다.

아버지에 대한 연민이 커져갈수록 분노는 자취를 감추었다. 그 대신 자기혐오가 커져만 갔고, 그만큼 스스로에 대한 분노가 자라났다.

아버지가 나에게 안긴 육체적 고통이나 수치심, 내 안의 커다란 상처가 되었던 그것들은 이제 치유가 되고 있었다. 그러나 그가 나에게 남긴 죄책감은 악성 종양처럼 날마다 환부를 넓혔다. 그러고는 마침내 암세포로 자라나 정상적인 세포들이 기능하는 것을 방해하기 시작했다. 죄책감에 시달리던 나는 결국, 스스로에게서 행복해질 권리를 박탈해버렸다.

어머니가 더이상, 내가 알던 예의 그 여성이 아닌 것을 보아내야만 했다. 자신감에 차서 빛나던 어머니는 걱정스럽게 마음의 병을 앓는 우울한 여성이 되어 있었다. 그녀는 정상적으로 살아내기 위해 약물을 복용해야 했다. 진실을 알고 난 뒤로 빨라진 심장 박동과 초조함, 시도 때도 없이 터지는 울음으로 계속 고생을 했다. 어떻게 내가 이런 악몽 속에 놓여 있는 것인가. 내가 무엇을 잘못했던 것인가. 그녀는 자주 그런 말들을 내뱉었다.

어머니와 나는 가까이 붙어 있는 나선처럼 서로에게 영향을 주었다. 어머니의 상태가 악화될수록, 나의 죄책감은 커져갔다. 그 죄책감은 나에게 조금이나마 존재했던 자기 존중감을 파괴해버렸고, 결국 강박적이고 파괴적인 폭식과 토역질로 나를 이끌었다. 나는 그것들에 완전히 함몰되어버렸다. 어머니는 자신의 딸이 그토록 빠른 속도로 나약해지며 스스로를 조롱하는 것을 참기 힘들어했다. 죽고 싶다는 마음이 나에게 찾아오기 시작했다. 빛 한 점 없는 영원한 암흑의 터널이 내 앞에 놓여 있었다.

어머니는 단 한 번도 내가 고백한, 아버지와 나 사이에 있었던 일들에 대해 의심하지 않았다고 확신한다. 어머니의 그러한 반응과 나를 위한 절절한 슬픔을 목격한 나는, 그녀가 비통함을 접고 삶을 계속해나가기를 희망했다. 그러면서도 한편으로는 어머니가 우울증에 빠져 있기보다는, 짐을 싸서 아버지를 떠나는 것을 선택할 것이라는 생각을 하고 있었다.

그러나 어머니는 떠나지 않았다. 자주 이야기를 나누는 와중에, 어머니는 더이상 아버지에게 사랑을 느끼지 않는다고 이야기했다. 그를 향해 분노만을 느낀다며 그를 떠나고 싶어했다. 그러나 그녀는 두려웠다. 어떻게 혼자서 계속 살아간단 말인가? 그녀는 경제적으로 아버지에게 의존하고 있었다. 그리고 무엇보다 혼자 남겨진 아버지가 스스로를 보살필 줄 아는 사람이 아니라는 것을 알고 있었다. 그녀는 그를 떠날 수가 없었다.

그러한 어머니를 이해했다. 당사자가 아닌 사람들은 쉽게 외칠 수 있을 것이다. 어째서 그런 인간의 곁을 떠나지 않느냐고. 그러나 나는 불확실한 미래가 비참한 현실보다 더 두려울 수 있음을 알고 있었다. 사람들은 나에게도 같은 질문을 던질 수 있을 것이다. 왜 먹고 토하는 짓을 그만두지 않는가? 그러나 폭식증을 제거해버린 다음의 알 수 없는 삶이 매일 겪어야 하는 고통보다 훨씬 무서운 무엇이었다.

어머니가 아버지를 떠났으면 좋겠다고 생각한 것은 내가 아닌 그녀를 위해서였다. 그녀에게 일어났던 일들을 뒤로하고, 스스로의 삶을 계속해가길 바랐다. 그렇다면 나도 그렇게 할 수 있지 않을까. 어머니는 언제나 이렇게 말하곤 했다. "아버지 곁을 떠나는 것이 무슨 소용이 있겠니! 혼자서는 도저히 행복해지지 못할 텐데! 혼자 불행한 것보다야 둘이 함께 불행한 것이 나을 테지." 어머니에게서 이런 말을 들으며, 어떻게 스스로 행복해지기를 바란단 말인가. 어떻게 나의 삶이 앞으로 나아가기를 바란단 말인가.

육체적인 상처, 수치심으로 인한 상흔은 치유가 되어갔다. 그러나 기실 아버지는 내 삶에서 가장 중요한 것을 부수어버린 것이다. 행복해질 수 있는 권리! 그는 내게서 그 권리를 앗아갔고 한 가정을 유린한 것이다.

그리하여 나는 아무것도 느낄 수 없는 좀비가 되어, 날을 이어 폭식을 했다. 날은 주가 되고, 주는 달이 되어, 결국 일 년 동안 쉬지 않고 폭식을 했다. 어머니는 이해할 수 없는 자신의 딸을 바라보며 무력감을 느꼈다.

어머니에게 고백했으니, 이제 폭식을 할 이유가 없지 않은가? 더이상 아무런 이유도 없지 않은가? 이제 나에게 이유 따위는 필요없었다. 먹고 토하는 지옥은 나의 운명, 내가 받아야 하는 벌. 어머니와 아버지를 영원히 행복해지지 못하게 만든 것은 나의 탓이지 않은가. 그러므로 나 역시 행복해지면 안 되는 것이다…….

성폭력은 스스로 그러한 상황을 받아들이고 치유하는 것도 어렵지만, 언제나 비밀을 유지하기 때문에 사회관계에도 영향을 미친다.

언니에게는 한동안 모든 것이 비밀에 부쳐졌다. 그러나 언니 역시 어머니의 변화와 가족 구성원들 사이에 흐르는 긴장감을 보고 느끼지 않을 수 없었다. 언니는 도대체 무슨 일이냐고 묻기 시작했고 모든 것에 대해 불평을 늘어놓았다.

그러고는 다시 한 번의 폭풍, 다시 반복되는 충격, 모두에게 다시 가해지는 감정의 파고. 그후 나와 언니의 관계는 완전히 달라졌다. 언니는 강렬한 충격과 슬픔에 휩싸였고, 나와 이야기하고 싶어하지 않았다. 그녀는 내가 겪었어야 했을 어려움에 대해 이해하는 듯했으나, 내가 필요로 했던 위로를 표하지는 못했다. 그녀의 감정은 화분 안의 식물처럼 고착되었다. 그녀는 나와 이야기하기를 원하지 않았을 뿐만 아니라 문자 그대로 내가 그녀에게 기대어 울고 싶어하는 순간이면, 내 앞에서 방문을 닫아걸었다. 어머니를 통해 언니가 나의 고통을 공감하고 있음을 전해 들었을 뿐, 언니 스스로는 단 한 번도 그러한 감정을 표현하지 않았다. 모든 것이 그녀에게 너무 고통스러웠던 것이다. 어쨌거나 그는 그녀의 아버지였다…….

이제 언니는 자신의 남편에게 이와 같은 사실이 알려지는 것을 원하지 않았다. 남편이 알게 되면 더이상 친정에 오려 하지 않거나, 아버지와 이야기하기를 원하지 않을 수도 있지 않겠는가. 그렇게 되면 화기애애한 분위기 속에서 식사를 함께할 수도, 온 가족이 다함께 성탄절을 축하할 수도 없을 것이다. (결국에 삶은 그렇게 스스로 굴러가고 있으니) 그 와중에 언니의 남편이 아버지에 대해 알게 되는 일은, 절대로 일어나서는 안 되는 것이었다. 따라서 형부는 내가 아버지를 대하는 자세나 말투를 매우 의아스러워했다.

  그 시기에 나는 더이상 아버지를 만나지 않겠다고 결정했고, 따라서 아버지의 생일이나 혹은 명절에도 집에 가지 않았다. 그러한 날들에 언니는 남편과 함께 집을 찾았고, 형부는 생일이나 명절을 함께 축하하러 오지 않는 내가 매우 이기적이라고 생각했다. 언니는 침묵하거나 내가 일 때문에 올 수 없다고 둘러댔다. 그녀에게는 자신의 아버지가 남편에게 좋은 인상을 남기는 것이, 내가 형부에게 나쁜 이미지로 남는 것보다 훨씬 중요한 일이었음이 분명했다. 그것은 나에게 매우 고통스러운 일이었고, 심지어 내가 전혀 중요한 존재가 아니라는 느낌을 주었다. 나의 입장을 변명할 수 있는 기회를 박탈당한 채 아무런 이야기도 해서는 안 되는 상황. 사람과 짐승의 차이는 어디에서 오는 것일까? 짐승이야 자신을 표현할 수 없는 대신, 사람은 그럴 수 있다는 것이 아닐까. 그러나 나에게는 그러한 권리조차 없었다. 인간으로서의 존엄성이 내게 남아 있기나 한 것이었을까?

  언니와의 관계는 그렇게 악화되어갔지만, 어머니와는 점점 깊은 유대감을 느낄 수 있었다. 그것은 사실 놀라운 일이었다. 언제나 어머니에게는, 내가 언니보다 중요하지 않은 존재라고 믿어왔었다. 그러나 그러한 믿음은 잘못된 것이었다. 곤경에 처하면 진정한 친구를 알아볼 수 있듯, 나는 그러한 상황에서 어머니의 진정을 볼 수 있었다. 어머니는 나를 위해 싸워주었고 나를 위해 기도했으며,

나를 위해 눈물을 흘렸다. 단 한 순간도 자신의 남편을 위해 나를 버려두지 않았다. 자신의 남편이 그러한 짓을 저질렀다는 것을 상상조차 하지 않았던 어머니. 그러나 어머니는 용감한 여인이었다. 자신을 둘러싼 세상이 무너져 내렸음에도, 내가 그녀를 필요로 했기 때문에 어머니는 강하게 버티었다. 찢어진 마음을 안고서도 일을 그만두지 않았다. 그녀는 내가 어느 정도 회복이 되어 다시 공부를 하고 싶어할 때, 기회를 주고 싶었다. 그 기회를 준비해두기 위해 어머니는 일을 했다. 어머니는 언제나 내가 모든 것을 회복해 내리라 믿었다. 그런 시간들이 있고 나서야 어머니의 사랑을 확인할 수 있었다는 것이 고통스러웠다. 그러나 나는 처음으로 어머니가 나를 깊이 사랑한다는 것, 그녀에게 나는 언니와 똑같이 소중한 존재라는 것을 느낄 수 있었다.

3

더이상 아버지와 한 지붕 아래에서 살 수 없었다. 그를 용서하고 싶었지만 쉽지 않았다. 그와의 연락을 두절함으로써 모든 것을 잊고 마음의 평정을 유지하고 싶었다. 그와 매일같이 심적으로 부딪치지 않아야 한다는 한 가지 사실만이 분명했다. 어머니를 떠나고 싶지는 않았지만 어머니가 아버지 곁에 남기로 결정했다면, 내가 집을 떠날 수밖에 없었다.

집에서 35킬로미터 떨어진 도시에 방을 얻었다. 그리고 그 도시에 있는 학교에서 새 학기를 맞이하기 위해 등록 절차를 밟았다.

마음은 슬픔 속에서 엉망진창이었다. 어떤 식으로 삶을 계속해가야 할지 알 수 없었다.

한국 여행을 위해 그만두었던 고등학교 과정을 마치기로 결정했지만 사실 공부에 아무런 흥미를 느낄 수 없었다. 우연하게도 가장 친한 친구를 통해 그 친구 역시 방 하나를 빌려 쓰고 있는 집에 기거하게 되었다. 학생 아파트라고 말할 수는 없는, 2층으로 된 집이었는데 위층에 주인부부가 살고 아래층에는 세입자들이 살고 있었다. 예전에 가게로 쓰이던 아래층의 한 부분은 방 두 개와 부엌 하나로 개조되어 있었다. 왼쪽의 작은 방에 내가 살았고, 맞은편에 나와 부엌을 나누어 쓰는 남학생이 살았다. 방 사이의 복도에 작은 싱크대를 설치해놓고, 부엌으로 사용했다. 집의 다른 편에는 내 친구의 방과 화장실, 그리고 집주인 판브레 부부가 사용하는 식당 겸 부엌이 있었다. 그 부엌을 가로질러야 건물에 살고 있는 사람 전체가 사용하는, 유일한 샤워실이 나왔다.

나의 방은 가로 4미터 세로 5미터의 꽤 크다고 할 수 있는 공간이었다. 멋진 인테리어로 방을 꾸미고 싶었으나, 1년을 살기로 계약한 방에 새로 바닥을 깔고 벽지를 하는 데 돈과 에너지를 쏟아붓고 싶지는 않았다. 매번 그러했던 것처럼 새로운 공간에서는 절대로 폭식도 토역질도 하지 않겠다고 원을 세웠다. 또한 다른 이들이 간섭할 수 있는 여지를 최소화하고 싶었다. 판브레 부부가 세입자들과 거리를 유지하는 스타일이기를!

그러나 그러한 희망은 포기하는 편이 좋겠다는 것을 곧 알아차리게 되었다. 판브레 부인은 매우 건장하고 우락부락한 체구에 좀

퉁명스러운 얼굴을 한 여인이었다. 좀 남자처럼 생긴 얼굴의 60대 후반의 할머니. 그러나 여전히 모든 상황을 좌지우지하며, 남편도 그녀 앞에서는 꼼짝 못했다. 중요한 축구 경기 중계가 있는 날이면, 꼭 챙겨서 보아야 하는 이 할머니는 그 나이에도 여전히 화장을 즐겨했고, 매주 흰머리를 미용사에게 맡겨 단정하게 손질한 후 이웃 여인네들과 카드놀이를 하러 갔다. 담배를 피워 물고 맥주를 들이켜는 순간을 좋아했다. 처음에는 그녀가 친절한 여인인지 어쩐지 알 수 없었다.

그녀의 남편은 온종일 집 안을 돌아보며 무엇인가를 수리하거나 매만졌다. 그 역시 사람 좋아 보이는 두둑한 뱃살에, 진회색 머리카락을 지니고 있었다. 두꺼운 돋보기안경으로 커다랗게 확대된 눈과 두툼하게 앞으로 튀어나온 입술 때문에 조금 바보 같아 보이기도 했다. 그를 볼 때면 가끔 동정심이 일었다. 또한 부인이 말하는 대로 고분고분하다가도, 누군가 자신의 마음에 들지 않은 일을 하면 매우 사납게 노려보며 소리를 지르기도 했다.

사실 그들은 매우 호기심 많은 부부였다. 특히 그 부인은 모든 것을 알아야 직성이 풀리는 성격이었고, 나는 곧 그들과의 관계가 편하지 않을 것임을 알아차렸다.

건너편 방에 살고 있는 남학생을 만나기까지는 몇 주가 더 지나야 했다. 방학이라 집에 간 모양이었다. 그가 매우 잘생기고 흥미로운 사람이기를 희망했다. 친구가 될 수도 있을 것이고, 누가 아는가? 첫사랑의 경험이 시작될 수도 있는 것이다. 그러나 한편으로 그가 매우 못생기고 매력 없는 사람이었으면 좋겠다는 생각이 들기도 했다. 사랑에 빠질 필요도 없을 테고, 서로 상관하지 않아도 좋

227

을 테니까. 아무튼 때가 되면 그 남학생의 얼굴을 보게 되겠지. 어쨌거나 친한 친구가 곁에 살고 있으니, 외롭지는 않을 것이다.

학교가 개학하려면 좀더 기다려야 했고, 친구는 여전히 여름방학을 부모님 집에서 보내고 있었다. 건너편의 남학생 방 역시 비어 있었으므로 나는 완전히 혼자였다. 커다란 유혹의 시간이었다. 이곳에서 새로운 미래를 위해 노력하자고, 폭식증 없는 새로운 삶을 시작하자고 스스로에게 약속했었다. 그러나 또한 새로운 삶이 학교가 개학하는 몇 주 뒤의 시점과 맞물려 시작될 것이라는 이론도 매우 타당해 보였다. 무엇보다 새로운 방에 입성한 것을 축하해야 하는데, 음식 없이 어떻게 축하 의식을 치른단 말인가. 또한 친구도 부모님도 없는 마당에 누구의 간섭도 받지 않고 먹고 싶은 것을 요리해서 먹을 수 있지 않은가. 그렇게 나는 폭식을 정당화했다.

새로운 도시의 슈퍼마켓들을 살펴보기로 했다. 아무도 아는 사람이 없으니 계산대의 점원이 나를 알아볼까 두려워하지 않고 무엇이든 원하는 만큼 살 수 있었다. 이미 주변에 5개의 커다란 슈퍼마켓이 있다는 것을 알아두었다. 골목에 있는 에이 앤드 피를 비롯해, 더 부르, 애다, 알디 등이 있었고, 좀더 가면 작은 채소 가게도 있었다.

오늘은 에이 앤드 피와 가장 저렴한 알디에 가보기로 했다. 예산을 곰곰이 따져볼 필요가 있었다. 한국에서 가져온 2,000유로 중에 벌써 1,000유로를 써버린 뒤였다. 오늘 할 두 번의 식사를 스스로 요리해서 해결하기로 했다. 첫번째 메뉴는 커다란 팬에 가득한 스파게티, 그리고 다른 메뉴는 감자 요리. 부엌을 통째로 혼자 쓸 수 있는 오늘을 즐겨야 하지 않겠는가.

스파게티와 감자 요리에 필요한 것들 말고도, 쿠키와 단것들을 잔뜩 집었다. 슈퍼마켓의 모든 코너를 찬찬히 살피며 먹고 싶은 것들을 차례로 골랐다. 거의 모든 것들을 카트에 집어넣었다. 빵에 끼워먹는 온갖 종류의 고기와 버터도 집어들었다. 일가족 전체를 위해 장을 보는 모양새였다. 사람들이 나를 중국 식당 딸이라고 생각하리라 상상해보았다. 네덜란드어를 하지 못하는 부모님을 대신해 장을 보아야 하는 소녀.

커다란 시장가방 2개를 가득 채워 들고 집으로 돌아왔다. (다소 익숙한 상황이지 않은가?) 판브레 부부와 마주치지 않기를 바랐고, 다행히 아무와도 부딪히지 않고 방으로 들어갈 수 있었다. 선반이 여러 개 달려 있는 커다란 수납장이 방에 있었고, 그곳에 나의 프라이팬과 접시들, 다른 부엌용품들이 놓여 있었다. 선반의 칸 하나에는 수건들을 챙겨넣고, 또다른 칸에는 기타 잡동사니들, 그리고 마지막으로 남은 칸을 정리해 그곳에 식료품들을 두기로 했다. 사실은 폭식을 위한 저장고가 되어버렸지만 말이다.

한 주일 내내 매일매일 여러 번 요리를 했다. 커다란 냄비에 가득 차도록 마카로니를 만들고, 스파게티와 국수, 볶음밥을 만들었다. 많은 양의 땅콩 소스, 구운 감자와 마요네즈, 기름을 잔뜩 섞은 으깬 감자……. 후식으로는 여러 봉지의 쿠키와 초콜릿과 초콜릿 바를 먹어치웠다.

대여섯 번 판브레 부인이 고개를 들이밀고 참견을 했다. "또 맛있는 요리를 만들고 있네? 건강을 무지 챙기는구나!" 나는 고개를 끄덕이며 매일매일 따뜻한 음식을 잘 챙겨먹는 것을 매우 중요하게 생각한다고 대답했다. 이미 그날 하루, 세번째 요리를 하기 위해 서 있었으면서 말이다.

하루는 부엌으로 살며시 다가와 요리하는 소리에 귀를 기울이던 그녀가 묻지도 않고서 냄비 뚜껑을 열었다. 안에 무엇이 들어 있는지 궁금했던 것이다. 그러고는 냄비 안에 들어 있는 20개의 감자를 보고는 소스라쳤다. 그녀가 눈을 둥그렇게 뜨고 무엇인가를 물으려는 순간 내가 먼저 말했다. "요리할 때 며칠 분을 한꺼번에 해요. 그러면 며칠 동안은 데워 먹기만 하면 되니까요." "오, 정말 현명한 방법이다." 그녀는 대꾸를 하면서도 무언가 납득할 수 없다는 표정으로 돌아갔다.

게워내는 과정은 무척 수월했다. 저녁이면 주인부부는 언제나 2층에 머물렀고, 낮에도 거의 자신들의 식당 겸 부엌에서 문을 닫고 머물러 있었기 때문에 내가 토하는 소리를 들을 수가 없었다.

그 주의 끝 무렵, 드디어 친구가 돌아오고 학교가 시작된다는 사실이 기뻤다. 그사이 건너편 방의 남학생도 돌아와 있었다. 그는 다른 사람들에게 그다지 신경을 쓰지 않는, 호감 가는 스타일이었다. 매우 조용하고 눈에 띄지 않게 행동하면서도 불친절하다는 인상을 주지는 않았다. 짙은 금발의 고수머리를 가진 그는 매우 갸름한 얼굴에 믿을 수 없을 만큼 얇은 입술을 가지고 있었다. 윗입술이 아랫입술 위에 걸쳐 있는 것이 불가능해 보일 정도였는데, 그래서인지 그 얇은 입술을 일부러 꾹 눌러 닫고 있는 것 같았다. 모르는 이에게 먼저 말을 거는 스타일이 아니라, 어느 정도 익숙해지는 시간이 필요한 사람이었다. 그것은 일면 다행스럽기도 한 사실이었다. 나의 일에 간섭할 의사가 거의 없어 보이는 사람이었기에,

따라서 그가 내 방에서 일어나고 있는 일들을 알아챌 염려도 덜하다는 생각이 들었다.

처음 몇 주간은 열심히 학교에 나갔다. 학교 수업이 끝나면 예의 그 친한 친구의 방을 방문했고, 우리는 신나게 수다를 떨었다. 매일매일 행복하기까지 했다.

그러나, 그렇지! 나는 오래도록 행복하면 안 되는 것이었다. 따라서 그 행복은 쉬이 끝을 보았다. 집에서 매일같이 꾸지람을 듣는 데 익숙해 있던 나였다. 특히 아버지는, 그 작은 어린 것을 자신의 기분을 푸는 데 사용하지 않았던가. 그러다가 갑자기 아무도 나를 나무라지 않는 상황, 아무도 내가 무엇을 잘못하는지 주의깊게 살피지 않는 상황, 아무도 나를 작은 아이 취급을 하면서 벌을 주지 않는 상황에 놓인 것이다. 이제야 스스로 결정하여 행동하는 성인으로 존재할 수 있는 시기가 도래한 것이다. 그러나 그것은 내게 전혀 익숙하지 않은 상황이기도 했다.

이제 누구도 내가 부엌을 깨끗이 청소하지 않았다는 이유로 벌을 내리지 않았다. 어찌 보면 그것은 행복을 느껴야 하는 상황이 아닌가. 그러나 나는 그러한 상황 속에서 어찌해야 할지 갈피를 잡지 못했다. 나는 스스로 의식하지 못한 채, 익숙한 상황에 놓이기 위해 노력하고 있었다. 판브레 씨가 여러 번의 주의를 준 끝에, 드디어 내가 부엌 정돈을 할 줄 모르는 어린 아이라도 되는 양 나무라는 상황을 자초한 것이다. 나는 아버지가 나를 혼낼 때 그러했듯이, 고개를 숙여 땅만 바라보고 서 있었다. 그런 식으로 그가 내 위에 군림하는 존재라는 것을 증명해 보이고서, 그에게 야단맞아 마땅한 어린아이가 되는 것이다.

다른 방식으로는 존재해본 적이 없었다. 아버지와 나는 날마다 이러한 역할 놀이를 했었고, 따라서 나는 그런 방식으로 행동했다. 그것은 결국 다시금 판브레 부부의 집에서도 사랑받지 못하는 존재라는 느낌을 안겨주었다. 점점 더 자주 학교에 가지 않았다. 그리고 더 자주 스스로를 방에 가두고서 폭식을 했다.

4

어느 순간에 이르자, 장을 보고, 먹고 토하고, 방을 청소하고, 망가진 몸을 회복시키는 일련의 의식들을 더이상 학교 수업과 병행해나갈 수가 없었다. 먹는 것에 완전히 함몰해서 강박적으로 스스로를 파괴하는 일 외에 모든 것을 포기했다.

유일하게 내가 만나는 사람은 같은 집에 살고 있던 친구뿐이었다. 그녀는 이미 얼마 전부터 내가 폭식증을 앓고 있다는 사실을 알고 있었다. 그녀에게만은 가끔씩 내 방에 들어오는 것을 허용했다. 저녁이 되어 샤워를 마치고 나면, 나는 언제나 그녀의 방으로 건너갔다. 우리는 함께 그녀의 방에 딸린 부엌에서 커다란 냄비 가득 신선한 채소를 잔뜩 넣은 수프를 끓였다. 그녀 곁에 앉아 스푼으로 수프를 뜨고 있는 순간이면, 나는 또 하루가 지나 그녀 곁에 그렇게 앉아 있다는 사실에 기뻤다. 그녀 곁에서 보내는 그 저녁의 순간에만 나는 외롭다고 느끼지 않았다.

내 방 건너편에 살고 있던 남학생과는 접촉할 기회가 그리 많지 않았다. 가끔 마주칠 때면 간단한 대화를 나누는 것이 전부였다.

그럼에도 나는 그가 내 방에서 일어나는 일들을 알고 있다는 의심을 품기 시작했다. 적어도 그는 내가 부엌을 매우 자주 사용한다는 사실을 알아챌 수밖에 없었을 것이고, 어쩌면 내 방에서 들려오기 마련인 쿠키나 칩을 씹는 소리를 들었을 수도 있지 않겠는가. 물론 그가 무언가를 알아차렸다는 사실을 증명하는 것은 아무것도 없었다. 그러나 나는 점점 더 심한 망상에 사로잡혀 친구에게 끊임없이 그 남학생에 대한 불평을 늘어놓았다. 심지어 내가 먹고 있는 동안 그가 문구멍을 통해 내 방을 들여다보았을 것임이 틀림없다고 억측을 부렸다. 어쩌다가 그가 자신의 방문을 열어두거나 한 날이면, 나의 분노는 극에 달했다. 틀림없이 내가 와구와구 먹는 소리를 듣기 위해 문을 열어놓았을 것이므로!

나의 친구는 처음에는, 내가 첫번째 과자 봉지를 여는 즉시 내 방을 떠났다. 내가 스스로를 망가뜨리는 모습을 지켜볼 수가 없었던 것이다. 그러나 후일, 언제나 무언가를 입에 넣고 우물거리는 내 모습에 익숙해지고 나서는, 때때로 그대로 내 방에 머물렀다.

내가 한 시간에 걸쳐 폭식을 하는 동안, 친구는 내 방에 앉아 텔레비전을 시청했다. 그러다가 내가 음식을 먹는 간간이 절망에 휩싸여 눈물을 흘리면, 친구 역시 나와 함께 울어주었다. 어느 순간 친구는 먹어야 하는 나의 강박을 말리지 못한다는 것을 깨달았다. 그녀는 내 손에서 먹을 것을 앗을 수 있는 그런 타입도 아니었다. 그녀는 그저 그러한 자신의 절친한 친구를 보며 고통을 느끼는 타입이었다. 우리는 오랫동안 사귄 친구이기도 했고, 같은 아시아 출신이기도 했다. 그러나 무엇보다는 우리는 아주 어린 시절 부모 곁을 떠나야 했던, 같은 고통을 가지고 있었다. 그녀가 5살이 되던 때에 그녀의 부모는 중국 할머니 댁에 그녀를 남겨두고서 네덜란드에서 레스토랑 사업을 시작하기 위해 동분서주했었다. 10년의 세월이 흘러 부모가 다시 그녀를 데리러 왔을 때, 그들은 서로에게 완전히 낯선 이가 되어 있었다. 그녀와 나는 같은 집에서 살기 시작한 이후로 더 친밀한 우정을 나누었고, 급기야 그녀는 나에게 가족과 같은 존재가 되어버렸다.

상황에 의해 나는 나만의 방에서 생활을 하기 시작했으나, 그러한 생활에 대한 정신적인 준비는 전혀 되어 있지 않았다. 한국에서 보낸 1년 동안, 너무 많은 것들을 겪고 또 너무 많은 책임을 감내해야 했던 나. 그러한 생활로부터 돌아온 나는 정서적으로 지친 상태였고, 보호자가 필요한 작은 어린아이가 되어 있었다. 기댈 수 있는 어머니와 같은 존재를 갈망하고 있었다.

그러나 아버지와의 관계가 어긋난 연유로 집에 갈 수는 없었다. 따라서 어머니를 볼 수 있는 기회도 거의 없었다. 어머니와 연락이 닿는 것이 두렵기도 했다. 그녀가 나의 상황을, 좋지 않은 상황을 알아차릴까 봐 두려웠다. 우선 그녀에게만은 거짓말이 통하지 않았고, 나의 충혈되고 부은 눈을 보는 것만으로도 그녀는 내가 날마다 무엇에 열중하고 있는지 단박에 알아차릴 것이 분명했다. 어머니가 몹시도 그리웠다. 밤이면 그녀가 죽을지도 모른다는 생각에 패닉 상태에 빠졌다. 그녀 없이는 살 수 없었다. 그녀는 그토록 내가 필요로 하는 존재였다. 여전히 집에 머물며 매일같이 어머니를 볼 수 있는 언니에게 질투가 일었다. 언니는 매일매일 어머니의 관심을 받을 수 있는 것이다!

나는 어느새 어머니를 대신할 수 있는 존재를 찾고 있었다. 정서적으로 나를 돌보아주는 존재, 나를 위로해주고 품에 안아주는 존재. 나보다 두 살 위였던 친구는 중국에서의 성장 경험으로 나이에 비해 많이 성숙한 사람이었다. 그녀는 내게 있어서 어머니의 자리를 대신하는 존재가 되기 시작했다. 그녀에게 많은 부분을 의지했다. 어느 순간 어머니는 내 삶에서 더이상 중요한 사람이 아니었다. 내 친구 스양만이 중요한 존재가 되어버린 것이다. 더이상 어머니가 악몽의 주인공으로 등장하지 않았다. 대신 친구가 나를 버리는 꿈을 꾸었다. 스양이 사라진다면 나는 어떻게 내 삶을 지탱해 나갈 수 있을 것인가. 그녀 외에는 내게 아무도 없지 않은가.

밤이면, 가망 없는 내 삶에 대한 걱정으로 잠을 이룰 수가 없었다. 여기저기 지고 있던 빚을 생각하면 패닉에 빠질 정도였다. 나는 완전히 음식 중독자가 되어 있었고, 마약 중독자가 그러하듯 매일 많은 돈이 필요했다. 음식에 대한 갈망 때문에 도둑질한 적은 없으나, 여기저기 빚을 지게 되었다. 그동안 세 군데의 서로 다른 은행에 계좌를 열고, 학생 대출을 각각 2,000유로씩 받았다. 대출한 돈은 빠르게 지출되었다. 먹은 음식들로 위가 찢어져 죽거나, 넘쳐나는 토사물에 질식해서 죽고 싶다는 생각을 자주 했다. 그것만이 유일한 구원이지 않겠는가.

스스로 목숨을 끊을 만큼 용감한 존재도 아니었다. 그럼에도 불구하고 죽고 싶었다. 이런 식으로 지옥과 같은 삶을 계속하느니, 다음 생을 기약하는 것이 낫지 않을까. 물론 한편으로 폭식과 토역질을 멈추고 새로운 삶, 행복한 삶을 살고 싶기도 했다. 그러한 바람을 위해 수도 없이 노력해보기도 했다. 그러나 언제나 이기는 것은 내가 아니라 내 안의 두려움이었다.

그 시절의 내 모습. 송장처럼 창백한 낯빛에 붉게 충혈된 눈을 하고서, 풍선처럼 부풀어오른 얼굴과 목. 토역질로 목젖도 늘 부어 있었다. 마약 중독자와도 같은 모습이 되어, 늘 오래된 넝마 조각을 걸치고 이상하게 흘러내린 머리카락으로 얼굴을 가리고 있었다. 토하지 않는 괜찮은 시간에 나를 본 사람들은, 그러한 모습의 나를 알아보지 못할 정도였다.

기억 저편에, 스스로를 예쁘게 가꾸고 좋은 옷을 차려 입고 화장을 하고, 규칙적으로 미용사를 찾아 멋진 헤어스타일을 하던 시절이 있었다. 그때는 남학생들의 관심이 가득 담긴 눈빛을 받으며 기분이 좋아지기도 했다. 물론 동시에 그러한 상황을 이해하지 못하고 낯설어하기도 했지만 말이다.

지금도 사람들은 어깨 너머로 나를 쳐다보았다. 그러나 불쾌한 부정의 눈빛으로 말이다. 그리고 그러한 그들의 눈빛은 내가 너무도 잘 이해할 수 있는, 매우 익숙한 그 무엇이기도 했다. 슈퍼마켓 계산대에서는 점원들이 나를 알아보았다. 그들은 동정에 가득 찬 시선으로, 이미 그날 두번째로 카트를 가득 채워 계산대로 다가오는 나를 바라보았다. 그들의 호기심에 찬 시선을 받아내며, 계산대에 쇼핑한 물건들을 올려놓는 순간은 끔찍하게 싫었다. 때때로 그들이 나를 어떻게 생각할까 하는 걱정 따위는 안중에 없기도 했다. 나의 자존감은 이미 지로선상에서도 한참 아래로 떨어진 상황이었다. 계산대 뒤의 뚱뚱한 소녀들이 자신들의 몸매를 부끄러워하는 대신, 그들이 그동안 받아내야 했던 '열등한 존재를 바라보는 시선'을 내게 던졌다. 그들 역시 때때로 음식 습관 때문에 타박을 받았을 것이다. 그러나 지금 이 순간만큼은 그들보다 훨씬 더 심각한 나를 앞에 놓고 우월감을 느낄 수 있는 것이다. 나는 그야말로 온종일 돼지처럼 게걸스럽게 먹어치우는 일 말고는 하는 일이 없는 존재였으니까.

시험이 있는 날을 제외하고는 학교에 더이상 나가지 않았다. 그러나 운좋게 나는 계속해서 학생용 교통카드를 사용할 수 있었다.(네덜란드에서는 모든 학생들에게 무료로 공공 교통수단을 이용할 수 있도록 카드를 지급한다.) 그리하여 가끔 낯선 목적지로 여행을 했다. 기차를 타고서 약 20킬로미터쯤 떨어진 지역으로 가서 장을 보았다. 그런 날에는 커다란 여행가방 2개를 준비해 가서, 쿠키와 과자와 칩들로 꽉 채워왔다. 내 방은 이미 커다란 식료품 저장고가 된 지 오래였다. 사들이는 식료품은 선반 하나에 채워넣기에 너무 많은 분량이었고, 방 여기저기에 흩어놓아야 했다.

드디어 판브레 씨가 어디서 이토록 많은 쓰레기가 쏟아져 나오는지에 대해 촉각을 곤두세우기 시작했다. 그는 할당된 컨테이너 박스 공간에 그것들을 다 담아넣을 수가 없었다. 내 친구와 건너편 방 학생과 이야기해본 결과, 아저씨가 그러한 이야기를 오직 나에게만 늘어놓았음이 밝혀졌다. 따라서 나는 그가 쓰레기들의 출처를 알아챈 것이 틀림없다고 생각했다. 무언가 해결책을 강구해야 했다. 나는 쓰레기봉투를 구입해서 한 주에도 수 킬로를 넘어서는 나의 쓰레기들을 그 봉투에 담기로 했다. 봉투는 집에 할당된 컨테이너박스에 버리는 것이 아니라 내 방에 보관했다. 봉투 2개가 차면 한밤중에 거리로 나가 500미터 떨어져 있는 아파트에 할당된 컨테이너박스에 던져 넣었다. 그런 식으로 모든 것에 대해 해결책을 생각해내야만 했다.

여름이 되자 판브레 부부는 자주 부엌문을 열어두었다. 그것은 더이상 화장실에 가서 토할 수 없음을 의미했다. 그리하여 나는 부엌에 있는 양동이를 방으로 가지고 들어와 그 안에 쓰레기봉투를 넣어 받치고서 게워냈다. 봉투 입구를 동여매 놓고는, 판브레 부부가 부엌을 나설 때까지 기다렸다. 때가 되면 봉투와 가위를 들고 화장실로 가서는, 좌변기 위에서 토사물이 변기 안으로 잘 쏟아지도록 봉투의 아랫단을 잘라냈다.

물론 모든 일에는 실수가 있기 마련이다. 다행히도 판브레 부부가 2층에 있는 자신들의 거실로 올라간 저녁 시간에 사건이 터졌다. 그들이 매우 오랫동안 부엌에 머물렀던 탓에 이미 토사물로 가득 찬 봉투 2개가 내 방에 놓여 있었다. 되도록 빨리 방에서 그것들을 치우고 싶었다. 스양이 곧 돌아올 시간이었고, 스양에게 그것들을 보이고 싶지 않았다. 건너편 방에 살고 있는 남학생 에릭이 방에서 나오려는 기색이 있는지 잘 살핀 후에, 재빨리 첫번째 봉투를 들고 화장실로 내달렸다. 오물 봉지를 들고 화장실로 달려가는 내 모습을 그가 본다면 난처하지 않겠는가. 밀치듯 화장실 문을 열고 봉지를 변기 위에 올리려는 순간, 그만 봉지가 찢어졌다. 오물의 일부는 변기 안으로 떨어졌으나 대부분은 바닥에 떨어졌고, 무엇보다 판브레 부인의 청결한 화장실 매트에도 떨어져버린 것이다. 너무도 놀란 나는, 온몸이 굳어져 그 광경을 바라보았다. 패닉에 빠지는 순간이었다. '에릭이 지금 화장실을 써야 하면 어쩌지?'

두뇌가 빠르게 회전하기 시작했다. 이것들을 어떻게 감쪽같이 치워놓는단 말인가. 일단 양동이를 화장실로 가져왔다. 화장실 문을 잠그고서 맨손으로 토사물을 쓸어모아 양동이에 담았다. 바닥의 것들이 거의 양동이로 옮겨지자, 이번에는 양동이의 내용물을 변기에 쏟아 부었다. 그러고 나서 문틈으로 복도에 누가 없는지 살핀 후, 양동이를 들고 나는 듯 부엌으로 달렸다. 재빨리 양동이를 씻었다. 그 양동이에 물을 받고 수건 하나를 집어들고는 다시 화장실로 향했다. 그리고 남은 것들을 마저 청소했다. 수도 없이 반복해서 매트를 빨았으나, 얼룩은 지워지지 않았다. 하는 수 없이 매트를 다시 화장실에 가져다 놓기로 했다. 만일 내일 판브레 부인이 물으면, 실수로 더러운 신을 신고 화장실에 들어섰다고 변명을 하리라. 아니면 달거리를 처리하다가 그렇게 되었다고 해야 할까? 사실 나중에 생각해낸 변명거리는 가당치도 않은 것이었다. 그렇게 큰 얼룩을 만들기 위해서는 매달 피를 흘리며 죽어가야 말이 될 테니까. 앞선 사건으로 너무 충격을 받았던 나는 두번째 봉지를 우선 방에서부터 양동이에 담아 옮겼다. 그러고 나서 화장실 변기 위에서 조심스럽게 양동이에서 봉지를 꺼냈다. 마침내 깊은숨을 들이쉬며 아무도 눈치채지 않게 화장실에서의 범람 사건을 마무리 지은 것에 안도했다.

얼마간의 시간이 지나, 나는 다시 스스로를 가두어 먹고 토하는 악순환의 고리에서 벗어나고 싶어졌다. 일자리를 구하는 한편, 교과서를 다시 들여다보기도 했다. 시험이 코앞에 닥쳐 있었다. 사실 재정적인 필요에 의해 일을 해야만 하는 상황이었다. 면접을 보기 위해 변장에 가깝도록 외양을 바꾸었다. 음식 중독자의 모습에서

'이웃집의 상냥하고 멋진 아가씨'로 말이다. 그러한 위장 덕분에 레스토랑 종업원 자리를 쉽게 건질 수 있었다.

몇 주가 잘 지나갔다. 다시 안정감을 느꼈고, 음식에 쓰는 돈이 줄었으며, 외모도 점점 보기 좋아졌다. 그러나 곧 나는 다시 예의 그 이중적인 삶을 살기 시작했다. 낮 동안에는 음식물로 얼룩진 옷을 주워 입고서 창백하고 병색이 짙은 얼굴로 온종일 먹고 토했다. 그것은 아무도 알지 못하는 조이, 오직 슈퍼에 가기 위해서만 집을 나서는 조이의 모습이었다. 일을 시작해야 하는 시간이 두 시간 앞으로 다가오면, 샤워를 하고 머리를 부풀려 빗었다. 깨끗하고 멋진 옷으로 갈아입은 후, 두꺼운 화장을 부은 얼굴 위에, 물기가 남아 있는 눈두덩 위에, 찢어진 입술 위에 덧발랐다. 아무도 내가 그날 오후 슈퍼에서 서성이던 그 소녀였다는 사실을 알아차리지 못할 것이었다.

레스토랑에서 일하는 동안에는 부엌에서 일하는 소년들과 웃고 떠들며 장난을 쳤다. 그들이 나를 꾀기 위해 노력하는 것이 늘 있는 당연한 일이라는 듯이 행동했다. 그들은 나에게 일이 끝나자마자 도대체 어디를 그리 급히 가느냐고 물어왔다. 그들은 내가 너무도 바쁜 스케줄 속에서 일이 끝나면 어느새 친구들을 만나러 가야 하는 삶을 살고 있으리라 짐작했다.

정작 나는 다시 나를 가둬놓고 폭식을 시작하는 그 순간만을 간절히 기다리고 있었다. 물론 그러고 싶지 않았다. 그러나 일하는 동안 밝고 명랑하게 굴면 굴수록, 동료들과 일이 끝난 후 어울리는 것이 두렵기만 했다. 그들이 내 진짜 얼굴을 알아차릴까 봐 두려웠다. 다른 사람들과 어떤 식으로든 관계 맺는 것이 두려웠다. 따라서 나는 되도록 빨리 집으로 돌아와, 안전하게 홀로 방 안에 앉아, 나를 음식에게 넘겨주었다.

다른 이들에게 상냥한 존재가 되는 것, 다른 이들과 함께 행복과 즐거움을 나누고 싶은 욕구……. 그런 욕구들은 얼마든지 맞서 거부할 수 있었다. 그러나 그렇기 때문에, 음식에 맞서서는 싸워 이길 수가 없었다. 일이 끝나고 동료들이 둘러앉아 맥주 한 잔씩을 걸치는 순간, 그럴 때면 그들은 자전거에 급히 올라타는 나의 목적지를 궁금해했다. 그들은 내가 집에 도착하는 순간, 나는 듯 옷을 벗어던지고 추리닝 바지를 걸친 후, 수도꼭지 밑에 얼굴을 들이밀어 화장을 지우고선, 커다란 빵과 빵에 끼워먹는 것들(치즈, 땅콩버터, 잼이나 초코바스타)을 무릎 사이에 집어넣고 텔레비전 앞에 앉는 장면을 상상조차 하지 못했다.

그렇게, 삶은 기만으로 가득 찬 무엇이었다.

5

그사이 부모님은 나의 상태가 매우 심각하다는 것을 알아차리고 전문적인 치료를 받아야 한다고 강요했다. 다른 많은 것들에 열중해 있었음에도 어쨌거나 그간 고등학교 졸업 시험에 합격을 해놓았던 나는 치료에 관심이 가지 않았다. 치료를 받느라 6개월 동안 자유를 반납하느니 차라리 공부를 계속하고 싶었다. 그러나 부모님은 나의 상황을 바라보며 몹시도 힘들어했고 그런 부모님을 위해 치료를 받아들이기로 했다.

치료 센터는 거식증과 폭식증 등과 같은 강박적인 섭식 장애를 전문적으로 치료하는 곳이었다. 그곳에서 치료를 받는다는 것은 오전 8시 반부터 오후 6시까지 병원 프로그램에 참가해야 한다는 것을 의미한다. 물론 하루 세 번의 잘 준비된 식사를 안내자가 이끄는 대로 먹어야 했다. 식사와 식사 시간 사이에는 온갖 종류의 치료 요법과 집단 치료가 행해졌다.

섭식 장애를 치료하는 병원마다 꽉 차 있었기 때문에, 나는 우선 긴 대기자 명단에 이름을 올려놓고 기다렸다. 차례가 되자 사전 면담이 이루어졌고, 그로부터 또 몇 주를 기다려야 했다.

그리고 드디어 그날이 되었다. 8시 반에 와너스펠드에 도착하기 위해 아침 7시에 버스에 올라탔다. 그곳에는 저택과도 같은 커다란 건물이 섭식 장애 치료원이라는 이름을 달고 서 있었다. 17명의 여성들, 그리고 2명의 남성들과 인사를 나누었다. 우리는 모두 같은 문제를 가지고 있었다. 모두들 어떻게 음식과 더불어 살아나가야 하는지 모르는 이들이었다. 사실 거의 모두가 지극히 정상적인 외양을 하고 있다는 사실이 놀라웠다. 거식증을 앓고 있는 해골들 곁에서 보통인 내 몸집이 가장 뚱뚱하게 비춰질 것이라고 생각했던 것이다. 그러나 소녀 하나와 소년 하나를 제외하고는 모두가 나처럼 정상인의 체중을 지니고 있었고, 겉으로 보아서는 섭식 장애를 앓고 있다는 것이 드러나지 않았다. 그곳의 모두에게 열렬하게 환영을 받으며 나의 긴장감도 사라졌다.

아침이면 모든 환자들은 속옷 차림으로 체중계에 올랐다. 몇몇에게는 매우 초조한 순간이기도 했다. 체중계는 단순히 체중을 재는 기계가 아니었다. 그것은 환자들의 동기를 측정하는 기구이기도 했다. 체중이 줄지 않았거나 늘었다는 사실은 그 환자가 그만큼 병에서 회복되고 싶어한다는 것을 증명해주었다. 반대로 체중이 줄어가기만 한다면, 병원은 환자의 회복 의지를 의심했고 그런 환자는 자연히 치료의 기회를 박탈당했다. 탈의실에서는 체중을 재고 나오는 사람에게 모두들 결과를 묻느라 야단법석이었다. "얼마나 나왔어?" 그러면서도 서로의 몸을 힐끔 훔쳐보며 누가 얼마나 날씬한지, 누가 가장 말랐는지, 누구의 갈비뼈가 가장 잘 드러나 있는지 가늠해보았다. 나 역시 그런 것들에 관심이 많았다. 상반되는 감정이 공존했다. "날씬해지고는 싶은데 전혀 예뻐 보이지 않는군." 푹 들어간 눈에 해골 같은 얼굴을 하고 있는 소녀를 쳐다보며 드는 생각. 그녀는 너무 말라서 피부가 뼈에 간신히 붙어 있는 정도였다. 그런 모습을 보니 두렵기도 하고 경이롭기도 했다. 그녀가 불쌍하기도 하면서, 그녀에게 감탄을 느끼기도 했다. 건강한 나는 그녀에게 동정심을 느꼈고, 병든 나의 다른 반쪽은 여전히 그토록 성공적으로 살을 뺄 수 있는 그녀의 행운에 대해 생각했다.

아침식사 시간은 전쟁과도 같았다. 식사 시간에는 금지된 행동들이 몇 가지 있었다. 우선 집에서 음식을 가져와서는 안 되며 병원에서 주는 것만을 먹어야 했다. 모두가 같은 종류의 음식을 같은 양만큼 받았다. 받은 것을 다 먹어야 하는 강제는 없었으나, 체중계 위에서의 결과는 온전히 책임져야 했다. 식사를 마친 후 약 30분 동안은 누구도 화장실에 가는 것이 허용되지 않았다. 만일 정말 급하다면, 안내자와 함께 다녀와야 했다. 식사를 하는 동안 물을 마시는 것도 금지 사항이었고, 삼불(핫소스)이나 머스터드처럼 식욕을 돋우는 것들도 사용 금지였다.(많은 거식증 환자들은 빵 위에 머스터드를 두껍게 발라먹는 습관을 가지고 있다. 머스터드에는 칼로리가 없기 때문이다.) 또한 다른 이들과 음식을 교환하는 것도 금지였으며, 다음 식사를 위해 받은 음식의 일부를 저장하는 것도 허용되지 않았다. 아침식사는 기본적으로 식빵 세 조각에 빵에 바르는 버터 세 조각, 빵에 얹어 먹는 세 가지 종류의 고기, 치즈 약간, 햄 한 조각, 그리고 단것 한 덩이(잼이나 초코바스타 혹은 초콜릿)였다.

    그 식단은 나에게 커다란 문제였다. 굶는 것을 원하지도 않았고, 살이 빠지는 것도 원하지 않았으며, 스스로 매일 아침식사를 해야 한다고 생각하고 있었으니 거식증의 징후 때문은 아니었다. 그러나 절대로 '빵'을 아침식사로 먹을 수는 없었다. 아침에는 몸을 정화시키기 위해 반드시 신선한 과일만을 섭취하는 것이 내 원칙이었다. 배가 몹시 고팠으나, 빵은 절대로 먹을 수 없었다. 그리하여 아침을 거르기로 결정하고, 빵을 먹어도 되는 점심에 식사를 시작하기로 했다. 아무것도 먹지 않는다는 것이 마치 '자 보세요, 나는 거식증 환자입니다' 하면서 관심을 끌고 싶은 것처럼 비추어질 것 같아 조금은 수치스러웠다. 그러나 곧 주의를 둘러보니, 모두들 자신들 앞에 놓인 음식들과 씨름하느라 내가 먹지 않는다는 따위에 신경 쓸 겨를이 없어 보였다.

    섭식 장애를 가진 구성원들이 모두 각자의 방법으로 음식을 먹는 것을 지켜보는 일은 재미있었다. 어떤 이는 세 조각의 빵만을 아무것도 얹거나 바르지 않고 뜯어먹었다. 다른 이는 아주 얇게 무언가를 바른 빵을 한 조각 씹고 차를 한 모금 들이켜고, 그러고 나서 2분 가량 경과되기를 기다렸다가 다시 한 조각을 먹었다.

아직 사춘기도 지나지 않은 14살의 소년처럼 보이는 내 옆의 20살 청년은 아주 작고 심각하게 말라서 마치 작은 생쥐 같은 얼굴에 툭 튀어나온 얼굴을 하고 있었다. 병적으로 창백한 낯빛에 머리까지 하얗게 새었는데, 몸에 난 털도 그러한지 묻고 싶을 만큼 기이했다. 그는 빵의 크기를 정확하게 측정한 다음, 자로 그 가운데 선을 그려놓은 것처럼 정확하게 반으로 잘랐다. 그러고 나서도 자른 빵 두 조각을 서로 겹쳐 같은 크기인지 확인했다. 다른 두 개의 식빵도 마저 반을 잘라 반을 버리고서, 남은 반쪽들에 작은 초콜릿 조각을 얹었다. 그러고는 초콜릿 조각들이 셈한 만큼 올라가 있는지 면밀히 검사했다. 초콜릿 조각과 조각은 0.5밀리미터의 간격을 가지고 일정하게 놓여야 했다. 그는 자신의 준비된 빵 반쪽을 한참 동안 응시했다. 천천히 차를 한 모금씩 마시며 여전히 그 빵 반쪽을 바라보았다. 마침내 빈 찻잔을 테이블 위에 올려놓고서 초콜릿 조각들을 하나씩 하나씩 핥아먹었다. 그리하여 다시금 아무것도 바르지 않은 빵 반쪽이 앞에 놓이자, 그것을 다시 작고 동일한 크기의 조각으로 잘랐다. 이번에는 그 한 조각, 한 조각을 오래도록 씹으며 삼킬 차례였다. 그런 식으로 그는 45분 동안의 식사 시간에 식빵 반쪽과 초콜릿 토핑 스무 조각, 그리고 차 한 잔을 먹고 마셨다.

우리는 그룹 대화를 하는 방으로 건너가 그룹 밖에서 혼자 시간을 보내야 했던 전날 저녁에 대해 이야기를 나누었다. 그룹 전체에게 허락된 시간은 1시간 반이었고, 그 시간 안에 구성원 모두가 하고 싶은 이야기를 하도록 되어 있었다. 이야기하고 싶은 사람은 스스로 자신의 차례를 만들어야 했다. 모두 관심 받기를 원했고 시간을 필요로 했다. 스스로에 대한 이야기를 하는 것이 두려웠던 나는, 누군가 다른 사람이 내 몫의 시간까지 잘 사용하기를 바랄 뿐이었다.

 처음에는 그들의 이야기 속에서 나의 기억들이 되살아오기도 하고, 감동을 받기도 했다. 그러나 몇 주가 지나자 언제까지나 같은 이야기를 반복하는 그들에게 짜증이 났다. 자기 자신과 음식과 체중과 외로움에 대해서밖에 할 말이 없는 그들이 딱한 존재라는 생각이 들었다. 사실 그것은 나 자신의 같은 문제들을 직면하는 데서 오는 짜증이었다. 그들에게 적대심을, 그리고 동시에 동정심을 느꼈으며, 스스로에 대한 증오와 무력감에 휩싸였다. 게다가 아침식사를 늘 거르는 데서 오는 배고픔으로 무엇에도 집중하기가 힘들었다.

 점심에는 따뜻한 식사가 준비되었다. 센터의 식당에서 요리된 점심식사는 언제나 버터가 잔뜩 뿌려진 커다란 고깃덩어리와 두어 개의 감자, 소량의 야채로 이루어져 있었다. 그나마 야채는 언제나 푹 삶은 후 소스를 얹은 것이었다. 역겨울 따름인 그 기름진 고기에는 손도 대지 않았다. 소스가 뿌려진 야채 역시 식사 대상에서 제외였다. 그리하여 오직 두서너 개의 감자 조각만이 내가 점심으로 먹을 수 있는 전부였다.

 나는 수평 다이어트가 아닌 수직 다이어트를 하고 있었다. 대개의 사람들이 하는 수평 다이어트는 종류에 상관없이 모든 음식을 적은 양만큼 먹는 것이 원칙이다. 그러나 수직 다이어트에서는, 선택된 종류의 음식만을 양의 제한 없이 먹고 싶을 만큼 먹는다. 따라서 나는 아침에는 스스로에게 과일만 허용했지만, 대신 먹고 싶은 만큼 먹을 수 있었다.

점심으로 감자와 소스를 뿌리지 않은 야채를 먹기로 했으나, 그 양이 제한되어 있다는 것에 문제가 있었다. 한 접시 가득한 감자를 다 먹어치울 수도 있는 내가, 오직 다른 것들에 곁들여 나오는 두어 알만을 먹어야 하는 것이다. 여전히 배가 고팠던 나는 간호사들에게 감자를 좀더 먹어도 되겠느냐는 청을 넣었다. 그러나 그들은 배가 고프면, 고기와 소스를 뿌린 야채를 마저 먹으라는 대답으로 내 청을 거절했다. 나는 분노했다. 도대체 누가 그들에게 내가 먹으면 안 되는 것들을 처방할 권리를 주었단 말인가.

거식증과 폭식증을 함께 다루는 것에 반대할 생각은 없었다. 그러나 음식을 먹는 시간에 있어서만큼은 그 차이를 보아주어야 한다고 생각했다. 한편은 죽지 않으려면 적어도 10킬로그램은 살찌워야 하는 이들이고, 다른 한편은 나와 같은 정상 체구에 단지 건강한 음식들로 배를 채우고 싶어하는 이들이 아닌가. 극심하게 마른 거식증 환자들에게 억지로 칼로리 든 음식을 떠먹여야 한다는 것에는 동의했다. 아니면 그들은 죽어나갈 테니까. 그러나 대부분의 폭식증 환자들은 정상 체중을 가지고 있어 살을 찌울 필요가 없는데, 어째서 그러한 기름진 음식들을 거식증 환자들 사이에 섞여 먹어야 한단 말인가? 그들이 비합리적인 이상한 방식의 치료를 행하고 있다고 생각했다.

아침을 걸러서 배를 주리는 것도 모자라, 이제 두어 알의 감자로 점심을 먹은 뒤에도 계속 뱃속에서 꼬르륵거리는 소리가 났다. 배고픈 사람이면 모두 그러하듯, 줄곧 음식 생각밖에 나지 않았다. 저녁이면 마치 재앙의 한가운데에 있는 것 같았다. 저녁으로 받는 세 장의 식빵과 세 장의 고기 토핑. 빵은 얼마든지 먹어도 기름진 토핑을 얹고 싶지 않았던 나는, 그저 세 조각의 마른 식빵을 씹을 뿐이었다. 충분한 식사가 아니었다. 집에서, 폭식하지 않는 날에는 언제나 식빵 여섯 장과 오이, 토마토를 저녁으로 먹었다. 그러나 센터에서는 아무리 불평을 해도 더이상의 빵을 받을 수 없었다. 무언가를 더 먹고 싶다면 기름진 고기를 얹어 먹는 수밖에 없었다. 그리하여 집에 돌아오면 그 즉시 폭식을 하고 게워내었다.

　이제 나의 폭식은 평소처럼 부정적인 감정상의 이유로 강박이 되어 찾아오는 것이 아니라, 그야말로 온종일 쫄쫄 굶은 몸의 필요에서 찾아오는 것이 되었다. 치료 요법을 받기 전에는 매일같이 감정적인 필요에 의해 폭식을 하더니, 이제 매일 와녀스펠드로 가면서 그 감정상의 필요를 제거하고 있는 마당에, 그곳에서 건강한 음식을 충분히 제공받지 못하여 온종일 굶고 집에 돌아와서는 배고픔 때문에 즉시 폭식을 하고 있는 것이다. 얼마나 아이러니한지! 그들의 치료 방법에 뭔가 허점이 있다는 생각이 들었다. 그들의 목적은 모두가 매일 충분한 칼로리를 섭취하여 더이상 체중이 감량되지 않도록 하는 데 있지 않은가? 그렇다면 내가 매일의 칼로리를 건강한 음식들로 채우고 싶어하는 것이 무슨 문제가 된단 말인가. 그 칼로리를 감자와 야채에서 얻든, 기름진 고깃덩어리에서 얻든 무슨 상관이란 말인가. 그리하여 결국 나는 다시 폭식을 하고 있지 않은가. 그곳에 오래 머물지 않기로 결정했다. 그곳에서 충분한 음식을 먹지 못하기 때문에 저녁마다 폭식을 해야 한다면, 이는 어불성설이 아닌가.

6

치료 기간 중에 사람들은 끊임없이 내가 사회성도 부족하고, 스스로 거리를 유지한다고 불평했다. 사실 그룹 안에 섞이고자 감히 시도하지도 못했는데 그것은 그들이 나를 받아들이지 않는다는 느낌을 끊임없이 받았기 때문이다. 스스로의 부정적인 느낌을 다시금 그룹 안에 섞일 필요가 없는 상황을 만드는 데 이용한 셈이다.

그들은 거의 모두, 치료 센터 밖에서 두려움과 불안을 느끼며 다른 이들과 비교해 심한 열등감을 느낀다고 토로했다. 그렇다면 왜 나는 그러한 두려움을 나와 같은 입장의 사람들로 구성된 그룹에서 느끼는 것일까? 왜 그들은 모두 그토록 자신감에 차 보일까? 왜 모두들 그룹 치료 시간이면 입을 여는 데 주저함이 없는 것일까? 그들에 의해 가려지는 느낌을 받았던 나는, 나의 차례가 그냥 지나가도록 해서 다른 이들이 좀더 많은 이야기를 할 수 있도록 했다. 치료 요법은 거의 그룹 작업으로 구성되어 있었고, 그런 자리에서 나는 감히 입을 뗄 수가 없었으며, 게다가 계속해서 배가 고팠다. 득보다 실이 많은 치료 방법이라 생각했다. 치료를 중지하기로 결심했다. 매일 그 비참한 이야기들을 반복해서 들어야 하는 것도 지겨웠다. 그들 모두 같은 뿌리에서 파생된 무리들로 여겨졌으며, 차라리 혼자 치료를 하는 것이 나을 것이라는 생각이 들었던 것이다.

사실 매번 그들의 이야기를 들으며 나 자신의 병적인 장면들과 대면하는 순간을 더이상 참아낼 수가 없었던 것이기도 했다. 그들의 이야기는 정확하게 나의 이야기와 일치했다. 세부적인 부분이야 서로 달랐지만, 그 중심 줄거리는 언제나 같았다.

나처럼 언제나 오래도록 화장실에 머무는 한 젊은이는, 내가 변기에 머리를 박고서 식도를 망가뜨리고 있는 동안, 자신의 대장과 항문을 망가뜨리고 있었다. 그는 매일 먹은 것을 즉시 배설해내야만 했다. 그는 스스로 방법을 고안해냈는데, 정신적으로 많은 긴장감을 느끼도록 조절하면, 몸이 먹은 음식을 즉시 대장으로 보낸다고 했다. 그러한 방법으로 이번에는 몸에 긴장감을 주고, 그러면 대장의 것이 즉시 배설이 되는 것이다. 그러므로 그의 변은 삼킨 그대로의, 즉 소화되지 않은 그대로의 음식 형태일 수밖에 없고, 당연히 항문과 장은 그렇게 반복되는 배설로 인해 완전히 망가졌다고 했다.

한 소녀는 너무도 많이 토한 나머지 위액이 매번 입으로 넘어와 완전히 상한 치아를 보여주었다. 또다른 소녀는 일곱 명의 남자들에게 강간을 당한 뒤로 더이상 여성이기를 거부하는 이었는데, 마르고 또 마른 몸매가 되어 여성적인 특징이 전혀 없는 남성적인 몸매를 획득하고 싶어했다. 또다른 이는 부모님에 의해 화장실에 갈 때마다 딱 한 번씩만 물을 내리도록 통제받고 있었다. 그이는 처음에는 변비약 100알을 삼켜 일단 모든 것이 배설되도록 한 후, 다시 자신의 위에 남은 것들을 그 위에 토했다. 변비약이 작용하는 동안 토하는 것은 불가능하기 때문에, 일단 변기에 앉아 장이 빌 때까지 기다리고, 다시 자신의 위에 남은 것을 게워내기 위해 자신의 배설물 위로 머리를 박는 것이다. 물을 한 번밖에 내릴 수 없기 때문이다.

서로 다른 4명의 이야기이나 결국 모두 같은 이야기이기도 하다. 모두가 스스로를 고통스럽게 하고 있다는 것, 스스로를 사랑하지 않는 사람들의 이야기라는 것, 다른 이로부터 사랑받거나 혹은 행복해지기를 두려워하고 있는 이들의 이야기라는 것.

도대체 왜?

어떤 이들은 분명해 보이는 이유를 가지고 있었고, 어떤 이들은 그렇지 않았다. 어떤 트라우마도 가지고 있지 않은 이들, 부모님에게서 사랑받으며 행복한 유년을 보낸 이들도 있었다. 그렇다면 이는 유행병인가?

그렇지는 않았다. 유행의 범주에 드는 것이라면, 그것을 스스로 선택했을 테니까. 섭식 장애는 스스로 선택하여 가지는 것이 아니다. 섭식 장애는 어느 순간 삶으로 슬며시 기어 들어와 그것으로부터 놓여나기 위해 싸워야 하는 순간까지 대상을 꽉 틀어쥐고 있는 괴물이다. 그 강박증에서 벗어날 수 있느냐 없느냐는 본인의 선택일 뿐이다. 폭식과 구토는 어느 순간 살을 빼야 한다는 강박증으로 변하기도 한다.

이제 나는 선택을 내리고 싶었다. 나아지기 위해서는 홀로 싸우는 것이 좋겠다는 판단이었다. 그리하여 치료를 받기 위해 과감히 길을 떠난 지 3개월 만에 그것을 그만두었다. 클리닉의 다른 환자들을 보며 '저들처럼 되고 싶지 않다'고 갈등하는 것도 커다란 심적 부담이었다. 지금에서야 혼자서도 얼마든지 할 수 있다는 확신을 가지고 치료를 그만둔 당시의 내가 얼마나 어리석었는지 깨달았다.

　치료를 그만두고 2주 동안, 시도한 모든 것들이 큰 실패로 돌아갔다. 좌절과 낙담으로 아무것도 하고 싶지 않았으며, 그저 누군가에 기대 울고만 싶었다.

　친구는 곁에 없었고, 부모님은 내가 치료를 그만 둔 사실에 크게 화를 내고 있었다. 그들에게 차마 기댈 수가 없었다. 그 기간 동안 내가 이야기를 나누었던 유일한 사람은 에릭이었다. 나의 이웃.

　물론 그가 나의 폭식증에 대해 아는 것을 원하지 않았으나, 한편으로는 그가 이미 오래 전부터 내 방에서 일어나는 일들을 눈치채고 있었다는 생각이 들었다. 망설이며 그의 문을 두드렸으나, 일단 그의 방에 들어서자 나는 나에 대한 모든 것을 털어놓으며 실컷 울었다. 마지막에 물었다. "그런데 너는 다 알고 있었지? 내가 언제나 먹고 있는 것을 눈치챘을 것 아냐. 내가 토하는 소리를 듣지 않았어?" 그는 전혀 모르고 있었다고 대답했다. 그런 낌새조차 눈치챈 적이 없다고 했다. 그의 말에 우선은 '이런, 잠자는 개를 건드린 셈이구먼!' 하는 생각부터 들었다. 그러나 모든 것을 말했다는 사실이 시원하게 느껴지기도 했고, 그리 후회되지는 않았다. 모든 이야기 끝에 에릭이 나를 이상하게 생각하기는커녕 오히려 상냥한 사람이라고 생각한다는 느낌을 받았다. 그 저녁 내내 함께 머물며 이야기를 나누었다. 다시 내 방으로 되돌아오자 좋은 친구를 한 사람 발견했다는 느낌이 들었다.

　에릭과 자주 접촉했으나, 여전히 친구 이상의 어떤 관계로 발전하는 것이 두려웠다. 때때로 그를 피했고 알 수 없는 두려움에 사로잡히기도 했다. 그러나 그는 언제나 나에게 상냥했으며, 힘든 순간에는 언제든지 찾아와도 좋다고 말했다. 그와 함께 있으면 무척이나 마음이 편했다. 그가 친구 이상의 것을 바라지 않는다고 분명히 느꼈기 때문이다. 그러한 친구야말로 내가 갈망하던 유일한 것이기도 했다.

에릭은 나를 위해 언제나 자신의 방문을 열어두었다. 필요한 것이 있으면 뭐든 가져다 쓰라고 했다. 처음에는 그렇게 하는 것은 꿈도 꾸지 않았다. 다만 정기적으로 그의 냉장고를 들여다보았을 뿐이다. 남의 냉장고 속에 무엇이 들어 있는지, 그리하여 그의 음식 패턴을 알고 싶어하는 것은 지금도 지니고 있는 호기심이다.

그러다가 하루는, 폭식을 하던 중에 버터 사는 것을 깜빡 잊었다는 사실을 발견했다. 오래 망설인 끝에 에릭의 것을 가져오기로 결정했다. 습관적으로 그렇게 하지 않으리라 맹세하면서 말이다. 다음날 에릭에게 그의 버터를 사용했다고 말했다. 그는 그저 어깨를 으쓱하더니 필요하면 언제든 가져다 쓰라고 말할 뿐이었다. 그가 까다롭게 굴지 않는다는 사실이 무척 충격적이었다. 아버지는 언제나 내가 집 안의 물건을 허락받지 않고 집어다 쓰면, 가차 없이 혼내곤 했다. 언니는 그럴 수 있어도 나에게는 허용되지 않는 행동들이 있었다.

이제 매번 에릭이 방을 비우면 그의 방에서 무언가를 꺼내와 먹고 싶다는 저항하기 힘든 충동이 생겨났다. 그러고 나서는 그것을 솔직히 그에게 고백했다. 에릭은 단 한 번도 화를 내지 않았으며 다음날이면 내가 먹어치운 것들을 다시 채워놓았다.

내가 묻지 않고 무언가를 집으면 누군가 내게 불같이 화를 내는 상황에 너무도 익숙했기에, 에릭의 반응은 이해할 수 없는 그 무엇이었다. 그리하여 나는 계속해서 그의 방에 있는 먹을 것들을 가져다 먹었다. 무의식 속에서 그가 내게 화를 내리라 기대하고 있었던 것이다. 그러나 그는 여전히 화를 내는 법이 없었다.

어느 순간이 되자 그런 그에게 내 쪽에서 화가 났다. 그가 언제까지고 나에게 친절한 것이 견딜 수가 없었다. 일주일 동안 그를 완전히 못 본 척하고 지냈다. 그가 나를 벌하지 않는다면 내가 그를 벌하리라!

친구 스양의 방에서는 절대로 먹을 것을 꺼내오거나 하지 않았다. 그녀를 무척 사랑했다. 그러나 그럼에도 불구하고 그녀를 괴롭히기도 했다.

일을 하는 동안 참을 수 없을 만큼 강한 폭식에의 욕구를 느낄 때가 있었다. 퇴근하여 집으로 돌아가는 순간까지 기다려야 했지만, 그때쯤에는 모든 가게들이 문을 닫는다는 것이 문제였다. 그러면 나는 친구에게 전화를 걸어 길고 긴 쇼핑 리스트를 불러주며 대신 사다 달라 부탁했다. 리스트에 적혀 있는 것들을 보고 그녀는 그것들이 폭식용이라는 것을 알아차렸다. 그런 일을 도와줄 수 없다고, 너의 폭식을 위해 장을 보러 갈 수 없다는 친구의 대답. 내 안의 병적인 나는 원하는 것을 얻지 못할 수도 있다는 상황에 공포를 느끼며, 그 두려움 속에서 친구를 위협했다. 만일 그것들을 사다주지 않으면 오늘 밤 거리를 전전하며 모든 스낵바들을 섭렵하겠다고. 어찌되었건 내가 먹어대는 것을 막을 수는 없을 것이라고. 스양은 내가 거리 이곳저곳을 전전하며 먹고 토하도록 내버려둘 수 없었다. 그리하여 친구는 나를 위해 장을 보았다. 그녀가 장 본

가방을 내 방에 내려놓았다 하면, 나는 다시 안심하고 남은 일을 마저 했다. 음식이 결부되면 더이상 나는 착한 조이가 아니었다. 다른 이들을 움직이기 위해 모든 수단을 다 동원했다. 보통 화가 나도 밖으로 표현하는 법이 없는 조이가, 폭식의 욕구가 거세당할 수도 있는 상황이 닥치면 공격적으로 날뛰며 분노를 폭발했다.

 방해받지 않고 먹을 수 있는 상황이 아니라고 생각되면, 커다란 가방에 먹을 것을 가득 넣어 짊어지고 스월레 중심가로 나가 이리저리 헤매고 다녔다. 상점들이 늘어선 거리를 한 바퀴 돌며 계속해서 먹어댔고, 진열장을 관심 있게 들여다보는 척하며 또 먹었다. 위가 꽉 차면, 여러 곳에 충분히 설치되어 있는 공공 화장실에서 토했다. 그런 날들에는 오래된 넝마 같은 옷을 주워 입고 더럽고 추한 모습이 되어 마약 중독자와 같은 초점 없는 눈빛의 나로 변신했다. 사람들이 어떤 식으로 불쾌한 시선을 던지는지 관찰하기도 했다. 그들의 시선은 내가 이 사회에 속하지 않는 존재 혹은 사회 밖으로 추방당한 사람이라는 느낌을 안겨주었다. 나는 스스로 진정한 유랑인이라도 된 듯 고독감을 느꼈다. 그렇게 거리를 배회하면서 여기서 먹을 것을 사고 저기서 토해냈다. 온종일 그렇게 보냈다.

 불행을 느끼면 느낄수록 안정감이 느껴졌다. 나는 더이상 상처받을 수도 없는 존재였다. 가장 낮은 곳으로 가라앉아 더이상 잃을 것도 가진 것도 없는 나 자신이었다. 나는 아무것도 아니었고, 가진 것은 아무것도 없었으며 따라서 무엇도 두렵지 않았다. 두려움이란 자고로 가지고 있는 무언가 소중한 것을 잃을 수도 있다는 염려에서 오는 것이다. 나의 삶은 더이상 아무 가치가 없었고, 따라서 잃을 것도 없었다. 따라서 내가 매일처럼 토역질을 하는 동안에는, 삶을 위한 그 모든 요소들이 하나도 두렵지 않았다는 것 또한 나름의 논리를 가지고 있다.

그러나 다시금 삶의 조용한 흐름 속으로 되돌아오면, 그 안에서 내게 주어진 소중한 것들을 보게 되면, 나는 매일같이 수도 없이 토해낸 것 때문에 곧 죽지나 않을까 두려웠다.

스스로를 불행하게 만들면 아무것도 가지지 않은 사람들에게 죄책감을 느낄 필요도 없었으며, 그들을 외면해버릴 수 있었다. 모든 것이 잘 되어가는 순간, 행복을 느끼는 그러한 순간에는 언제나 다른 이들이 모두 고통 속에 머물러 있는데 나 혼자만 행복을 느낀다는 사실에 죄책감을 느꼈다. 그러나 나 역시 고통 속에 있는 한 사람이 되면, 다른 세상의 고통에 대해 책임을 느낄 필요가 없다.

앞에서도 이야기했듯이 학업을 중단했음에도 나는 여전히 교통수단을 무료로 이용할 수 있는 학생용 교통카드를 가지고 있었다. 날씨가 나쁜 날이면, 나는 자주 기차를 타고 네덜란드 전역을 여행했다. 사람들이 여행에 필요한 소지품이 들어 있을 것이라 생각했을 커다란 가방에는 오직 먹을 것만이 잔뜩 들어 있었다. 아무도 보는 사람 없이 먹어댈 수 있도록, 언제나 기차의 빈 칸을 찾으려고 노력했다. 그러나 대개 기차는 만원이었고, 언제나 내 옆자리에는 사람이 와서 앉았다. 그런 경우에는 기차 칸을 옮겨 다니며 먹었다. 가령 첫번째 칸에서 6개의 빵을 먹어치우고, 두번째 칸으로 건너가 다시 6개의 빵을 먹어치웠다. 그리고 다른 칸으로 다시 한 번 더 건너가, 쿠키 상자를 열고 먹기 시작하는 식이었다. 쿠키 상자가 비면 다시 칸을 옮겨 칩을 먹어댔다. 그런 식으로 기차의 첫째 칸에서 마지막 칸까지 섭렵했다. 그러는 동안 위가 가득 차면, 바로 다음 역에서 내려 토했다. 그러고는 다시 다른 열차에 올라타 그 모든 의식을 반복하는 것이다.

  옆에 앉은 사람들은 내가 먹는 모습을 지켜보면서 놀라곤 했다. 엄청나게 먹어대는 나를 보며 그들은 말했다. "이런, 잘 먹는구먼." 그러면 나는 태연하게 대답했다. "하루 종일 아무것도 먹지 못했거든요. 너무 배가 고팠어요. 보통은 이렇게 많이 먹지 못한답니다." 한 청년은 나처럼 많이 먹는 여자는 처음 본다며 말을 건넸다. 자신의 여자친구는 언제나 다이어트를 하고 있는데, 실은 그것이 못마땅하던 차였다고 했다. 나는 대답했다. "다행히도 나는 다이어트를 할 필요가 없어요. 아무리 먹어도 살이 찌지 않은 체질이거든요. 당신이 지금 보는 것처럼 매일 건설현장의 노무자처럼 먹어댄답니다." 그리고 덧붙였다. "언제나 다이어트를 한다는 것은 좀 가식적인 구석이 있어요. 그저 생긴 대로의 자신을 받아들여야지요. 저를 보세요. 자신을 받아들이고는 진심으로 행복하잖아요. 게다가 먹고 싶은 것을 먹으면서 말이지요." 그런 식으로 나의 먹성에 관해 한마디 하는 사람들에게는, 꼭 나만의 건강 철학을 되돌려주곤 했다.

07 아주 느리게, 그러나 내게 전혀 다른 사고의 방향을 제시해주는 경험들을 통과해 오면서, 스스로에 대한 부정적인 생각이 잘못되었다는 것을 깨닫고 있었다. 폭식증은 내 운명이 아니다. 그것은 단지 두려움과 불안과 정신적 고통, 죄책감의 결과였을 뿐이다. 점차로 내가 나아질 권리를 지닌 존재이며, 행복하게 삶속에서 사랑을 가져도 좋은 존재라는 것을 믿기 시작했다.

치유를 향한 먼 길

1

지난 몇 년간의 삶을 몇 마디로 요약하자면 이렇다. 폭식과 토역질, 혼돈과 무질서와 불확실성, 슬픔을 내 삶 속에 끌어들이기. 과거 다른 이들이 내 삶에 선물한 것들과 정확히 똑같은 요소들을, 이제 스스로 나 자신에게 가져오고 있었다. 아니 다른 이들보다 훨씬 지독하게 말이다.

옆방에 살았던 에릭과는, 내가 에릭에게 말을 건 이후로 깊은 우정을 나누는 사이가 되었다. 그리고 그 우정은 천천히 사랑으로 발전했다. 우리의 관계가 깊어지고 에릭이 자신의 집을 갖게 되면서 나는 그의 집으로 옮겨가 같이 살기 시작했다. 그렇게 우리는 4년을 함께했다. 나는 완전히 그에게 의존적인 존재가 되어버렸고, 그는 내게 있어서 어머니의 자리, 그리고 스양의 자리를 대신하는 존재가 되었다. 그는 이제 내 악몽의 주인공이 되어 나타났고, 밤이면 그가 나를 버리는 꿈을 꾸면서 전전긍긍했다.

그와의 사랑이 나의 섭식 장애를 치유해줄 것이고, 나는 온전히 그만 사랑하면 될 것이라고 믿었다. 그러나 물론 삶은 그런 것이 아니었다. 우리의 관계는 기형적으로 비약해갔다. 그를 사랑하면 할수록, 다른 사람들과 정상적으로 관계를 맺는 것이 불가능해져갔다.

어떻게 해냈는지 지금도 알 수 없지만, 어쨌든 나는 세 번이나 대학 공부를 시도했다. 즈볼레와 암스테르담, 마지막으로 레이던에서는 한국 문학에 도전했고, 이 도전은 반년 동안 지속되었다. 그 반년 동안 나는 거의 대부분의 시간을 집에 앉아 공부를 했다. 먼저 시도한 두 번의 대학 생활은 시작한 지 한 달도 지나지 않아 전업 폭식증 환자의 생활로 인해 막을 내린 뒤였다.

공부를 중단하고는 에릭이 일하는 낮 동안 종일 먹고 토했다. 처음에는 에릭이 돌아오는 저녁 무렵이면 단장을 하고 저녁을 준비했다. 그 이후에는 무엇인가를 먹지 않고 견디기 위해 노력하기도 했다. 그러나 무언가를 먹지 않는 순간은 견디기 힘들었고, 그런 때에는 끊임없이 에릭의 관심을 받아야만 했다. 얼마 지나, 더이상 저녁 시간을 인내하며 보내는 것이 불가능해졌다. 그리하여 그의 곁에서, 나는 먹었다. 거실에 머무는 시간보다 화장실에 머무는 시간이 더 길었다. 에릭은 나를 닦아세우는 일 없이 모든 것을 허용했다. 매우 내성적이고 자기표현을 하지 않는 성격을 지닌 에릭이었다. 그는 내가 하고자 하는 일을 모두 허용하고 그것을 보아냈다. 그것이 그가 사랑하는 방식이었다. 그런 그에게 나는 심지어 폭식거리를 운반해오기 위해 자동차를 몰고 함께 슈퍼에 가자고 요구하기까지 했다. 그는 일종의 죄책감을 느꼈던 것 같다. 그에게는 내가 그와의 관계 속에서 행복하지 않다는 사실이 너무 분명히 보였다. 그렇지 않다면 내가 그렇게 먹어댈 수가 있겠는가!

잘못은 그에게 있지 않았다. 스스로에게 행복한 상황을 허용할 수 없었던 나는 관계 속에서도 그러했다. 그러나 그는 나를 행복하게 해주어야 한다는 책임감을 가지고 있었고, 그것이 불가능해 보이자 죄책감을 느꼈다. 그가 나에게 'No'라고 말하지 못한다는 것을 이용해 나는 무엇이든 하고 싶은 대로 하면서, 우리의 보금자리를 오직 폭식의 장으로 만들어버렸는데도 말이다.

물론 에릭은 누구보다도 내가 폭식을 멈추고 치유되기를 원했다. 내가 안고 있던 장애는 그를 매우 고통스럽게 했다. 그러나 결국 그는 어떻게 손쓸 방법이 없다는 것을 알고 무력함을 느꼈다. 그 시절 우리는 자주 함께 울었다. 그리고 내가 토하지 않는 시간에는 함께 웃고, 농담을 주고받으며 즐거워했다.

심각하게 되씹어보기에는 우울한 이야기이지만, 가령 우리는 이런 이야기도 주고받았다. "에릭, 내가 요구르트를 먹고 나서 즉시 토하면 말이야, 토하면서 요구르트를 그대로 다시 맛보는 거 알아? 수저로 떠먹는 그 맛 그대로라고." 그러면 에릭은 매우 건조한 음성으로 대답했다. "그렇다면 토하고 나서 다시 떠먹지 그래. 그러면 요구르트 하나를 아낄 수 있겠군." 그리고 우리는 눈물이 나도록 웃어댔다.

3년이 지난 후, 우리는 더이상 함께할 수 없다고 생각하는 지점에 이르렀다. 헤어지는 것에 대해 자주 이야기를 나누었다. 여전히 서로를 무척 사랑했지만, 우리가 만들어낸 그 관계 속에서 나는 어떤 일도 스스로 헤쳐 나갈 수 없었다. 우리는 헤어졌다.

에릭은 나의 전부였다. 나는 그의 곁에서 안전하다고 느꼈으며, 그가 언제나 나를 위해 내가 필요한 곳에 서 있어주리라는 것을 알고 있었다. 그가 절대로 나를 떠나지 않을 것임도 믿어 의심치 않았다. 그러나 또한 그의 곁에 오래 머물면 머물수록, 나는 성장하지 않은 채로 멈추어 있을 터였다. 절대로 내 발로 땅을 디딜 수 없을 것이며, 절대로 나 자신의 진정한 모습을 찾을 수도 없을 터였다. 진정한 나 자신은 섭식 장애라는 두껍고 높은 장벽 뒤에 숨겨져 있었다.

그를 완전히 놓아주기까지 거의 1년이 걸렸다. 그리고 우리는 헤어졌다.

헤어진 후에도 우리는 여전히 전화 통화를 하고, 정기적으로 만나는 좋은 친구 사이로 머물렀다. 지금도 여전히 우리의 우정은 더욱 단단해지고 있으며, 그는 나의 가장 좋은 친구로 남아 있다. 여전히 전화 통화를 하고 정기적으로 만남을 갖는다. 그와 함께했던 시절을 돌이켜보면 깊고 깊은 죄책감을 느끼지만, 그것이 당시의 내 삶이었음을 이제는 인정한다. 그 시절, 나는 그렇게 살아내는 방법 외에 다른 선택을 할 여지를 갖고 있지 않았다. 나는 다만 그가 나에게 좋은 친구가 되어주었던 것처럼 그의 좋은 친구가 되어줄 수 있을 뿐이다. 이제 우리의 우정은 상대방에 대한 존중과 존경 위에 세워져 있다. 나 역시 스스로를 강박적으로 몰아간 시기에 그랬던 것처럼, 더이상 그를 좌지우지하려 들지 않는다.

레이던대학에서의 한국어 공부를 중단하고서도, 나는 계속 레이던에서 살았다. 달리 살 곳을 구해야만 하는 특별한 지역이 있는 것도 아니었다. 가족과의 연락은 거의 두절하다시피 하고 있었고, 에릭과도 끝난 마당이었다.

일을 하자고 결심했다. 직업소개소에 서류를 등록시켜 놓고, 열심히 일을 해서 폭식증을 이기자고 다짐했다. 내 안에 있는 진정한 나 자신을 찾고 싶었다.

2

치유의 길은 길고도 길었다. 그러나 내가 뚜렷하게 그것을 의식하고 있지 않았기 때문에, 어쩐지 단숨에 일어난 일 같기도 하다. 실제로는 몇 년에 걸친 과정이었다.

그 첫번째 단계는 내가 심각한 문제를 가지고 있음을 자각하는 것이었다. 심각한 문제란, 내가 깊은 병을 앓고 있다는 사실을 시인하지 않는 태도였다. 섭식 장애 환자들 대부분은 증세 초기에 자신들이 장애를 앓고 있다는 사실을 보지 못한다. 그들은 자신의 행동이 정상인의 그것이라고 생각한다. 스스로 정상이 아니며 심각한 장애를 갖고 있다는 것을 깨달은 후에도 그 장애가 저절로 사라질 것이라 믿는다. 단지 자신들이 날씬해지기만 한다면, 학교를 졸업한다면, 좋은 직장을 갖는다면, 백마를 탄 왕자님이 나타나기만 한다면 말이다. 그들은 정말로 그렇게 생각한다.

그러나 몇 년이 그렇게 흘러가고, 어느 날 문득 방 안에 앉아 있다가 음식과 음식 찌꺼기들로 둘러싸여 있는 자신을 발견한다. 구토로 인해 잔뜩 부은 얼굴과 매번 손가락을 들이미느라 찢어진 입가와 강한 산성의 위액으로 문드러진 치아를 하고서 앉아 있는 자신⋯⋯. 구토하느라 붉게 충혈되어 튀어나온 눈도 빼놓을 수 없다.

자신이 심각한 문제를 가지고 있다는 것을 자각했던 그때에, 나는 누군가에게 도움을 요청해야 한다고 생각했다. 혼자서 죽을힘을 다해 노력한다고 한들 다른 이의 도움 없이 스스로 치료할 수 없다는 것을 알아차린 것이다.

온갖 종류의 치료 요법들을 지나오며, 내 삶과 문제에 대한 면밀한 분석을 시도했다. 무엇보다 스스로와 잘 지낼 수 있는 방법에 대해 오랫동안 연구했다. 그 결과 끊임없이 먹고 토하는 단계에서 상황이 악화될 때만 얼마간의 폭식 기간을 갖는 단계로 발전했다.

내 생이 다시 평화로울 때, 내가 다시 보통의 삶을 이어갈 수 있을 때마다 나는 여전히 나 자신에게 완전한 자유를 허용해도 되는가, 하는 의문에 휩싸였다. 치유를 위해 첫발을 떼었을 뿐 폭식증을 내 삶 밖으로 완전히 몰아내는 것을 두려워하고 있었던 것이다.

아주 느리게, 그러나 내게 전혀 다른 사고의 방향을 제시해주는 경험들을 통과해 오면서, 스스로에 대한 부정적인 생각이 잘못되었다는 것을 깨닫고 있었다. 폭식증은 내 운명이 아니다. 그것은 단지 두려움과 불안과 정신적 고통, 죄책감의 결과였을 뿐이다. 점차로 내가 나아질 권리를 지닌 존재이며, 행복하게 삶 속에서 사랑을 가져도 좋은 존재라는 것을 믿기 시작했다. 그렇기 때문에 매일 토역질로 이어지는 자기파괴를 멈출 수가 있었다. 물론 아직 나 자신에게 무조건적인 사랑을 줄 수 있는 단계에 이르지는 않았다. 여전히 스스로에 대한 부정적인 생각들을 품고 있었고, 잘못에 대해 쉽게 자기 귀인을 하고, 자신은 행복해질 가치가 없는 나쁜 인간이라고 생각하는 경향이 남아 있었다.

내가 유년기에 겪은 최초의 트라우마는, 어느 날 갑자기 삶에서 가장 중요한 사람을 잃은 사건이다. 그것은 내게 깊이 각인된 사건이었고, 바로 그 순간부터 나는 절대로 행복해질 가치가 없는 존재라고 무의식 속에서 스스로 결정해버린 것이다. 행복해진다면 누군가 소중한 이를 또다시 잃을 것이라는 두려움에 사로잡혀 있었기 때문이다.

그 고통을 감당해낼 수 없었기에, 나는 내 안 깊숙이 그것을 가두어두었고, 그래서 더 이상 고통을 느끼는 것도 불가능했다. 그리하여 한국의 어머니가 나를 떠난 것을 슬퍼해본 적이 없으며, 내 마음 깊은 곳의 고통을 위로한 적도 없었다. 어머니를 잃은 상처를 마주보고, 트라우마를 안겨주었을 법한 입양의 순간과 마주하는 것은 폭식증을 치료하는 기초 공사였다. 따라서 그 작업을 해내야만 했다.

사람들이 내게 입양에 대해 물어오면, 나는 나의 입양 스토리를 마치 책이나 잡지에서 읽은 다른 사람의 사연을 전달하듯 이야기했다. 어느 날 강제로 비행기에 실린 이후로 한국 가족들의 소식은 전혀 듣지 못했다고, 마치 그것이 대부분의 아이들이 겪는 그리 특별할 것도 없는 이야기인 것처럼 미소를 지으며 이야기했다.

그러나 네덜란드의 거리를 걷다가 어머니의 손을 잡고 있는 대여섯 살 난 여자아이를 보면, 지금 아이의 엄마가 아무런 설명도 없이 아이를 비행기에 실어 한국으로 보내기 위해 스키폴 공항으로 향하는 중이라 상상하고는 했다. 아이는 이 광대한 세상, 수많은 사람 중에 단 한 사람, 곁에서 걷고 있는 자신의 어머니를 의지하고 있는데 말이다. 그 아이는 가련하게도 한국에 보내져서 한 번도 본 적 없는 검은 머리의 사람들에 둘러싸여 완전히 패닉 상태에 빠질 것이다. 어찌하여 아버지, 어머니와 격리되었는지 자문할 것이다. 아이를 데려가기 위해 2명의 한국인이 기다리고 있을 것이다. 아이는 그들의 말을 알아듣지 못한다. 이 거대한 세상 속에서 아이를 위한 작은 세계가 되어주었던 어머니를, 아이는 영영 다시 볼 수 없다. 그런 상상을 하다 보면 아이를 공항으로 데려가는 그 어머니에게 분노를 느꼈다. 그저 속수무책으로 비행기에 실릴 아이가 불쌍했다. 그 6살 난 아이가 한국에서 어머니 없이 살아남는 것이 불가능하다는 것을 잘 알고 있기에 아이를 대신해 지독한 슬픔을 느꼈다. 아이는 매일 거대한 슬픔이 자신 안에 살게 하는 것에만 몰두할 것이 뻔했다.

나는 스스로 어떻게 살아내었는가 질문해보았다. 스스로에게 느껴야 할 슬픔이, 나와 같은 상황이리라 상상했던 소녀를 향해 느꼈던 슬픔보다 수십 배는 컸어야 했다. 그리고 드디어 생존이 아닌 진짜 삶을 살고 싶어졌다. 스스로의 슬픔에 공간을 내어주어야 하는 것이다.

네덜란드에 도착하자마자 찍은 사진이 있다. 사진 속의 아이는 자신의 아랫입술을 이로 지그시 깨물고서 두려운 듯 수줍어하며 카메라를 응시하고 있다. 아랫입술이 완전히 감추어지지는 않았으나 윗입술이 너무 얇아서 마치 입술이 없는 얼굴 같기도 하다. 아이의 눈빛은 슬픔에 잠겨 있고, 그 표정은 더 슬프다.

그 사진을 제대로 들여다본 적이 없었다. 사진을 볼 때마다 나는 그 소녀가 내가 아니라고, 내가 모르는 다른 한국 소녀라고 생각했다. 그 소녀는 너무 외롭고 슬퍼 보였고, 나는 그 소녀가 주는 고통과 마주하기가 두려웠다. 그 소녀가 내가 아니라고, 다른 소녀라고 생각할 때만이 고통을 견딜 수 있었다.

한 번은 그 고통과 처음부터 끝까지 마주해야 했다. 한 테라피스트는 내가 그 사진을 손에 들고 길게, 집중하여 바라보도록 했다. "그 아이가 지금 당신 앞에 있다고 상상해봐요. 그녀를 안아줄 수도 있지요. 그렇다면 당신은 무엇을 해주고 싶은가요?" 아이가 보호와 사랑을 느낄 때까지 팔로 꼭 끌어안아주겠다고 대답했다. 아이를 위로하며, 더이상 두려워할 필요가 없다고 말해주겠다고도 했다. 아이에게 예쁘다고 말해주고 싶었다. 너무 사랑스럽다고. 어머니가 너를 떠난 것은 네 잘못이 아니라고 말해주고 싶었다. 어머니의 잘못도 아니라고 말해주고 싶었다. 아이를 향해, '너를 사랑해!'라고 말해주고 싶었다. 너무도 귀엽고 사랑스러운 네가 행복해지기를 원한다고, 슬퍼하지 말라고! 아이는 내 팔에 안겨 울 수도 있을 것이다. 자신의 슬픔을 맘껏 느낄 수 있을 것이다.

테라피스트가 다시 말했다. "사진을 안아봐요. 그 아이를 당신 팔로 감싸주어요. 당신이 그 아이임이 보이나요? 스스로에게 말해요. 그 작은 여섯 살짜리 아이에게 해주지 못했던 말들을 모두 해주어요."

사진을 내 가슴에 품자, 그 아이는 위안을 받았고 사랑을 느꼈다. 그것은 마치 어머니가 자신의 아이에게 주는 그러한 위안과 사랑이었다. 결국 나는 사진 속의 아이가 아니라, 나 자신을 위로하고 사랑해주었다. 그런 식으로, 마침내 나는 내 슬픔에 자리를 내어줄 수 있었다. 그리고 그 슬픔을 거기, 그 자리에 내려놓고 내 삶을 계속할 수 있었다.

3

입양과 대면하기 위한 두번째 단계로 나는 한국 사람들에게 내 이야기를 해주기로 결심했다. 나를 입양시킨 사실에 대해, 의식적으로 친어머니를 비난한 적은 없었다. 그녀에게 다른 선택이 없었음을 이해할 수 있었기 때문이다. 그러나 한국 사회는, 어머니가 그러한 선택을 하도록 강요한 책임을 가져야 한다고 생각했다. 어린 아이였을 때는, 입양에 대한 결정은 대부분 가난에 기인한다고 믿었다. 그러나 이제 입양이란 가난 때문이 아닌, 사회적 규정들과 통제들에서 발생하는 수가 많다는 것을 알고 있다.

한국은 여전히 국제적인 입양아 수출국이며, 한국처럼 부유한 나라들 중에 그러한 사례는 없다. 입양이 좋다, 혹은 나쁘다는 판단을 하려는 것이 아니다. 그러기에는 입양에 대한 스토리들이 다 다르고 또 복잡하다. 그러나 내 이야기가, 한국이 사회적으로 입양이나 입양인에 대해 재조명해보는 계기가 되었으면 한다.

어머니들에게 입양이란, 절대로 아이를 치워버리는 손쉬운 해결책이 아닐 것이다. 오히려 자신이 생명을 준 아이를 입양 보내는 것은 가장 어려운 결정이 아닐까. 입양에 대해 쉽게 생각하는 것은 어머니들이 아니라, 한국 사회일 것이다. 사회의 기준과 가치척도에서 벗어나는 아이들을 입양이라는 수단으로 떠나보내는 것은, 그 아이들에게도 제 몫의 자리를 내어주기 위해 사회의 기준과 가치척도를 변화시키는 것보다 훨씬 쉬운 일일 터. 입양은 가난한 가정에서뿐만이 아니라, 부모의 이혼으로 인해, 혹은 혼외관계의 결과물이라는 이유로, 혹은 혼전 성관계에서 생긴 아이라는 이유로, 혹은 기타 다른 실수로 생긴 아이라는 이유로도 결정되었다. 그들은 사랑으로 충만한 가정들을 불신으로 몰아넣을 것이기 때문이다. 사회적 기준에 부합하는 환경에서 태어나지 않았다는 이유로, 사회는 그 아이들에게 공간을 내어주기를 거부하는 것이다.

그러한 이유로 한국인을 향해, 나는 이 책을 썼다. 무수한 익명의 한국 아이들에게, 자신들의 어머니에게 가 닿을 수 있는 길을 열어주고 싶었다. 다른 선택이 없었다고 생각했던 그 많은 어머니들……. 그 어머니들에게 잊혀졌다고 생각하는 많은 입양인들에게, 그 어머니들이 그들을 절대로 잊지 않았다고 말해주기 위해. 어떤 어머니도 자식을 잊는 법은 없다. 다만 그들을 잊은 것은 한국 사회이다. 나와 다른 많은 입양인들은 한국 사회가 우리를 바로 보아주기를 희망한다. 따라서 내 폭식증을 치료하는 길은 이 책을 통해 내가 떠나온 나라의 사람들에게 돌아가는 길을 찾는 데에도 놓여 있었다.

1992년 네덜란드로 다시 돌아와, 한국에서의 1년간의 삶에 대해 실망하고 있었다. 그토록 열망하던 한국 가족들과의 연락도, 그 실망 속에서 차차 두절되어갔다. 심지어 한국 어머니와도 더이상 연락이 닿지 않았다. 더이상 연락할 수가 없었다. 실패했다는 생각에 사로잡혀 있었다. 그녀에게 그녀의 딸을 돌려주고 싶었으나, 실패했기에 더이상 연락을 시도할 수가 없었다. 내가 졸업하는 것을 보고 그녀가 아주 자랑스러워하는 순간을 열망했었다. 좋은 직장, 많은 친구들, 매우 행복한 네덜란드의 삶을 보여주고 싶었다. 그러나 진실은 그렇지 않았고 그 진실을 그녀에게 말할 수 없었다. 그녀를 위한 좋은 딸이 되지 못했다는 죄책감이 매우 깊었다. 매번 두 개의 똑같은 문장을 반복하여 편지를 쓰는 것도 더이상 하고 싶지 않았다. 게다가 그 두 문장마저도 거짓을 포함하고 있었다. "보고 싶은 어머니, 어떻게 지내세요? 저는 잘 지냅니다."

사실 나는 하나도 잘 지내고 있지 못했다. 내가 다시 한국인이 될 수 있을 것이라는 마지막 환상조차 무너지고 나서, 나는 깊은 슬럼프에 빠져 있었다. 내가 여전히 한국인일 것이라는 생각은 내 삶을 지속시키는 힘의 원천이었다. 이제 그것을 잃고 삶의 에너지와 희망조차 잃은 것이다.

한국에서의 내 과거와 함께, 한국의 가족들도 잃었다는 것을 직시해야만 했다. 그들을 다시 찾았으나, 동시에 그들을 찾은 것이 아니었다. 가족들은 더이상 내가 아는 과거의 그 사람들이 아니었고, 그들과 나는 소통이 불가능했다. 고통 속에서 한국과 한국의 가족들로부터 나 자신을 완전히 차단시켰다.

그렇게 다시 10년이 흘렀다. 10년 동안 나는 한국이란 대상에 몰두하지 않았다. 내 안의 한국, 한국의 어머니는 나와 완전히 차단되어 있었다. 10년이라는 시간 동안 나는 오직 먹는 것에 집중했고, 내 존재 가치는 설거지통에 담가놓고서, 한국에 대한 의식들을 음식과 함께 화장실에서 토해냈다.

2002년 한국에서는 월드컵이 열렸다. 다시금 여기저기서 한국이 회자되었고 더이상 한국을 무시해버릴 수가 없었다. 오래도록 억눌렸던 한국에 대한 감정이 다시 수면 위로 떠올라 있었다. 다시금 온갖 향수, 슬픔, 기쁨, 자부심 같은 감정들이 나를 찾았고 내가 한국인이라는 사실을 의식하게 되었다.

나뿐만이 아닌, 많은 입양인들이 한국을 함께 응원했다. 우리가 동양인이며 '다른' 존재들이라는 것이 더이상 부끄럽지 않았다. 오히려 갑자기 우리가 어딘가에 속하는 듯한 느낌을 받았다. 우리는 한국인인 것이다!

네덜란드는 월드컵 본선에 오르지 못했다. 그러나 한국 팀의 승리를 위해 지르는 함성은 네덜란드가 본선에 오르기 위해 치렀던 경기에서보다 더 컸다. 우리는 붉은 티셔츠를 입고 거리를 걸었으며, 몸에 태극기를 그리고 함께 모여 매 경기마다 응원전을 펼쳤다. 여자들도 안정환을 보기 위해 모여들었다.

고국을 떠나온 후, 다시 한국에 가본 적이 없는 많은 입양인들도 함께 월드컵을 외쳤고, 많은 감정들이 그들을 통과했다. 우리는 모두 하나의 느낌을 가지고 있었다. 우리 땅, 우리 팀, 우리의 승리.

왜 우리는 그토록 열렬히 한국을 응원했을까. 한국의 문화와 언어를 모르면서도 왜 우리는 한국의 것이라면 스펀지가 되어 빨아들이는 것일까. 한국의 음식, 영화, 음악, 문화 따위를 말이다.

어쩌면 우리의 공허감이 이유일 수도 있겠다. 어쩌면 우리가 그렇게 느껴야 당연한 감정들을 만들어 느끼기 위해 그토록 소리치며 온갖 힘을 동원해야 했는지도 모른다. 고통 속에서 우리는 너무도 잘, 우리가 이미 한국인이 아니라는 것을 알고 있다. 따라서 한국의 스포츠 경기와 영화와 음악 들 속에서 스스로 한국인으로서의 느낌을 가져보고 싶은 것인지도 모른다.

경기와 영화, 음악이 끝나면, 우리는 다시 현실로 돌아와 우리 자신의 서양적 사고방식과 가치 기준대로 움직인다. 그 속에서 자라고, 그 속에서 상대적으로 윤택함을 누린 우리가 아닌가. 아무리 가난한 네덜란드인이라도 가난한 한국인보다는 안정된 삶을 사는 것 또한 사실이니까.

얼마나 자주 네덜란드 사람들과, 입양과 관련 없는 한국 사람들에게 이런 말을 들었는가. "네가 이곳에서 자랐다는 것을 다행으로 생각해. 한국에서 자랐다면, 매우 좋지 않은 상황으로 끝이 났을 거야. 여전히 가난하거나 범죄자가 되었거나, 혹은 창녀촌에 살고 있을지도 모르지." 그들의 말대로 내가 한국에서 자랐다면 돈이 없거나 매우 힘든 상황에 닥쳐 외국에서 살기를 꿈꾸었을지도 모르겠다. 혹은 부자와 결혼하는 것이 유일한 꿈인 여성이 되어 있을 수도 있겠지. 다이어트를 하고 성형 수술을 위해 대출을 받고, 그렇게 아름답고 날씬한 여성이 되어 결국 부유한 남성을 발견하고 결혼했을 수도 있겠다. 원하는 것을 얻었으니, 만족하면서 살고 있을지도…….

지금 나는 부유한 남자를 찾아 헤매지 않는다. 그런 만남이 나를 행복하게 만들어줄 수 없다는 것을 알기 때문이다. 그러나 내가 잃은 그 무엇을 되찾고자 헤매고 있다. 그리하여 한국 여성처럼 날씬해지기 위해 다이어트를 할 수 있고, 완벽한 한국인의 얼굴을 갖기 위해 성형 수술을 할 수 있다. 여러 시간 쉬지 않고 한국어를 공부할 수도 있다. 그러나 절대로 유창한 한국말을 구사하는 한국 여성이 될 수 없겠지. 다시금 한국 여성이 될 수는 없는 것이다.

4

월드컵으로 인해 한국에 대한 나의 열망이 다시 깨어났다. 한국 가족들과의 연락을 열렬히 희망했다. 무엇보다 친어머니와 두 동생들이 보고 싶었다. 다시 그들을 찾아보기로 했다. 그것은 처음부터 모든 것을 다시 시작해야 하는 과정이었으나, 그사이 엄청나게 진보한 인터넷 세계로 인해 그리 어렵지는 않았다. 어머니의 주소를 다시 찾아 연락을 취하는 것도 그리 어렵지 않게 진행되었다.

한국의 어머니에게 내 삶의 진실을 이야기한다면 나의 슬픔과 대면할 수 있으리라는 것을 알고 있었다. 입양되던 당시의 느낌이 어떠했으며, 어떤 삶을 살았는지에 대해서 이야기한다면, 그녀는 물론 고통스러울 것이다.

그러나 친어머니 역시 내가 나아지기를 간절히 바라지 않겠는가? 그 과정을 거친 뒤에는 내 삶을 계속해갈 수 있지 않을까. 그렇다면 미래에 내가 '정말' 잘 지내고 있다는 편지를 보낼 수도 있을 것이다.

그리하여 나는 친어머니에게 긴 편지를 썼다. 그녀가 나를 다시 데리러 온다며 비행기에 태워 보낸 그 순간부터 얼마나 그녀를 그리워했는지, 얼마나 슬프고 절망스러웠는지에 대해 썼다. 내가 누구인지, 내가 속할 곳이 어디인지에 대해 언제나 느껴야 했던 혼란에 대해 썼다. 그녀에게 내 그리움이 어떤 것이었는지 설명하기 위해 시를 써서 보냈다. 나에게 한국은 이제 알 수 없는 나라가 되었다는 것을 설명하고 싶었다.

나의 얼굴 속에 있는 한국
그 속에 내 삶의 빛을 본다.
그 안에서 태어났고
그 안에 속해 있던 나
누군가 나를 번쩍 들어
산과 바다를 넘고 건넜다.
나는 선택된 존재였던가?

네덜란드 말을 하는 나는
사랑스러운 엄마의 얼굴을 그림자 속에 묻고
또 다른 엄마의 사랑을 찾아 헤맨다.

단정히 걸어보려 하지만
한 다리는 여기에
다른 다리는 저기에
어깃장을 놓을 뿐이다.

알지 못하는 것을 그리워할 수도 있는가?

네덜란드 사람이 되어버린 나
한국을 잊었다. 언어도 정서도 문화도
또 날마다 그립다. 울거나 웃거나
누구도 돌려줄 수 없는, 내가 잃은 그것.
한국인이던 나 자신
더이상 그렇지 않으나
응당 그래야 하는 내 모습…….

고통스럽게 편지를 완성했다. 그녀가 나를 버렸기 때문에 내가 느껴야 했던 그 모든 의문들! 자신의 아이를 잃어야 했던 그녀에 대해서도 항상 슬픔을 느꼈다고 썼다. 그녀에게 잃었던 딸을 되돌려주고 싶었으나, 나는 더이상 한국 소녀가 아님을 깨달았을 뿐이라고 썼다. 한국 소녀가 아닐 뿐만이 아니라 한국 여성도 아니라고. 내가 그토록 되고 싶어했으나, 그것은 가능한 일이 아니었다고. 또한 지난 10년 동안 연락하기를 주저했던 나 자신에 대해 수치심을 느낀다고도 썼다. 그리고 그 길고 길었던 섭식 장애 치료의 과정에 대해서도 썼다. 장애를 치료하기 위해서 내가 네덜란드 사람이며, 아주 조금의 한국적인 요소를 갖고 있을 뿐임을 받아들여야 했다고도 썼다. 그토록 되고 싶었던 것에 가 닿을 수 없다는 것이 무척 고통스러웠다고도 썼다.

편지를 쓰는 동안, 눈물이 뚝뚝 편지지 위로 떨어졌다. 너무 많은 눈물로, 잉크가 번져 더이상 읽을 수도 없는 편지가 되어버렸다. 그러나 그것 때문에 편지 쓰는 것을 중단하지는 않았다. 그저 내 슬픔에 자리를 마련해주는 데 열중했다.

10년이 지난 시점에서, 다시 한국을 방문하기로 결정했다. 한국의 가족들과 특히 어머니와의 관계를 회복하고 싶었다. 그러나 이번에는 전과 다른 기대를 가지고 한국으로 향했다.

한국은 더이상 네덜란드 삶의 대체물이 아니었다. 한국의 어머니를 네덜란드 어머니를 대신하는 존재로 보지도 않았다. 한국은 그저 네덜란드처럼, 내 삶에 열정과 충만함을 안겨주는 장소일 뿐이었다. 한국 어머니와의 관계는 내가 삶으로부터 보너스로 받는 것!

다시 한번 문화적 충격에 적응해야만 했다. 2003년의 한국은 완전히 달라져 있었다. 모던하고, 사회의 모든 영역이 만개하고 있었으며, 깨끗했고……. 한국은 굉장해져 있었다!

가족들도 달라져 있었다. 동생들은 이제 정말 다 자란 성인이 되어 있었다. 남규는 여전히 장난스럽고 귀여운 얼굴이었으나, 송규는 심각한 어른의 얼굴을 한 직장인이었다. 어머니를 보는 것도 놀라움이었다. 그녀 역시 완전히 탈바꿈해 있었다. 지치고 늙고 피곤해 보였던 얼굴이 몰라보게 좋아져 있었다. 완전히 웰빙 모드였다. 10킬로그램의 감량, 세련되고 모던한 외양, 무엇보다 무척 행복해 보이는 분위기. 그런 그녀를 다시 보는 것이 즐거웠다.

유진은 학업을 위해 일본에 건너가 있던 터라 보지 못했다. 희진은 그간 국영방송 PD인 남편과 결혼을 해서 좋아 보이는 삶을 살고 있었다. 남편은 좋은 직장을 가지고 있을 뿐만 아니라 안정환을 조금 닮은 잘생긴 외모를 가지고 있었다. 그저 파마머리가 닮아 보였던 것일까? 어쨌든 그는 매우 친절하기까지 했다. 사촌이 완전 복권

당첨자와도 같다는 생각마저 들었다. 그들 사이에는 너무 귀여워서 깨물어주고 싶은 두 살배기 딸이 있었다. 그렇게 귀여울 수가!

5

상황은 좀 유머러스했다. 10년 전의 방문과는 달리, 이제 내가 성인이 되었기에 가족들은 더이상 산더미처럼 많은 음식들로 그들의 사랑과 관심을 표현하지 않았다. 대신 그들은 자신들의 사랑과 관심을 표현하기 위해, 내가 가능하면 매력적인 여성으로 보이도록, 그리하여 좋은(가능하면 부유한) 남자와 결혼에 골인할 수 있도록 전력을 다했다.

어머니는 이제 가능하면 조금만 먹으라고 타박을 했다. 아침과 점심만 먹는 것이 어떠냐고 제안하기도 했다. 저녁을 먹지 않으면 살이 빠질 것이라면서.

사촌은 나를 동대문시장으로 데리고 갔다. 그녀는 평소에도 최신 유행을 따라잡기 위해 그곳에 들러 옷을 산다고 했다. 나의 헐렁한 바지는 짧은 치마로, 스웨터는 실크 소재 블라우스로 대체되었다. 화장 도구와 피부를 위한 온갖 종류의 크림도 선물 받았다. 큰외삼촌은 나에게 결혼식을 하게 되면 입으라며 한복을 선물했다.

음식 먹기를 강요당해야 하는 상황이 아니니 모든 것이 그대로 좋았다. 당분간 결혼할 생각이 없었지만 시키는 대로 잘 따라서 할 수 있었다. 그러나 솔직히 다시 한국 남자들이 매력적으로 보이기 시작했음을 고백해야겠다.

한편으로는 매일 저녁 아름다운 한국 여성들을 텔레비전 드라마로 만나면서, 그들과 똑같아 보이고 싶은 열망이 자라났다. 어머니가 계속해서 쌍꺼풀 수술을 하자고 조르고 있는 시점이었다. 계속되는 그녀의 설득 작업에 미칠 지경에 이르렀다. 그녀는 내가 다른 많은 한국 여성들처럼 쌍꺼풀 수술을 받고, '정말' 한국 여성의 외모를 갖추기를 바랐다.

지금 돌아보면 이런 생각이 든다. '도대체 내가 무슨 생각을 하고 있었던 것일까? 왜 한국 여성들은 수술을 통해 서양 여성의 눈을 갖고 싶어하는가?'

압구정의 한 성형외과에서 큰 눈을 만들기 위한 수술을 받던 날은 정말 끔찍했다. 의자에 앉자 의사가 눈을 감으라고 말했다. 실수로 수술 칼이 눈을 상하게 하는 일이 일어날까 두려웠던 나는 그가 시키는 대로 했다. 그리고 약 15분 동안 까만 어둠만을 보았을 뿐이다. 그런데 눈을 꼭 감고 있었음에도 불구하고, 어느 순간 오른쪽 눈에 의사가 보이는 것이 아닌가? 이게 어찌된 일인가? 나는 눈을 감고 있지 않았던 것인가? 사실 의사가 매우 큰 쌍꺼풀을 만들었기 때문에 눈이 감겨지지 않았던 것이다. 그 순간 나는 고함을 질렀다. "의사 선생님, 제발 그냥 돌아가게 해주세요. 저는 한국 여자로 머물기를 원합니다. 그냥 다른 한국 여자들처럼 작고 가는 눈으로 살고 싶어요!" 그러나 모든 것을 돌이키기에는 이미 너무 늦어 있었다.

깊이 후회하며, 두 개의 큰 서양인의 눈을 하고서 집으로 돌아왔다. 진짜 한국 여성들의 미친 허영에 나도 깜빡 속아 넘어갔던 것이다.

그러나 사실, 두 개의 커다란 이국적인 눈은 완전히 다른 느낌을 내 얼굴에 선물했다. 그 결과 매우 우스운 현상을 경험하기도 했다. 새로운 눈 모양을 하고서 네델란드에 돌아오자, 누구 하나 무엇이 변했는지 알아차리지는 못했다. 그러나 모두들 입을 모아, 내 얼굴이 엄청 변한 것 같다고 말했다. 그러나 무엇이 바뀐 것인지는 모르겠다고 덧붙였다. 눈을 크게 만드는 수술 따위에 대한 개념조차 없는 네델란드 사람들이기에, 그들은 수술한 내 눈을 보지 못했던 것이다. 그저 조이가 예전의 조이가 아니라는 것만이 그들에게 확실하게 보였다. 어쨌든 마침내 나는 아이라이너를 그리고 눈에 색조 화장을 할 수 있게 되었다. 수술 이전에는 눈 위에 무엇을 발라야 할지 전혀 감을 잡을 수가 없었다. 이제야 무언가를 바를 '공간'이 생긴 것이다. 나의 아름답고 이국적인, 쌍꺼풀 진 눈 위에 말이다.

한국 방문 동안 친어머니와 많은 이야기를 나눌 수 있었다. 그리고 마침내 그녀와 나 사이에 어떤 끈이 생긴 것을 느낄 수 있었다. 어머니와 그 어머니 뱃속에서 갓 태어난 아이가 갖는 그런 유대가 아닌, 위로와 살뜰한 이해와 서로에 대한 존중으로 인한 것이었다. 두 사람이 스스로 형성해낸 끈이었다. 마침내 친어머니에게서 위로를 찾았다. 마침내 그녀에게 내 슬픔을 보이고 그녀 앞에서 눈물을 보일 수가 있었던 것이다.

물론 감정상의 거리감을 제거한 뒤에도 우리 사이에는 여전히 언어로 인한 장벽이 존재했다. 나의 한국어는 여전히 긴 대화를 하기에 역부족이었다. 동생이 매일 일을 마친 후 두 시간이 넘도록 지하철을 타고 나를 보러 와서 함께 소파에 앉아 있는 순간, 슬프기 짝이 없었다. 그토록 가까이 앉아 있으면서도 그토록 멀 수가 없었다. 참으로 외로운 순간이었다.

많은 입양인들이 친부모를 찾고 기뻐하지만, 곧이어 서로 소통할 수 없다는 사실을 확인하고는 다시 절망을 느낀다. 잘 알지 못하는 문화 속에 놓여 있다는 사실만이 아니라 언어적 장벽에 의해 한국에 머물면서도 외로운 섬에 떠 있는 양 외로움을 느끼는 것이다.

그것은 또한 그들이 다시 살던 나라로 되돌아간 뒤, 한국의 가족들과 연락이 두절되는 이유가 되기도 한다. 매번 편지를 보내는 것도 무척 지난한 과정이 되는 것이다. 그것이 다만 다섯 줄의 문장으로 이루어진 편지라도 말이다. 진실로 말하고 싶은 것들을 말하지 못하는 것은 매우 짜증스러운 일이기도 하고, 아무것도 담지 못하는 편지를 수주에 걸쳐 주고받으니 그저 다음번에 다시 방문하는 것이 수월하기도 하다. 나의 경우 다음번이 10년 후가 되었지만 말이다.

한국인으로서의 나 자신을 잃은 것이 안겨주는 가장 큰 상실은 역시 언어를 잃은 것이다. 경제적으로 꾸려갈 수 있다면 한국에 오래도록 머물러 살면서, 오직 한국어를 다시 유창하게 말할 수 있는 데 집중해보는 것. 그것은 나의 커다란 희망이다.

6

한국에서 휴가를 보내고 돌아와서는 차크라 테라피를 받았었다.

그전까지 한 번도 들어본 적이 없었던 그것을 소개한 것은 직장 동료였다.

한국의 가장 큰 전자회사인 삼성에서 일을 시작했을 때였다. 내가 일을 막 시작한 그 주에 마침 회사를 떠나는 사람이 한 명 있었다. 미국에서 건너온 스티븐이라는 이 사람은 매우 겸손하고 친절했으며, 유연하게 굴리는 R발음을 제외하면 별로 미국인이라고 느껴지는 점을 가지고 있지 않았다. 그 주 내내 그와 이야기할 기회는 거의 없었다. 직업에 관련된 정보를 교환하기 위해 몇 마디 나눈 것이 전부였다. 그리고 그의 마지막 출근 일에 부서 전체가 그를 위한 송별 파티에 참석했다.

식사를 마치고 벽난로 주변에 삼삼오오 둘러앉아 이야기를 나누는 시간이었다. 우연히도 그와 대화가 엮였고, 갑자기 그가 내게 말했다. "주희씨, 내가 보기에 주희씨는 자기 자신을 좋아하지도 존중하지도 않는 것 같군요. 행복해 보이지도 않고요." 레스토랑에서 건네는 티백이 항상 반쯤만 우려지는 것을 잘 알고 있었던 나는, 그가 그 말을 건넬 때 스푼으로 티백을 눌러 우리고 있었다. 그러나 그의 말을 듣고 놀란 나머지 티백을 찻잔에 떨어뜨렸고, 덕분에 찻물이 얼굴에 튀고 말았다. 손등으로 얼굴에 튄 찻물을 닦으면서 누가 우리의 대화를 듣고 있지 않는지 재빨리 주변을 돌아보았다. 다행히 이미 많이 늦은 시간이었고, 어느 정도 취기가 오른 동료들은 서로 큰 소리로 웃고 떠들며 대화에 열중하고 있었다. "무슨, 무슨 말이지요?" 말을 하면서 급하게 들이켠 차에 입이 온통 데였다. "내가 보기에 주희씨는 너무 많은 생각을 담고 있어요. 끊임없이 무언가를 찾고 있지요. 약간은 곤경에 빠져 있는 사람 같기도 하고요." 자신의 빈 찻잔을 테이블 위에 내려놓으며 그가 대답했다. 그러고는 나에게 상냥한 눈빛을 보내왔다. 다시금 마음이 안정되었다.

매우 당황스러웠다. 어떻게 그가 그것을 알고 있는가? 우리가 만난 지 이제 겨우 일주일, 더군다나 그와 개인적인 이야기를 나눈 적이 없는데 말이다. 그는 이제 빈손이 된 자신의 두 손을 서로 깍지 끼워 턱밑을 받치고서 자신의 말소리를 나만이 들을 수 있도록 내 쪽으로 더욱 몸을 숙여 앉았다. 그러고는 자신이 가끔 예언적인 것들을 본다고 말했다.

10년 전, 그가 자신의 진로를 두고 중요한 결정을 내려야 했던 순간이 있었다. 그는 삼성 혹은 다른 직장을 선택할 수 있었고, 그 선택은 그가 내리기 힘든 그 무엇이었다. 하루는 꿈에 별 3개가 나타났다. 물론 그는 그것이 무엇을 의미하는지 당시에는 알 턱이 없었다. 다음날 한 한국인이 그에게 삼성이 한국어로 별 3개를 의미한다는 이야기를 들려주었다. 그렇게 그는 자신이 삼성에서 일해야 하는 운명임을 알게 되었고, 10년이 지난 지금 진정으로 아쉬움을 느끼며 회사를 떠난다 했다.

믿기 힘든 이야기였다. "정말인가요?" 나의 물음에 그는 몸을 소파 깊숙이 묻고서 목소리를 높여 다시 영어로 이야기했다. "주희 씨, 보이는 것을 믿을 수 있다면 삶은 매우 심플해질 수도 있답니다." 그리고 그는 자신의 부인에 대한 이야기를 꺼냈다. 부인이 한다는 차크라 테라피에 대해서도 설명했다.

차크라를 사용한 치유는 우리의 생각과 행동이 우리 몸에 있는 7개의 에너지 센터, 즉 차크라에 의해 지배된다는 원리에서 나온다.

보통 이 7개의 차크라는 모두 균형을 이루고 있는데, (부정적인) 외부의 요소들에 의해 균형이 깨어지고, 그리하여 우리의 감정과 세상을 보는 눈이 왜곡된다는 것이다. 당연히 삶 또한 달라진다. 현실에서 우리의 세계관이 왜곡되면 잘못된 결정을 내리거나 잘못된 행동을 하게 되는 것이다. 나의 경우 폭식과 구토가 그것이겠지, 하는 생각이 들었으나 그에게 이야기하지는 않았다.

테라피를 통해 차크라를 다시 정화시켜주면, 다시금 균형이 찾아온다. 그것은 우리가 태어날 당시에 주어진 원형적인 차크라가 다시 회복됨을 의미한다. 그 원형의 차크라는 우리가 삶을 사는 동안 외부의 요소들에 의해 제대로 기능하고 있지 못했다.

그는 내가 자신의 부인에게 연락을 취해 부인의 이야기를 들어 볼 것을 권유했다. 그 저녁, 나는 스티븐에게 나 자신에 대한 이야기를 하지 않았다. 따라서 그는 그가 스스로 알아낸 것 외에는 나에 대해 아무것도 몰랐다.

몇 주가 지나 여전히 호기심을 품고 있던 나는 그의 부인에게 전화를 걸었다. 그녀는 수화기를 통해 들려오는 나의 목소리만을 듣고서, 벌써 나에 대한 이야기를 들려주었다. 모두 정확히 들어맞는 것들이었다. 통화를 하는 동안 깊은 인상을 받은 나는 그녀와 약속을 잡았다.

약속은 수요일 오후 1시였다. 테라피는 그날 오후 5시까지 진행될 예정이었다. 현관의 벨을 누르자 한 여인이 문을 열어주었다. 그녀는 전화 통화를 하면서 내가 상상했던 모습과는 완전히 정반대의 인상을 지닌 여성이었다. 작고 매우 가녀린 그녀는 말을 하지 않고 있으면 클래식한 도자기 인형 같기도 했다. 목 언저리에서 가지런히 자른 검은 단발머리, 기울어진 눈매가 하얀 얼굴 속에서 사랑스러운 사람이었다. 거칠고 큰 목소리만이 인형 같은 그녀의 이미지와 어울리지 않았다.

그녀는 나를 2층으로 안내했다. 나는 방 한가운데에 있는 의자에 앉았다. 그녀는 곧이어 몸 안의 모든 에너지가 밖으로 나오는 순간에 몹시 추울 것이라며, 나에게 담요를 두르겠느냐고 물었다. 여전히 내 삶과 과거의 일들에 대해 하나도 모르고 있는 그녀가 내 차크라를 통해 무엇을 볼 수 있는지 궁금할 뿐이었다.

나는 우선 내 이름을 크고 분명한 목소리로 말해야 했고, 테라피가 진행되는 내내 눈을 감고 있어야 했다. 익숙한 나의 이름을 크게 외쳤다. "내 이름은 윤주희입니다!"

그사이 그녀 안에서 작은 변화가 일어난 것 같았다. 그녀의 숨이 거칠어졌다. 아마도 그녀가 작은 최면 상태에 빠진 듯했다. 몇 분에 한 번씩 그녀가 토해내는 새소리로 정적이 갈라졌다. 그 기이한 소리는 말 그대로 새의 삑삑거리는 울음과 닮아 있었다. 그 테라피를 믿는 진지한 마음이 없었더라면, 나는 웃음을 터트리고 말았을 터였다.

그녀가 입을 열었다. "네 뿌리는 땅에 튼튼히 박혀 있다. 뿌리 바로 위에서 시작된 줄기는 곧장 위로 자라 있다. 이것은 행복하고 안전했던 생의 시작을 말해준다. 그러나 갑자기 꺾인 줄기는 오른쪽, 왼쪽으로 휘기 시작했고, 기이한 뒤틀림을 보이며 땅을 뚫고 나왔다. 네 생은 그 생이 걸어야 했던 본래의 길에서 벗어나기 시작했다." 아마도 우리는 내가 네덜란드에 올 즈음에 도착해 있는 모양이었다.

그녀는 내가 전생에 원시 동굴 속에서 살던 사람이라고 했다. 매우 자신감에 넘치고, 스스로 강하다는 것을 느끼고 있던 나는 목숨을 걸고서 너무 큰 위험에 맞섰으며, 그리하여 야생 동물의 먹이가 되었다고 했다. 나에게 원시적인 면모가 남아 있고, 그리하여 강함과 자신감을 느낀다는 말은 맞는 이야기였다. 그러나 그 야생의 기질은 깊이 도려내져 버렸다.

그녀는 내가 이미 스스로에 대해 익숙하게 알고 있는 이야기를 몇 가지 더 들려주었다. 그러고 나서 갑자기 크게 외치기 시작했다. "주희! 나는 그 작은 소녀 안에서 엄청나게 강한 품성을 본다. 그 강한 품성은 밖으로 나오고 싶어하지만, 네가 그것을 허용하지 않고 있어. 너는 다만 두려울 뿐이지. 너는 그것이 네 인생에 어떤 일을 초래할지가 두려운 거야. 그 작은 소녀는 네가 조종할 수 있었지. 소녀는 네가 하고 싶은 대로, 말하는 대로 움직였지. 아마도 너는 그것이 세상이 네게 기대하는 것이라고 생각했던 거야."

나는 생각했다. '맞아. 그 작은 소녀는 폭식을 하고 토역질을 하지. 내가 그녀에게 명령했기 때문이야. 그것이 내가 아는 세상이기 때문이지. 그녀는 내 말에 순종할 뿐이야.' 다시 그녀가 말을 이었다. "너는 네 안에 엄청나게 강한 한 사람을 담고 있다. 매우 강렬한 파워를 가진 사람이지. 그러나 두려운 너는, 그를 눌러 밀쳐내고 있어. 그이가 나올 수 있도록 해줘, 주희! 그이가 나올 수 있도록 해!" 그 순간, 나는 온몸이 덜덜 떨리도록 극심한 추위를 느꼈다. 기억 속의 두려움들이 걸어나와 충격을 준 탓에 눈물이 쏟아졌다. 모두 맞는 말이었다.

이어서 그녀는 나의 차크라를 다시 정화시켜주었다. 그것으로 수년간 내가 힘겹게 지고 다니던 짐에서도 놓여났다.

테라피가 끝나자, 정말 새사람이 된 것만 같았다. 그 즉시 폭식증을 벗어던질 수 있었던 것은 아니지만, 강한 주희가 다시 표면으로 올라올 수 있었던 것이다. 강한 주희는 작은 소녀가 자신을 더 이상 밀쳐내지 않도록 싸울 준비가 되어 있었다. 더이상 고통 속에서 먹고, 고통 속에서 토하지 않도록 싸울 준비.

그 작은 소녀, 그토록 강한 주희를 눌러 밀어낼 수 있었던 그 작은 소녀 역시 매우 강한 인자였던 것이다. 그러나 이제 나는 그 소녀를 이겨내기로 결심했다. 그래야 비로소 그 작은 소녀는 자신이 마땅히 그러했어야 하는 대로 행동할 수 있을 테니까. 아이답게 사랑을 요구하고, 아이답게 위로받기를 원하는…….

7

서서히 그러나 분명하게, 먹는 것 이외에도 내 삶에 필요한 것들이 느껴지기 시작했다. 살면서 처음으로 남자 친구가 갖고 싶었다. 생에 처음으로 나를 사랑해주고 내가 사랑하는 한 남자를 만난다면, 먹는 것을 포기할 준비가 되어 있다고 생각했다. 이제 먹고 토하는 것이 삶의 중심이 아니었다. 내 안에 담겨 있는 많은 사랑이 느껴졌다. 그 사랑을 누군가와 나누고 싶었다. 그리고 이미 그 사랑을 주고 싶은 한 남자가 있었다.

생애 처음으로 나 자신에 대해 생각해볼 수 있는 여유가 허락된 것이다. 나는 누구인가, 무엇이 하고 싶은가. 내가 누구인지는 아직 알 수 없었지만, 무엇을 원하는지는 확실했다. '한국 여성'이 되고 싶었다. 나는 자주, 네덜란드인으로서가 아니라 한국인으로서의 나를 느꼈다. 물론 마음속 깊은 곳에서는 내가 한국 여자가 아니라는 사실을 고통스럽게 느끼고 있었지만 말이다. 폭식과 구토에 대한 집착이 줄어갈수록 과거 한국에서의 시간들에 대한 집착은 커져만 갔다.

늘 한국 남자들이 매력적이지 않다고 생각했었다. 너무 작고 비신사적이며, 구식에다가 세련되지 못한 그들. 그러나 2003년 다시 한국을 방문했을 때, 한국 남자들에 대한 나의 생각은 완전히 달라졌다. 한국은 달라져 있었고, 한국 남자들 또한 변해 있었다. 이제 한국에는 멋진 젊은이들이 넘쳐나고 있었다. 그들은 경쾌한 헤어스타일에 모던한 의상을 걸치고서 단정한 외양을 선보였다. 너무도 섹시한 그들. 물론 나 역시 변해 있었다. 미에 대한 기호는 문화적 배경에 따라 상당히 달라진다. 문화에 따라 매력적인 면모가 달라지는 것이다. 네덜란드에서는 건장한 남성들이 매력적이라고 생각한다. 이제 네덜란드식의 치수 기준을 버리고 한국적인 사이즈로 달라진 눈을 갖게 된 나는, 한국인의 기준으로 그들을 바라보았다. 갑자기 그들 모두가 너무도 매력적이고 아름답게 느껴졌다. 그리고 한국 남자와의 결혼이 가능할 것이라고 생각했다. 그리하여 나는 한국 남자하고만 결혼하겠다고 결심했다. 당시로서는 어떤 연유로 그런 결심을 하게 되었는지 알 수 없었지만, 어쩐지 직감적으로 그 결심을 따라야 할 것만 같았다.

네덜란드로 돌아온 후에도 나는 네덜란드 남자들과 네덜란드 사람들에게 아무런 매력도 느낄 수가 없었다. 그저 한국말을 배우고 한국인이 되고 싶을 뿐이었다. 한국적인 것들하고만 접촉하고 싶었으며, 한국인을 친구로 두고 싶었다. 한국 남자를 적극적으로 찾아다니지는 않았다. 네덜란드에 있는 한국 남자들이라고는 '입양인'이 전부였고, 내 눈에 그저 '네덜란드'인으로 보일 뿐이었다.

네덜란드 남자들은 아예 눈에 들어오지도 않았다. 어쩐지 네덜란드에서 한국 남자를 만나는 일이란 영영 불가능해 보였다. 한국 남자와 결혼하기 위해서 한국으로 돌아가야겠다고 생각했던 그 순간, 불현듯 그가 나타났다.

그를 만난 것은 옛 직장인 삼성의 동료가 연 파티에서였다. 더이상 함께 일하지는 않았으나 여전히 연락을 취하고 있던 동료, 마이키의 파티였다. 생긴 것도 성격도 모두의 마음에 들었던 마이키는 중국인으로 매우 친절하고 사랑스럽고 공손했으며, 자신을 내세우지 않는 사람이었다. 내가 정상적이었다면 그와 사랑에 빠져야 마땅했다. 그러나 어쩌랴……. 당시 나는 너무도 내 선택에 집중해 있었고, 한국 남자들에 빠져 있었다. 중국인은 선택 대상에서 제외였다. 마이키는 나를 모두에게 소개시켰고, 그 '모두' 중에 '그'가 있었다.

그와 악수를 나누었다. 이름은 지훈. 32살의 한국 남자로, 8년 전 유학생으로 네덜란드에 건너온 사람. 그는 학업을 마친 후에도 네덜란드에 머물렀고 한국 회사에서 일자리를 구했다. 그날 저녁 나는 그에게서 그다지 강한 인상을 받지도 못했으며, 더군다나 그의 외모 또한 특별한 것이 없었다. 다만 그가 매우 유창하게 네덜란드어를 한다는 사실에 놀랐을 뿐이었다. 그날은 마이키의 날이었으므로 다른 사람들처럼 나 역시 마이키의 주변에 머물렀으며, 따라서 지훈과 이야기를 나눌 기회는 거의 없었다. 매우 즐거운 저녁이었고, 저녁이 끝날 무렵에는 한국 남자들에 대한 생각 따위는 까맣게 잊고 있었다.

  2주가 흘렀다. 그에 대한 생각은 전혀 하지 않았으나, 나는 매일 한국에 대해 생각하고 있었다. 너무도 그리운 한국! 한국말을 듣고 싶고, 한국 음식이 먹고 싶었고, 한국 여성들이 보고 싶었다. 그들을 바라보고 있으면, 그들의 한국적인 몸짓과 표정과 행동거지들 속에서 내 꿈을 들여다볼 수 있었다. 나 역시 그렇게 되었어야 했으나, 그렇게 되지 못한 그런 존재! 한국인들이 너무도 보고 싶고, 한국말이 미치도록 듣고 싶은 나머지, DVD 플레이어와 수백 유로어치의 한국 DVD를 사들였다. 매일 저녁 일을 마치고 집에 돌아오면, 한국 영화와 드라마를 보는 데 열중했다. 거기에 등장하는 한국 여자들을 흉내 내 보았다. 그들의 몸짓, 소리 없는 표현과 표정들. 내 안에 커다란 동공을 느꼈다. 무엇인가를 잃은 사람의 깊은 비애. 다시는 되찾을 수 없는 그 무엇! 아무리 많은 한국 영화들을 봐도, 아무리 많은 저녁들을 거울 앞에서 한국 여자들을 흉내 내며 지내도, 영영 한국 여성이 될 수는 없으리라. 외롭고 텅 빈 느낌, 아주 소중한 누군가를 잃은 것과도 같은 상실감이 뼈에 사무쳤다. 나는 미망인인 것이다. 이번만은 먹고 토하는 것으로도 슬픔을 떨쳐버릴 수가 없었다. 누군가 나의 빈자리를 채워줄 사람을 찾고 싶었다. 과거 한국에서 내 안에 커다란 빈 공간을 만들어놓았으니, 한국 남자가 이것을 채워주어야 하지 않겠는가. 문득 지훈 생각이 났다. 그 젊은이, 한국 회사에서 일을 한다던⋯⋯.

그는 한국인이었고, 게다가 네덜란드 말을 잘하는 한국인이었다. 그에게 사랑을 느끼지는 않았으나, 어쩐지 그에 대한 생각이 머릿속에서 떠나지 않았다. 마이키에게 그의 이메일 주소를 물어 그 길로 메일을 썼고, 그에게서 바로 메일을 받았다. 그의 메일은 어쩐지 조금은 시적이었다. 관심을 끌기 위해 애쓰는 문장도, 나를 유혹하려는 노력이 엿보이는 문장도 아니었다. 그저 삶과 그리고 날씨에 대한 이야기. 그런 그의 메일이 마음에 들었다.

우리는 전화번호를 교환했고, 서로에게 전화를 넣기 시작했다. 때때로 긴 통화가 이어졌다. 나를 자주 웃게 만드는 그는 매우 재미있는 구석이 있기도 했다.

그를 본 것이 한 달 전으로 거슬러 올라가는 일이 된 시점이라, 사실 나는 그의 얼굴도 기억나지 않았다. 통화를 하며 몸이 달싹이는 것을 느끼기 시작한 나는, 몹시도 그가 보고 싶었다. 그 주 토요일 오후에 만나기로 했다. 기차역으로 자전거를 타고 나가 그를 마중하기로 했다.

그는 거기 서 있었다. 기억 속의 모습과는 상당히 달라져 있었다. 그동안 한국에 다녀온 그는 머리를 붉은 갈색으로 물들였고, 길게 자라난 머리카락이 세련되게 얼굴에 흩어져 있었다. 딱 달라붙는 청바지와 긴 가죽 재킷을 입은 그는 어쩐지 기억 속의 그보다 훨씬 매력적이었다. 잘생겼다고는 묘사할 수 없는, 어떤 면에서는 그가 평범해 보인다고 생각하고 있었던 것이다. 그러나 기차역 앞에서 와인 한 병을 들고 부끄러워하기도 하고 초조해하기도 하며 서 있는 모습이 아주 귀여워 보였다.

내 방에 도착하자 그는 어디에 앉아야 좋을지, 무엇을 말해야 할지 갈피를 못 잡겠다는 듯 익숙하지 않은 주변을 둘러보기만 했다. 초조한 탓이었는지, 손에 든 와인을 내게 선물하는 것도 잊고서 스스로 병을 따더니 무언가에 홀린 사람처럼 그 병을 다 마셨다.

와인 병이 비자 좀 느슨해진 그는 말을 하기 시작했고, 분위기는 사뭇 화기애애해졌다. 그는 수도 없이 나를 웃겼다. 그로 인해 나는 내내 웃어야 했다. 어느덧 나는 그의 옆에 편안히 앉아 한국 음악에 귀를 기울이고 있었다. 그와 함께 있는 것이 편안하게 느껴지기 시작했고, 마치 한국에 와 있는 듯한 기분이 들었다.

나는 나 자신과 한국에 대해 이야기하기 시작했다. 그는 액자를 집어들고서, 그 안에 있는 작은 소녀를 들여다보았다. 한국을 막 떠나왔을 때 찍은 사진이었다. 그의 어깨 너머로 작은 한국 꼬마가 눈에 들어오자, 갑자기 그 작은 꼬마가 느꼈던 두려움과 외로움에 가슴이 아팠다. 한국에 대한 모든 기억들이 되살아왔다. 한국에서의 과거가 나에게 안긴 슬픔이, 그 나라에서 온 사람 곁에서 마구 터져 나왔다. 나는 울기 시작했고 그는 내 눈물을 닦아주었.

눈물이 그렁그렁한 눈으로 그를 쳐다보았다. 뺨에는 마스카라가 흘러내리고 있었으리라. 그리고 그 순간, 갑자기 그에 대한 내 사랑이 시작되었다. '이 사람이 내 사랑이다. 이 사람과 결혼을 하고, 이 사람의 아이를 낳아야지.' 이전에 단 한 번 보았을 뿐인 그 사람, 그러나 이제 그를 영영 놓치고 싶지 않았다. 그와 온 주말을 함께 지내고 싶었다. 그리고 그는 그렇게 했다.

그를 만나기 전, 나는 두 명의 남자친구와 잠자리를 함께했었다. 일정한 관계로 발전하기 전까지 남자들과 잠자리를 덥석 함께한 적은 단 한 번도 없었다. 그러나 그에게만은 아무런 경계도 원칙도 내세우고 싶지 않았다. 섹스를 생각했던 것은 아니었다. 그저 사랑으로 방망이질치는 심장의 요구를 따랐을 뿐이었다. 그를 위해 내가 펴놓은 매트리스, 그 위에 누워 있는 그의 곁으로 파고들었다. 서로에 대한 아무런 설명 없이 우리는 키스를 하기 시작했다. 그저 그에게 가장 가까이 다가가고 싶었다. 그에게 내 사랑을 주고 싶었다. 그에게 내 몸과 그리고 내 안에 있는지도 몰랐던 많은 사랑을 주었다.

그가 나의 운명이라는 것을 의심하지 않았다. 내 나머지 생을 함께할 나의 남자. 그를 만나는 것이 나의 운명이었으므로, 다른 남자들과의 관계가 성공할 수 없었던 것이다. 내 운명의 남자가 내게로 온 것이다. 나의 한국 남자! 신은 결국에 내가 그토록 기다리던 한국 남자를 내게 데려온 것이다. 내게 꼭 맞는 사람, 내 운명!

월요일 아침, 그는 내가 머물던 집을 떠나 회사로 향했다. 그와 작별을 나누며 곧 그를 다시 볼 것이라, 그는 나를 사랑하고 있는 것이라 생각했다.

그후로 꽤 긴 시간 동안 그에게서 아무런 연락도 받지 못한 것은 상당히 충격적인 일이었다. 그는 나를 잊은 것일까. 그 주말이 그에게는 아무런 의미도 아니었단 말인가. 나는 그에게 아무것도 아니었단 말인가?

그에게 메일을 보냈다. 여러 번, 다양한 방식으로 내 사랑의 확신을 고백했다. 그를 향한 내 사랑을 솔직하게 드러냈고, 그가 나에게 얼마나 특별한 존재인지를 이야기했다. 매일처럼, 그를 한 번만이라도 다시 만나게 해달라고 기도했다. 그리고 드디어 한 주가 지난 어느 날, 새벽 2시쯤 귀가해서 다른 날과 마찬가지로 그의 소식을 기다리며 메일 박스를 연 순간, 그의 메일이 도착해 있는 것을 발견했다. 현명하게도 그는 나와 관계를 시작할 수 없다고 이야기했다. 내가 싫어서가 아니라, 아마도 곧 한국으로 돌아갈지 모르기 때문이라는 것이 이유였다. 자신의 미래에 대해 어떤 결정이 나기 전까지 누구와도 사랑에 빠지고 싶지 않다고 했다. 그는 내가 매력적인 사람이라 말했다.(얼마나 위로가 되는 말인지! 남자들은 언제나 말한다. 너는 매력적이야, 그렇지만…….) 그러나 자신의 미래가 너무도 불확실해서 아무것도 시작할 수 없다고 했다.

그가 어떤 내용을 메일에 썼는지, 심지어 나와 관계를 시작할 수 없다고 한 것조차 상관없었다. 우리는 서로에게 특별했고 운명은 모든 상황을 바꾸어놓을 테니까. 그저 그에게 소식을 전해 들었다는 것이 기뻤다. 기쁨으로 눈물이 흘렀다. 그의 연락이 닿게 해준 신에게 감사 기도를 올렸다. 이미 새벽 2시 반이 지난 시간이었다. 그와 통화를 해야만 했다. 수화기를 들고, 그가 잠에서 깰 때까지 벨을 울렸다. 그에게 결국 소식을 전해준 것이 얼마나 기쁜지에 대해 이야기했다. 매우 늦은 시간이었다는 것을 잘 알고 있었다. 그러나 그의 목소리를 들어야만 했다. 그리고 이어진 그의 반응은 이러했다. 아무런 대꾸 없이 수화기를 내려놓기…….

그러고 나서 나는 그에게 이메일을 썼다. 두려워할 아무런 이유도 없다고, 그가 나에게 기회를 주기만 한다면 당장에 그를 행복하게 만들어줄 수 있다고. 물론 그는 아무런 반응이 없었다.

내가 너무 느슨했던 것이리라. 한 남자가 한 여인의 집에서 주말을 기꺼이 보냈다면, 그리고 그 주말 내내 그녀를 사랑스럽게 대했다면, 그 남자는 분명 그녀와 사랑에 빠진 것이라고 생각했었던 나. 그가 나를 사랑하고 있다고 믿었다. 다만 관계를 시작하는 것이 두려운 것이고, 아마도 문화적 차이가 그 두려움의 원인일 거라 생각했다. 보통의 상황이었다면 어떤 남자가 실제로 나를 좋아한다고 해도 내 쪽에서 믿지 않았을 것이다. 그러나 당시의 나는 너무도 내 운명에 집착해 있었고, 그는 내게 보내진 한국 남자이고, 내 운명이라 믿었다.

이미 그가 나를 포기하고, 나 역시 그를 포기했다고 생각한 뒤로도, 여전히 나는 우리 두 사람이 서로에게 속하는 것을 두 사람 모두 느꼈다고 확신했다. 그의 생각이 바뀔 때까지 할 수 있는 모든 것은 다 하리라. 문화적 차이가 전혀 문제될 수 없다는 것을 증명해 보이고 말리라! 그는 한국에서 온 나의 왕자님이었다. 입양으로 인했던 내 슬픈 인생을 달래주고, 한국인으로서의 정체성을 상실한 것을 보상해주고, 나를 한국 여성으로 만들어줄 나의 왕자님. 한국에서 시작된 나의 악몽과도 같은 삶은 동화처럼 멋지게 끝을 맺을 것이다. 모든 입양인 소녀들 중에서 한국 남성에 의해 특별히 선택된 나는, 나를 사랑하는 그와 결혼을 하고, 드디어 다시 한국 여자가 될 수 있겠지.

그에게 내가 한국 여자라는 것을 증명해 보이고 싶었다. 그를 위해 열광적으로 한국어를 공부하고, 상다리가 부러지도록 한국 음식을 차려냈다. 손님을 잘 맞는 한국 여인이라는 것, 한국 음식을 잘한다는 사실을 그에게 보이고 싶었다. 네덜란드어를 유창하게 하는 그였음에도 불구하고, 그에게는 언제나 더듬더듬 한국말을 했다. 내가 한국인이라는 것을 증명하면, 우리가 서로 잘 어울린다는 것을 그도 알아차리겠지. 비참하고 절망적이었던 내가 할 수 있는 일은, 자신이 한국 여자라는 것을 증명해 보이는 것뿐이었다.

    그를 보지 못하고 거의 한 달이 지났다. 그와 정기적으로 전화 통화만을 주고받던 나는, 그가 너무도 보고 싶은 나머지 변명거리를 만들어냈다. 한국에 있는 남동생에게 한글로 메일을 보내기 위해 그의 집에 있는 컴퓨터를 잠시 사용해도 되겠느냐고 그에게 물었다. 내 노트북으로는 한글을 칠 수가 없다는 것이 궁색한 변명이었다. 그는 너무나 바쁘다 했다. 집을 청소해야 하고 세탁과 다림질을 해야만 한다고 했다. 그의 말이 떨어지기 무섭게 내가 대답했다. "내가 가서, 청소를 하고 다림질을 해줄 수 있어." 그를 위해 무엇이든 하고 싶었다. 그를 위해 내 모든 사랑을 주고 싶었고 그를 살뜰히 보살피고 싶었다. 내가 훌륭한 가정주부가 될 수 있음을 보여주고도 싶었다. 오, 내 안의 페미니즘은 다 어디로 숨어버렸던 것일까. 그는 나의 제안들을 거절했지만 컴퓨터를 쓰러 오는 것은 괜찮다고 했다.
    그는 나를 데리러 지하철역으로 나왔다. 그는 다시금 예의 그 불안정한 소년의 모습이었다. 우리는 서로 완전히 낯선 사람이 되어 있었고, 함께했던 주말 따위는 있었는지도 의심스러웠다. 나 역시 여전히 그를 지독하게 사랑했으나, 눈앞에 그가 보인다는 사실에 어느 정도 익숙해져야만 했다. 우리는 우선 그를 위해 맥주 한 세트를 사러 갔다.
    그의 방에 들어서자, 나는 곧장 컴퓨터로 가서 앉았고, 그는 다림질을 하기 시작했다. 아무런 말도 오가지 않았다. 그는 내게 등을 돌리고 서서, 컴퓨터에서 흘러나오는 한국 노래를 조용히 따라 했다. 나는 줄곧 그를 바라보기만 했다. 그를 만지고 싶었고 안고 싶었으나……. 그는 내게 있어서 살아 있는 한국, 그 자체였다.

우회적이고 부드러운 말로 관계의 청산을 시도하던 그는, 그것이 내게 먹히지 않자 마침내 다음과 같은 말을 남기고 모든 연락을 두절했다. "너는 매우 아름다운 여자야. 정말 사랑스러워. 우리가 다른 곳에서 만났더라면(나에게 있어서 그의 이 말은, '네가 입양이 되지 않아, 우리가 한국에서 만날 수 있었더라면'으로 들렸다), 우리는 분명 미래를 함께 나눌 수 있었을 거야." 그는 이미 한국 여성과 결혼을 하기로 마음먹었던 것이고, 입양인 여자 따위와 자신의 생을 함께하고 싶지는 않았던 것이다.

한국의 어머니가 나를 버렸을 때와 같은 고통이 다시 찾아왔다. 다시금 내가 충분히 좋은 사람이 아니라는 생각에 괴로웠다. 눈물이 다 말라 사라질 때까지 울었다. 오래도록 먹고 토하지 않았던 것을 보상이라도 하려는 듯 슈퍼마켓으로 달려갔다. 그러고는 고통을 먹고, 슬픔을 게워냈다.

8

지훈을 향한 나의 사랑은 그가 연락을 두절하고도 두 해나 더 지속되었다. 그리고 어느덧 새로운 한국 남자가 나타났다.

진욱이라 불리는 그는 지훈보다 어렸고, 심지어 나보다도 어렸다. 아직 학생 신분이었고, 네덜란드에는 유학 중이었다. 지훈과는 정반대로 그는 나에게 사랑을 느꼈고, 나를 너무나 사랑한 나머지 관계는 물론이고 후일 결혼을 하고 싶다고 했다. 그는 내가 입양인이라는 사실도 전혀 문제가 되지 않는다고 했다.

다만 그는 내가 다른 입양인들과 어울리는 것을 끔찍이도 싫어했다. 그는 그들이 한국인이 아니라서 나에게 나쁜 영향을 준다고 생각했다. 나만은 다른 입양인들과 다르다고, 한국인인 것 같다고 말했다. 물론 그렇게 말해주는 그가 무척 사랑스러웠다. 그러나 그는 내가 다른 입양인들처럼 행동하지 않고 한국인처럼 행동하는 점을 좋아한다는 것, 나를 한국 여자로 생각한다는 것은 끝내 우리를 괴롭혔다. 아마 진욱 자신도 입양인과 사랑에 빠진 그 이상한 상황을 그런 식으로라도 설명해야 했을 것이다. 서양인의 사고를 가지고 있는 여자를 그토록 사랑해서 결혼까지 하고 싶은 자기 자신에 대한 합리화.

어쨌거나 그의 곁에 있으면, 나 스스로도 한국 여자가 된 것만 같았다. 자연스럽게 한국 여자처럼 행동했고, 그것은 의도한 것이 아니었다. 그는 매우 사랑스러운 사람으로 나를 끔찍하게 아꼈다. 매일 훌륭한 기독교인으로 살기 위해 노력하는 사람이었고, 실제로 그는 훌륭한 기독교인이었다. 내가 그를 좋아했던 것은 그가 나뿐만이 아니라 모든 사람들에게 따뜻했기 때문이다. 주머니에 돈이 많이 없어도 늘 교회를 위해 헌금을 했고, 길에서 구걸하는 사람들에게 나누어주었다. 우리는 함께 미래를 계획했다. 조금 뒤 결혼을 하게 되면 언제나 수입의 십분의 일을 떼어 가난한 사람을 돕기로. 돈을 아주 많이 벌면 수입의 반을 떼어 그렇게 하기로 했다.

그는 나에게 있어 이상적인 (한국) 남자였다. 술을 마시지 않았으며 담배도 피우지 않았고, 먹고 마시기 위한 외출을 하지 않았으며, 그럼에도 매우 사랑스러운 사람이었다. 그는 언제나 열심히 공부를 했다. 많은 시간 공을 들여 내게 한국어를 가르쳐주기도 했다.(지훈은 나의 한국어를 위해 어떤 노력도 기울여주지 않았다.)

우리는 또한 언제나 모든 것을 둘이서 함께했다. 그가 자신의 공부에 열중하면, 나는 한국어 공부를 하거나 책을 썼다. 나 역시 일단의 그룹 속에 섞여 있기보다는 집에 혼자 있기를 좋아하는 성격이라, 우리 둘의 관계는 거의 완벽했다. 언제나 함께 머물면서 이야기를 나누고, 함께 장을 보고, 함께 요리하고, 함께 먹었다. 각자의 꿈을 위해 그는 공부를 하고 나는 책을 쓰는 순간에도 함께였다. 다른 누구도 더 필요하지 않았다. 그와 함께 매우 행복했고, 더 이상 외로움을 느끼지도 않았다. 그가 네덜란드에서의 학업을 마치면 함께 한국으로 돌아가리라.

그러나 우리 관계의 장애는 바로 그 '믿음'으로부터 파생되었다. 우리는 매주 일요일 한인 교회에 나갔다. 그는 매우 독실한 기독교인이었고 그의 아버지는 목사였다. 매일매일 그는 성경을 읽고 기도를 했다. 나 역시 신을 믿고 매일 기도하려 노력하지만, 교회에 다니는 것은 나와 잘 맞지 않는 일이었다. 다른 많은 네덜란드인들처럼 나도 교회에 다니지 않음에도 불구하고 기독교인으로 살게 허락하는 신에게 감사하는 사람 중의 하나이다. 나는 그저 그가 간절히 원했기 때문에 일요일이면 함께 교회에 나갔을 뿐이다.

믿음에 관한 이야기가 나오면 우리의 대화는 무거운 토론으로 이어졌다. 이상과 삶의 방식은 거의 완전하게 일치했으나, 믿음에 관해서는 정반대의 입장에 서 있는 것이 우리였다. 나는 신의 존재를 믿는다. 그 신은 이 지상에서의 우리 존재를 사랑하며, 우리가 행복해지기를 원하고 있으며 우리가 스스로를 사랑하기를 간절히 바란다고 믿는다.

내게 있어서 신은, 성경에 나오는 대로의 신이다. 그러나 나는 다른 이들에게는 다른 신의 이름이 있다는 것 또한 믿는다. 그 이름이 알라가 될 수도, 붓다가 될 수도 있으며 심지어 나무가 될 수도 있겠지. 신은 각자에게 힘을 주는 존재이고, 각자가 사랑이라 부르는 존재라고 생각한다. 누구나 자신이 사랑이라 명명할 수 있는 그 무엇을 스스로 알 수 있을 터이다.

진욱에게 있어서 신은 단 하나였다. 이 단 하나의 신을 믿지 않으면 누구나 지옥에 떨어지는 것이다. 나는 인정할 수 없었다. 누군가가 지옥에 떨어질 것이냐, 아니냐의 결정은 그가 무엇을 믿느냐에 달려 있지 않고, 그가 어떻게 살았는지에 달려 있다고 나는 믿는다. 서로 다른 이름을 가지고 있는 많은 종교들의 공통점은 선한 삶을 살라는 가르침일 것이다.

진욱은 내가 교회에 가지 않으면 지옥에 갈 것이라고 믿었다. 그렇다면 절대로 교회에 나가지 않는 나의 네덜란드 어머니 역시 지옥에 떨어질 예정이란 말인가? 내가 아는 그 누구보다 선한 나의 어머니가? 나는 그의 믿음을 부정했다. 그의 믿음이 옳다고 말할 수는 더더욱 없었다. 그러므로 그의 눈에 나는 좋은 기독교인이 아니었다. 그는 또한 동성애자들을 지옥으로 직행할 죄인으로 취급했다. 그런 그의 믿음을 나는 절대로 인정할 수가 없었다. 그가 증오에 찬 눈빛으로 그런 것들에 대해 이야기할 때마다 나는 내 앞의 그가 내가 그토록 사랑하는 바로 그 사람인지 의아스러웠다.

한편 내가 에릭과 함께 살았었다는 사실이 점점 더 큰 문제가 되어갔다. 네덜란드에서는 남자친구와 어느 정도 안정된 관계를 갖게 되면 함께 사는 것이 당연한 일이기 때문에, 그런 일을 비밀에 부쳐야 한다는 생각조차 하지 못했다. 처음에 진욱은 그 일에 대해 전혀 말이 없었다. 그러나 우리의 관계가 심각해질수록, 그가 심각하게 우리의 결혼에 대해 고려하면 할수록, 그는 점점 더 자주 내가 동거를 했었다는 사실이 얼마나 그를 고통스럽게 하는지 이야기했다. 그는 내가 큰 죄를 지었다면서 신에게 용서를 빌어야 한다고 했다. 스스로 무언가를 잘못했다는 생각이 들면, 누가 시키지 않아도 기도를 하는 것이 나다. 그러나 이번 경우와 같이 내가 전혀 잘못했다는 생각이 들지 않는다면, 기도할 수 없는 것이 나이기도 했다. 다른 이가 잘못이라 생각했다고 해서, 나 스스로 그런 생각이 들지 않는데 용서를 빌 수는 없지 않은가.

동거를 했었다는 사실 말고도 내가 처녀가 아니라는 사실 또한 진욱의 눈에는 죄였다. 나는 결혼을 할 때까지 처녀로 머물렀어야 했고, 그것이 신이 원하는 바라고 했다.

사실 진욱을 만나기 전에 단지 세 명의 남자친구와 잠자리를 함께했던 나였기에, 스스로 매우 단정한 처자라고 생각하고 있던 터였다. 그러나 그는 내게 마치 내가 창녀처럼 굴었다는 느낌을 안겨 주었다. 내가 처녀로 머물러 있었어야 한다고 생각하는 그의 사고방식 또한 이해할 수 없었다. 그 역시 총각이 아니었고, 게다가 그와 나 역시 이미 잠자리를 함께했지 않은가.

그는 우리가 잠자리를 함께했다는 사실을 매우 수치스러워하면서 눈물을 흘렸다. 그러고는 함께 신에게 용서를 빌자고 했다. 다시는 그런 짓을 하지 않으리라 신 앞에서 다짐하자고 했다. 나로서는 서로 신뢰하며 깊이 사랑하는 두 사람이, 심지어 결혼을 약속한 두 사람이 함께 잔다는 것에 대해 전혀 죄책감을 느낄 필요가 없다고 생각했지만, 그를 위해 그가 원하는 대로 기도하고 다짐했다. 사실 섹스 없이 오랜 시간 지내는 것 따위가 나에게 문제가 되는 것도 아니었다. 얼마든지 그렇게 살 수 있었다. 우리의 다짐을 매번 지키지 못하는 것은 내가 아니라 진욱이기도 했다. 그러면 그는 다시 그 모든 드라마를 반복했다. 용서를 빌고 새로운 맹세를 바쳤다. 그러고는 내게 마치 내가 커다란 죄의 온상인 것만 같은 느낌을 안겨주었다.

어느 순간 모든 것이 피곤했다. 무엇보다 그가 우리들의 아이를 그와 같은 믿음으로 키워나갈 것이 두려웠다. 결혼식을 올릴 때까지 처녀로 머물러야 하고, 다른 종교를 믿는 사람들과 교회에 가지 않는 사람들과 동성애자들을 모두 죄인 취급하는 사람으로 키워야 하지 않겠는가. 그러고 싶지 않았다.

내 아이들은 자유롭게 키우고 싶었다. 아이들이 자라 스스로 선택을 할 수 있는 어른이 되면 자신들의 믿음을 스스로 찾게 하고 싶었다. 무엇도 믿고 싶지 않아 한다면, 그것 역시 나쁘지 않다. 가장 중요한 것은 사람에 대한 사랑과 관대함을 지닌 존재, 다른 이들과 함께 나누고, 다른 이들에게 내어줄 수 있는 존재, 종교와 인종과 성에 상관없이 서로 존중하고 받아들이는 존재가 되는 것이 아니겠는가.

진욱이 나를 진정한 기독교인이 아니라고 판단한다는 것은 그가 나와 결혼할 수 없다는 것을 의미하기도 했다. 목사인 그의 아버지는 오직 진실한 기독교인만이 자신의 아들과 혼인할 수 있다고 했다. 사실 그러한 이유로 내가 그와 결혼하지 못한다는 것은, 내가 완벽한 한국인이 아니라는 이유보다도 더 고통스러운 것이었다.

누구도 어떤 이가 교회에 잘 나가지 않는다는 이유로, 혹은 결혼 전에 처녀성을 잃었다는 이유로 그가 좋은 기독교인이 아니라고 판정 지을 수는 없다. 그런 식으로 판정 짓는 사람을, 나는 더이상 사랑할 수도 없었고, 그런 사람과 결혼하고 싶지도 않았다. 진욱의 성품 그 자체를 너무도 사랑했던 나. 그가 지녔던 이상과 선함과 나를 향했던 그 많은 사랑, 용기 있게 선택했던 그 모든 것들을, 결국 우리의 믿음이 서로 조화를 이루기에는 너무도 다르기 때문에 깨뜨려버려야 한다는 사실이 너무 슬펐다.

진욱과 헤어진 다음, 나는 더이상 한국 남자와 사랑에 빠지지 않겠다고 결심했다. 네덜란드 남자를 만나 결혼하리라.

나의 심장은 나를 사랑해주었던 두 명의 한국 남성들로 인해 어느 정도 위로를 받았지만, 그에 못지않은 고통을 지나와야 했다. 그렇다면 이제 한국 남성들을 바라보는 나의 시선은 어떠한가?

솔직히 고백하건대, 내 첫 네덜란드 남자친구였던 에릭 이후로 단 한 번도 네덜란드 남자를 보고 사랑을 느껴본 적이 없다. 나의 심장은 오직 한국 남자들을 보고서만 뛰기 시작한다. 여전히 나는 한국 남자와 결혼하기를 원하는 것인가? 매번 한국 드라마를 시청하면서, 나는 오직 한 가지 것만을 주의깊게 관찰한다. 한국 남자와의 결혼. 드라마 속의 한국 남자들은 너무도 완벽하다. 사랑스럽고 잘생겼으며 부드럽고, 여성을 존경하고 보호한다.

한국 드라마 중의 명장면을 꼽으라면 나는 사랑하는 사람을 향한 남성의 부드러움을 잘 표현한 〈풀하우스〉를 꼽겠다. 송혜교를 바라보는 비의 눈빛, 사랑이 가득한 그 눈빛. 혜교에게 이불을 덮어주고 자신은 소파나 책상 위에서 잠이 드는 비. 또는 그녀를 업어주는 그. 술에 취해 걷지 못하는 그녀를 집으로 데려오는 그.

나는 또한 〈겨울연가〉에서 배용준이 최지우와 해변의 작은 집에서 이별하는 장면을 보며 눈물을 흘렸다. 그들이 서로가 형제라 오해하고 작별하는 그 장면. 그녀의 얼굴을 두 손에 감싸 쥐고 오래도록 바라보는 그. 그토록 많은 사랑과 부드러움을 담고서 그녀를 바라보는 그 눈빛. 그 눈빛을 보며 눈물을 흘리는 동안, 나는 오직 한 가지 소원만을 빈다. 제발 언젠가는 내 생의 바로 그 한국 남자를 만나, 그가 자신의 손으로 내 얼굴을 감싸고 그와 같은 눈으로 나를 바라보는 순간을 가져볼 수 있기를! 배용준이 최지우를 바라보던 바로 그 눈빛 말이다.

그러고 보니 나는 여전히 한국 남자와의 결혼 외에는 꿈꾸는 것이 없는 것도 같다. 매력적이고 사랑스러운 한국 남성들과의 연애에 대한 환상은 커져가지만, 사실 그들과의 섹스에 대해 생각한 적은 없다. 그보다는 그들이 나에게 이불을 덮어주는 장면, 잠든 나의 머리가 그의 어깨에 기대여 있는 장면, 그의 팔이 나를 감싼 채 함께 해변을 걷는 장면, 그리하여 누구나 그가 얼마나 나를 사랑하는지 확인할 수 있는 그런 장면들을 즐겁게 상상한다. 물론 현실은 한국 드라마들에서 보여주는 세계와 다르다는 것을 안다. 따라서 나는 자문한다. '정말로 현실에서 한국 남자와 결혼하고 싶은가?' 실제 세상에는 커다란 문화적 차이가 존재한다. 그러나 나는 또한 진실한 사랑은 모든 것을 이겨낼 수 있으리라 믿는다. 두 사람이 서로를 위해 편견들과 싸워나갈 준비가 되어 있다면 말이다.

내 눈에는 한국 남성들이 잘생긴 서양 남자들보다 훨씬 매력적이다. 어느 정도 여성적이기도 한 소위 그 '꽃미남'들이 좋다. 부드럽고 매끈한 피부를 가진 그들은 서양 남자들이 얼굴과 몸통에 가지고 있는 털도 없는 것 같다. 특히 그들의 쌍꺼풀 없는, 한국적인 가는 눈매가 좋다. 여성들이야 쌍꺼풀에 큰 눈을 가지고 있으면 더욱 예뻐 보이지만, 남자들은 작고 갸름한 눈매가 훨씬 귀엽다. 무엇보다 검은 직모의 머리카락, 어느 정도 길면 더 멋진 그들의 머리카락이 좋다. 물론 키스하기 좋게 털이 없는 가슴도 근사한 것들 중 하나다.

사실 그들과 결혼하고 싶은 진짜 이유는, 역시나 한국인이 되고 싶기 때문이라고 생각한다. 이미 한국 사람들은 한번 슬쩍 보고서도 내가 한국인이 아니라는 것을 알아챈다. 그런 나이기에 한국 남자와 함께 있으면 서양 남자와 함께 있을 때보다는 훨씬 더 한국인인 것처럼 느껴진다.

마지막으로 한국 남자와 결혼하고 싶은 가장 중요한 이유를 밝혀야겠다. 서양 여자들이 한국 남자를 볼 때 전혀 느끼지 못하는 섹시미를 어째서 나는 느끼나……. 그건 그가 나에게 사랑스러운 '한국 아이'를 안겨줄 것이기 때문이다. 내 가장 커다란 소원은 한국 남자의 한국 아이를 갖는 것이다. 혼혈아보다는 한국 아이가 훨씬 보기 좋기 때문이 아니다. 스스로의 한국적 외모를 수치스럽게 생각했던 내 유년에 대한 보상이다. 지금에서야 한국 아이들이 가장 아름답고 귀여워 보이기 때문이다.

6살 이후로, 나는 나와 닮은 아버지와 어머니를 갖지 못했다. 나의 부모님은 금발의 백인이었고 내가 누구를 닮았는지 가늠해볼 수 있는 대상이 내게는 없었다. 이제 나는 나와 꼭 닮은 아이를 갖고 싶다. 나와 같이 검은머리를 가진 아이, 나처럼 반달 모양의 눈을 가진 아니, 나처럼 한국적인 외모를 가진 아이.

서양 남자보다 한국 남자와 결혼하고 싶은 이유가 혼혈아가 아닌 한국 아이를 가지고 싶기 때문이라는 것은 그다지 윤리적이지는 않은 것 같다. 그러나 한국 아이는 내 삶에 많은 변화를 가져올 것이고, 내가 잃었던 무엇을 되찾게 해줄 것이다. 내가 잃었던 것, 나와 닮은 사람들…….

9

한국적인 것에 대한 집착, 내 삶을 한국적인 것으로 채워넣고 싶은 마음은, 한국 사람들이 있는 곳에 일자리를 찾는 것으로 이어졌다. 그리하여 한국 회사에 일자리를 구하게 되었고 제일 처음 얻은 직장이 삼성이었다.

솔직히 말해 업무는 상당히 지루하게 생각되었다. 그러나 매일 한국 사람들을 보고 한국말을 듣는다는 사실에 상당히 행복했었다. 삼성이라는 회사에서 생산하는 물건들에 대해서도 자부심을 가지게 되었고, '삼성 가족'의 일원이 된다는 사실도 영광이었다.

하루는 회사의 IT 매니저인, 한국인 데니가 나를 찾아왔다. 그는 매우 쾌활한 사람으로 내가 아는 그 어떤 한국인보다 열정적인 성격의 소유자였다. 그의 웃음소리와 말소리는 멀리 있는 자리에서도 들을 수 있었다. 동글동글한 몸집에 역시 둥근 얼굴을 하고서 언제나 사람을 웃게 만드는 사람이었다. 그는 영어를 말할 때도 역시나 매우 인상적이고 쾌활한 악센트를 구사했다. 문장의 마지막 단어를 말할 때는 긴 떨림을 주어 발음했는데, 가령 '어떻게 지내나요?'라는 문장은 '어떻게 지내나-요-요-요-요?'가 되곤 했다. 철자들이 떨려나오는 형국이 되는 것이다. 여자들을 마주칠 때면 언제나 '아름다운 그대-대-대-대' 하고 말하는 그의 버릇은 삼성 건물 안에서 꽤나 유명한 것이기도 했다.

그는 나의 손등에 정중하게 한국식으로 키스를 한 후에(그후로 누구에게서도 그런 '한국식'을 본 적이 없지만), 한국인 아가씨와 함께 살지 않겠느냐고 물어왔다. 그녀는 일이 년 정도 삼성에서 일하고자 네덜란드로 건너왔다고 했다. 내가 그녀와 함께 산다면 네덜란드 말이라곤 한 마디도 하지 못하고 영어에도 아직 익숙하지 못한 그녀가 이곳에 적응하는 데 큰 도움이 될 것이라 했다.

우선은 누군가와 함께 살기에는 매우 협소한 나의 집에 대해서 생각해보았다. 사적인 공간을 잃게 될지도 모른다는 두려움이 들기도 했다. 그러다가는 내 방식대로의 삶을 포기해야 되지 않을지. 나는 그녀보다 다섯 살이나 많았고, 한국 사회에서는 항상 연장자가 모든 것을 책임지고 돌보아야 했다. 또한 무엇보다도 윤주라는 이 한국 여성이 한국에서 그토록 자주 목격했던 거식증 환자처럼 깡마른 체구를 지닌 이가 아닐까 하는 걱정이 들었다. 그것은 1년 동안 매일 두꺼운 화장을 덧바르는 한국 여성, 외모만을 열심히 가꾸어대며, 상대방도 외모로 평가하는 그런 여성과 함께해야 할 것이라는 두려움이었다.

그러나 한편으로는 매우 즐거운 일이 될 수도 있음이 분명했다. 그녀에게서 많은 것을 배울 수도 있을 터이고, 많은 시간 한국어를 연습할 수도 있을 것이다. 결국 한국어에 대한 욕심이 그녀와 함께 사는 것을 시도하도록 나를 움직였다. 결정이 내려지고 3주 후에 그녀를 만나게 되었다.

그녀는 전형적인 한국 여성이었다. 한국에서 많이 보아온, 수줍고 사랑스럽고 매우 귀여운 느낌의 여성. 그러나 솔직히 나에게는 천만 다행으로, 그녀는 네덜란드 여성들과 같은 몸집을 지니고 있었다. 뚱뚱하지는 않았으나 상당히 건장한 몸집. 나와 같은 스타일의 몸집을 지니고 있었다. 어깨쯤 내려오는 검은머리에 모자를 눌러쓰고 화장기 하나 없는 얼굴이었다. 오른쪽 입가로 엿보이는 덧니가 약간은 익살스러운 느낌을 주는 여성이었다. 그녀를 보는 즉시 우리가 좋은 친구가 될 것임을 알 수 있었고, 실제로 우리는 좋은 친구가 되었다.

그녀와 함께하는 처음 몇 주 동안은 내가 상상하던 것과는 정반대로 흘러갔다. 그동안 우리는 하루 24시간, 일주일에 7일을 함께 지냈다. 함께 일어나 함께 출근했다. 델프트에 있는 같은 건물에서 일을 하고 저녁이면 함께 집으로 향하는 길에 함께 장을 보았다. 주말이면 그녀가 가보고 싶어하는 곳들을 함께 돌아보았다. 그녀가 아직 혼자서는 어디도 갈 수 없었기 때문이다. 계속해서 그녀와 함께 시간을 보내며 그녀의 한국말을 들으며, 그녀의 한국적인 몸짓들을 보면서, 내가 만일 한국에서 자랐다면 어떠했을까 하는 궁금증이 일었다. 그녀처럼 자라 있었겠지······. 약간은 슬퍼지는 대목이었다. 조금쯤 그녀에게 질투심이 일기도 했다.(좋은 의미의 질투심이었지만.) 그녀는 한국 여성으로 자라 있고, 나는 그렇지 않다는 사실에 질투가 났다. 함께 거실에 앉아 있을 때면, 그녀가 먹는 모습을 쳐다보거나 그녀가 친구들과 전화 통화를 하는 것을 들으며 저녁 내내 그녀를 관찰했다. 어느 정도 시간이 지나자 그녀가 하는 대로 무엇이든 따라할 수 있었다. 쟁반을 무릎에 받쳐놓고 라면을 먹는 그녀. 그녀는 오른손에 쥔 젓가락에 라면 가락을 천천히, 우아하게 돌려 만 다음 머리를 아래로 숙여 그것을 입에 넣었다. 그동안 왼손은 손바닥을 위로 향하여 라면 가락을 받치며 얼굴 가까이까지 따라 올라왔다. 한국의 사촌들이 그런 식으로 먹는 것을 본 적이 있었다. 반면에 나는 언제나 그릇을 얼굴 가까이 가져와 라면을 입에 떠 넣었다. 한국 남자들이나 서양인들이 하는 것처럼 말이다.

집에는 언제나 한국 음악이 흘렀다. 그녀는 노랫말을 알아듣고 나는 그렇지 못한 것이 슬펐다. 그런 식으로 우리는 얼마간 작은 코리아타운을 만들어 그 안에서 살았다. 매일 한국 회사로 출근해서 한국인들에 둘러싸여 일했다. 주말이면 한국 친구들이 집에 놀러 왔고, 그들에게 잘 보이기 위해 나는 한국 음식을 준비했다. 일요일에는 함께 한인 교회에 나갔다.

네덜란드 사람들을 보는 일은 거의 없었고, 오직 한국어와 영어로 이야기했다. 매일 저녁 나는 한국 음식을 먹었고, 룸메이트는 빵과 초코바스타와 과일을 먹었다. 내게서는 김치와 마늘 냄새가 풍겼고, 그녀에게서는 빨래 유연제에서 풍기는 꽃향기가 났다. 토요일이 되면 나는 온종일 신선한 유기농 재료들로 김치를 만들기에 바빴고, 그녀는 한인 슈퍼에서 만들어 파는 김치를 사다 먹었다. 저녁이면 나는 한국어를 공부했고 그녀는 영어를 공부했다.

경이롭게 그녀를 바라보며 깊은 애착을 느꼈다. 내가 그렇게 되고 싶은 모델로서의 그녀, 동시에 돌보아주고 싶은 동생 같은 그녀. 내가 늘 갖고 싶어하던 한국 자매로서의 그녀.

그러나 한국인이 되고 싶다는 집착은, 호모로서의 정체성을 가진 이가 헤테로가 되고 싶어하는 것과 같은 것이었다. 집착할수록 어려워지기만 하는 속성을 가진 열망. 헤테로가 되면 사람들에게 받아들여질 것만 같아서, 자신의 성 정체성을 억누르고 헤테로 남성처럼 행동하지만, 가끔씩 돌발적으로 찾아오는 어찌할 수 없는 진정한 자신의 욕망에 비밀리에 남자를 만나는 호모처럼.

한두 달이 지나자, 그녀는 그녀이고 나는 나라는 평범한 사실을 깨닫게 되었다. 너무도 다른 두 사람. 각자가 특별하며 아름다운 두 사람. 더이상 그녀처럼 되고 싶다는 열망을 지니지 않게 되었다. 다시금 네덜란드 소녀로서의 내가 된 나 자신. 네덜란드에 속한 나 자신이 좋았다.

08 유년기의 일들에도 불구하고, 성장하여 집을 떠나던 순간 이후, 스스로의 삶을 선택할 수 있었다. 그러나 계속해서 자신의 삶을 부정하기만 했다. 당시 그밖에 다른 방법을 알지 못했기 때문이다. 나는 스스로에게 화가 나서, 생의 그 많은 순간들에 자신을 화장실 변기 앞에 세워두었던 것이다. 그러나 오프라 윈프리가 말했듯, "그 순간, 나는 내 고통과 슬픔을 잠재우는 다른 방법을 알지 못했"던 것이다. 그리하여 나는 나 자신을 용서했다.

용서, 되찾은 행복

1

　아버지와 나 사이에는 독특한 스토리가 존재한다.
　아버지는 권위적인 가장의 전형적인 모습이었다. 자신의 유년기 트라우마를 극복하지 못하고 가족들에게 풀어야 했던 사람이었고, 그 대상은 다름아닌 나였다.
　아이를 한 명 입양하겠다는 결정은 어머니가 내린 것이었다. 그것이 훗날 아버지와 나 사이에 깊은 골이 패게 된 원천적인 이유가 아니었을까. 아버지는 그 결정 안에서 먼저 허우적댄 사람이었고, 나는 뒤에 그러했다는 차이가 있을 뿐이다.
　아버지는 내가 다른 아이들과 좀 다르다는 것을 절대로 용납할 수 없었던 것 같다. 지금도 선명하게 기억할 수 있는 장면. 아버지와 나는 텔레비전 시리즈를 보고 있다. 〈헐크〉가 방영되고 있다. 화가 나면 거대한 초록색 인간으로 변하는 헐크. 그는 자신의 힘을 약한 자를 도와 정의를 실현하기 위해서만 쓴다. 나는 6살 혹은 7살이었던 것으로 기억한다. 순간적으로 아버지를 향해 말을 하는 나. "아빠, 나는 헐크랑 결혼하고 싶어. 저렇게 힘이 세니까 언제나 나를 지켜줄 거야." 그것은 그저 어머니와 결혼하고 싶다고 엄마를 향해 지껄이는 아이들의 말과 같은 종류의 것이었을 터였다. 아이들은 그저 가장 사랑하는 사람과 결혼하고 싶다고 말하는 법이니까. 그러나 아버지는 나의 말에 너무도 크게 화를 냈다. 그는 나를 향해 소리쳤다. "도대체 네 머릿속에는 무엇이 든 거냐. 이제 6살 (유럽 나이로는 6살이지만 한국 나이로는 8살이었다)밖에 안 된 것이, 왜 결혼 따위를 생각하는 거냐고. 제발 정상적으로 굴어라!" 나는 갑작스럽게 쏟아지는 분노에 찬 반응에 충격을 받았다. 다시 회초리를 맞을까 두렵기도 했다. 그리하여 방으로 도망친 나는 절대로 그곳에서 나오지 않았다.

자주 아버지가 두려웠다. 아버지가 언제 분노에 찬 남자로 돌변해서 나를 쥐어박을지 모른다는 불안감에 시달렸다. 그는 언제나 내가 무언가를 잘못했다며 소리를 질렀다.

하루는 아버지와 단 둘이 남아 설거지를 하고 있었다. 8살쯤 되었던 때였으리라. 그릇들을 마른행주로 닦으며 창을 통해 마당을 내다보았다. 그곳에 빨래가 널려 있었다. 바람이 꽤나 불고 있었고, 그리하여 형형색색의 천들이 이리저리 휘날리고 있었다. 상당히 큰 마당이었고, 빨래를 너는 대는 마당 맨 뒤쪽에 설치되어 있었다. 따라서 그것들을 잘 보기 위해서는 눈을 반쯤 감아 떠야 했다. 눈을 반쯤 감고서 그것들을 바라보니 다양한 색과 형태의 빨래들이 서로 겹쳐졌다. 갖은 색깔을 띠고 널려 있는 양말과 수건과 스웨터들이 인디언의 아름다운 깃발이 되어 펄럭거렸다. 아버지에게 외쳤다. "아빠, 저것 좀 봐요. 인디언이 우리 마당에 서 있어요. 저 아름다운 색깔의 깃털들이 바람에 펄럭이는 것 좀 보세요." 아버지는 내 머리를 후려치며 한 번이라도 정상이 될 수 없겠냐고 다그쳤다. 내 머릿속의 이상한 생각들이 다 빠져나와야 된다고 했다. 더이상 아버지 곁에서 자유로운 아이로 존재할 수 없었다. 그리고 그 순간부터 연극이 시작되었다.

내가 맡은 역할은 희생자, 힘없는 자, 언제나 잘못을 하고 아버지 앞에서 고개를 숙이는 역할이었다. 매번, 다시금 아버지가 나에게 화를 낼 때면 이유가 무엇이던지 간에, 심지어 매를 맞으면서도 나는 언제나 머리를 아래로 숙이고서 다시는 잘못을 저지르지 않겠다는 대사를 외웠다. 그 역할을 하는 것이 너무 익숙해져서 나중에는 그것이 나의 한 부분이 되어버렸다. 그 역할을 내려놓는 것은 쉽지 않았다. 집을 떠나오고 나서, 더이상 그 역할을 해내야 할 필요가 없어졌을 때조차 그러했다. 늘 잘못을 하고서 어떤 권위자에게 질책을 당하는 역할, 희생자로서의 역할에 익숙해진 나는 더이상 자유로운 삶 속에서 스스로의 가치를 실현할 수가 없었다.

그렇게 아버지가 코를 잡아놓은 패턴의 뜨개질 짜기가 시작되었다. 양말이나 뜨고서 마감을 해야 했을 그 뜨개질은 길고 긴 목도리 짜기로 변해 있었다. 언제까지고 끝나지 않을 뜨개질은 겨울이 끝나고 봄이 와도, 심지어 여름이 와도 계속되었다. 그리하여 이어지는 몇 년 동안 나는 같은 패턴을 반복하며 살았던 것이다. 계속되는 패턴의 반복은 결국 완벽한 무늬의 목도리가 되어, 내 역할은 더이상 연극 속의 역할이 아닌, 나 자신이 되어버렸다.

당신이 만약 스스로에 대한 애도의 시간을 가지고 있다면, 사람들에 대해 부정적인 것들만을 보는 것이 당연한 일일 것이다. 아버지에 대해서도 그러했으리라. 그러나 그도 다른 모든 사람들처럼 좋은 면도 가지고 있을 터이고, 이제 나는 그에 대한 좋은 추억들을 기억해보려고 애쓴다. 아버지의 사랑은 쓰고도 단 그레이프프루트처럼, 모든 것을 용서하고 나면 그 쓴 과육에서 단맛도 느껴질 수 있는 그런 것이리라.

 남자들에게는 다른 이의 아이를 돌보는 것이 여자들에 비해 훨씬 어려울 것이라고 생각한다. 여성들은 아이와 더 밀접한 관계를 맺는 것이 보통이고, 더 많은 시간을 새로운 딸이나 아들을 위해 할애하며, 그리하여 비교적 빠른 시간 안에 그 아이에 대해서도 자신이 직접 낳은 아이에게 느끼는 모성을 느낄 수 있을 것이다. 남성들은 낮 동안 일을 하고, 다만 저녁의 몇 시간 동안, 그것도 아이가 자러 가기 전까지만 함께하기 때문에, 부성을 느끼는 것이 더딜 수밖에. 따라서 나는 입양을 결정한 가정의 아버지들이 되도록 빨리 그 낯설기만 한 아이에게 아버지로서의 감정적 유대를 형성하는 것이 중요하다고 생각한다.
 그러나 그 모든 것에도 불구하고, 나는 어머니보다는 아버지를 훨씬 더 많이 따르는 아이였다. 가족이 모두 휴가를 갔던 기억 속에서 나는 아름다운 추억을 가지고 있다. 부모님은 태양 아래 누워서 휴식을 취하는 바캉스보다 유명한 곳들을 둘러보는 관광을 선호하는 편이었다. 그리하여 우리는 유명한 남쪽 해변으로 경로를 잡은 적이 거의 없었고, 대신 북구의 산들을 많이 찾았다. 노르웨이, 스웨덴, 오스트리아. 우리는 무척 많이 걸었고, 언제나 아버지와 나는 수십 미터 앞서 걸어나가곤 했다. 어머니와 언니는 저 멀리서 뒤따라 왔다. 그런 순간에 나와 아버지는 눈에 보이는 모든 자연 경관에 대해 유쾌한 대화를 나누었다. 몇 시간 동안 마주치는 동물과 식물 들에 이야기를 나눌 수 있었다. 높은 산에 오르는 것에 전혀 관심이 없던 어머니와 언니는 빼놓고, 아버지와 둘이서 등산을 하기도 했다. 우리 두 사람은 함께 우리를 둘러싼 자연의 고요함을 즐겼고, 마치 좋은 지기가 된 것 같은 유대감을 느꼈다. 물론 아버지는 휴가를 맞으면, 스트레스에서 완전히 놓여난 여유 있는 사람으로 변모했다. 그러나 그가 일이나 아버지 혹은 가장으로서의 역할 속에서 분주함을 느낄 때면, 나는 아버지로부터의 공격들을 감내해야만 했다.

아버지와 나는 또한 식사 시간이면 언제나 비운 접시를 한 번 더 채워 먹는 구성원으로서 깊은 연대를 맺고 있었다.(물론 섭식 장애를 갖기 전의 일이다.) 어머니와 언니는 이미 자신들의 작은 접시를 비우고서 의자를 멀찍이 빼고 앉아서는 아버지와 내가 여전히 먹기에 분주해서는 팬 바닥을 긁고 있는 것을 즐겁게 바라보았다. 아버지와 나는 언제나 설거지를 도맡는 단짝이었고 그럴 때면 으레 즐거운 대화가 이어지곤 했다.

아버지는 서로 상반되는 면모를 많이 지닌 사람이었다. 언니에 대해서는 늘 좀더 많은 존중을 표했고, 내게 회초리를 때리는 순간에도 그녀에게는 모든 것을 자유롭게 허용했다. 나는 아버지에게서 할 수 있도록 허용 받는 것들이 거의 없었다. 그러면서도 아버지는 공평한 구석을 가지고 있기도 했다. 언니와 나는 둘 다 토끼를 한 마리씩 가지고 있었다. 언니와 나는 경쟁적으로 누구의 토끼가 친구들에게 더 인기가 있는지 재어보고자 했다. 언니는 이웃 아이들에게 자신의 토끼에게만 맛있는 풀을 먹여주고, 내 토끼에게는 아무것도 주지 말라고 명령을 내렸다. 그 사실을 알게 된 아버지는 아이들이 쥐고 있던 풀을 모두 빼앗아 절반으로 나눈 뒤, 언니와 나의 토끼가 반반씩 먹을 수 있도록 해주었다. 그리하여 자신들을 인형처럼 가지고 노는 아이들로 인해 배고팠던 두 마리의 불쌍한 토끼는 드디어 무언가를 먹을 수 있었다.

아버지는 또한 나의 달리기 성적을 자랑스러워했다. 심지어 달리기를 하고 있던 동료에게 13살짜리 자신의 딸이 그보다 훨씬 빨리 달릴 수 있다고 자랑삼아 말하곤 했다. 어느 날에는 그 동료를 초대해서 나와 함께 12킬로미터 겨루기를 제안하기도 했다. 당시 나는 뚱뚱해졌다가 날씬해지기를 반복하는 요요 현상의 시기를 살고 있었으며, 그 경주를 제안 받았을 때는 다소 살이 붙어 있었다. 그러나 몸매가 아무리 요동을 치더라도 언제나 달리기를 하고 있던 나였다. 아버지의 동료는 1미터 54센티미터의 키에 달리기 선수보다 3킬로그램은 더 나가 보이는 작은 소녀를 보고, 자신이 내기 경주에서 이겨 25유로를 딸 거라고 확신했다. 곧이어 아버지는 그 경주에서 이긴 나의 어깨를 자랑스럽게 다독이며 크게 웃을 수 있었다.

사실 아버지의 그 상반된 모습이 나를 가장 힘들게 했다. 한편으로는 나를 그토록 작고 초라한 존재로 만들어 자신감을 완전히 상실하게 만들었던 그. 그러면서 다른 한편으로는 나의 여성성에 아첨과도 같은 상냥한 말을 건네고 내가 스스로를 학대해 만들어낸 그 몸을 만진 아버지. 내가 성장해감에 따라 아버지는 나를 가치 있는 존재로 받아들이는 것처럼 보였다. 16살 무렵이 되어 소녀의 몸에서 여인의 몸으로 성숙해가자, 아버지는 글자 그대로 내가 매력적이라는 경탄의 눈빛을 보이곤 했다. 간혹 친구들과 외출을 하기 위해 치장을 하고 나서면, 아버지는 내 엉덩이를 툭 치며 휘파람을 불었다. 그러고는 감탄하는 눈빛으로 나를 바라보며 농담을 했다. "내가 젊어서 너를 보았더라면 말이지……." 그런 표현은 정말이지 나를 불편하게 하는 것이었다. 그것은 아버지에게 성적인 대상으로 보인다는 것을 의미했기 때문이다.

그런 경험들로 인해, 후일 나는 나의 여성성을 받아들이고 스스로의 성에 대해 자각하기까지 매우 힘든 시간을 보내야 했다. 섭식장애 또한 무의식적으로 나의 여성성이나 성을 억누르려는 시도가 아니었을까. 스스로를 굶겨 육체에서 풍만한 여성성을 제거하고 안전함을 느끼는 것이다.

후일 폭식증으로 인해 몸이 불어나면, 정신적으로야 성을 다시 발견한다 해도 육체적으로는 거리를 두는 형태가 되는 것이다. 오직 먹는 것에만 열중하는 여성, 계속해서 풍선처럼 불어난 얼굴을 하고 구토로 인해 입가가 찢어진 여성을 어느 남자가 흥미 있어 하겠는가. 토사물에서 나는 신 냄새를 몸 여기저기에서 풍기를 그런 여자를 말이다.

어쨌거나 아버지는, 스스로 좋은 아버지가 되기 위해 최선을 다했다고 생각한다. 그러나 때때로 인생에는 최선을 다하는 것만으로는 충분하지 않은 상황이 있는 것이다. 만일 당신의 부인이 아이를 입양하기로 결정하여 양부의 역할을 해내야 하고, 어느 날 갑자기 완전히 낯선 6살짜리 아이가 완전히 낯선 문화에서 건너온다면……. 완전히 다른 외양과 습관을 가진 아이가.

2

 자라면서 어머니의 사랑을 어린 내가 느끼기는 어려웠다. 언니에 대한 어머니의 사랑이 마르지 않는 폭포수처럼 언제고 떨어져 내리는 형국으로 내 눈에 비춰진 반면, 나에 대한 어머니의 사랑은 그 수면에 떨어진 작은 잉크방울과 같은 것이었다. 언니에 대한 사랑이 폭포수와 같은 힘을 지니고 있었던 것은 어머니의 숙명이었을 것이다. 자신의 딸이었으니 말이다. 반면 작은 잉크방울에는 아무런 힘도 없었다. 그러나 해가 지나 한 방울 한 방울이 모이고 모여 돌을 뚫을 만큼 강해졌다. 그것이 어머니의 사랑이었다.
 내가 처음 보았던 그 한 방울의 사랑은 내가 더 많은 사랑을 갈구하며 목말라하게 만드는 것 이상의 양이 아니었다. 그러나 그 한 방울의 사랑이 어머니의 의지와 어머니가 인간으로서 심장에 담고 있는 사랑과 섞여서 힘차게 증폭되었고, 내가 성장함에 따라 점점 더 많은 양의 사랑으로 변해갔다. 서로에 대한 이해, 고통에 대한 나눔으로 인해 이제는 폭포와도 같은 강력한 사랑이 된 것이다. 그리하여 돌처럼 굳어졌던 나의 심장도 결국에 어머니가 내게 보여준 사랑, 내가 어머니에게서 느낄 수 있었던 사랑으로 인해 부드러워질 수 있었다.

사실 그 사랑은 언제나 그 자리에 있었는지도 모른다. 다만 입양이라는 스스로에 대한 규정이 그것을 느끼지 못하게 했을 수도 있다. 한국의 어머니에게서 받은 고통, 네덜란드 아버지에게서 받은 고통이 너무 컸기에, 어머니 사랑의 강한 물줄기가 가려 보이지 않았던 것일 수도 있는 것이다.

이제 고통 없이 객관적으로 내 유년을 되돌아보면, 언제나 나와 언니를 껴안고 비비던 어머니의 모습이 떠오른다. 그것이 바로 내가 사람들에게 버려질지도 모른다는 두려움에 시달리면서도, 선뜻 다른 사람을 따뜻하게 포옹하고 뺨을 부비는 사람이 되어 있는 이유이다. 후일 내가 아이들을 가진다면, 그들이 부모로부터 받아야 하는 만큼 충분히 안아주고 사랑해줄 것이다. 사람들은 우리가 어른이 되어 부모가 되면, 유년에 자신의 부모가 잘못했던 것들을 반복한다고 말한다. 그러나 나는 아버지와 같은 실수를 저지르지 않을 것임을 확신한다. 많은 사랑을 담고 있는 좋은 어머니가 될 것이다. 내가 어머니에게서 배운 대로 말이다. 좋은 어머니가 어떤 것인지, 나는 내 경험 속에서 배웠고 체험했다.

어린 시절, 내가 가장 좋아하던 일은 어머니와 함께 장을 보러 가는 것이었다. 섭식 장애를 갖기 전에도 언제나 음식은 내 인생에서 중요한 역할을 차지했다. 어머니가 별 생각 없이 사과를 집어 한 봉지를 채우면, 나는 그 사과를 몇 분 동안 자세하게 조사하여 상한 것이 섞이지 않았는지 체크했다. 그리고 새로운 사과를 봉지에 담기 전에, 그것이 신선한지도 잘 관찰했다. 그런 식으로 작은 아이의 손에 의해 수많은 사과가 검열을 거쳤고, 그 중 대여섯 개의 질좋은 것만이 봉지에 담겼다. 오이 역시 어머니는 어느 것이 더 큰지 비교해보지도 않고 집어들었고, 그러면 나는 두 개가 맞붙은 오이를 발견할 때까지 상자를 뒤적였다. 새로운 구찌 백을 할인 매장에서 발견한 여인의 열광처럼, 나 역시 어머니의 팔을 잡아끌며 이 오이를 사야 한다고 소리쳤다. 하나 값에 두 개를 살 수 있다면서!

어머니에게 사랑받는 것에 그토록 집착했던 나였기에, 그 사랑을 획득할 수 있다면 무엇이든 했다. 그러면서도 스스로 무엇인가를 해내는 것을 두려워했다. 내 안 깊은 곳에서는 지금 보이고 있는 나보다 훨씬 더 많은 것을 해낼 수 있는 나 자신을 알고 있었다. 역설적이게도 나는, 내가 스스로 아무것도 아닌 존재라고 느꼈음에도 불구하고, 때때로 내가 원하기만 한다면 무엇이든 할 수 있다고 느꼈다.

그러나 나는 내가 만일 그들의 친딸인 언니보다 성공적인 사람이 된다면, 부모님이 나에 대한 사랑을 거둘 것이라는 두려움을 늘 지니고 있었다. 언니가 실업계 고등학교를 마치는 동안 나는 인문계를 마쳤다. 그리고 나서 내가 대학에 진학한다면 무언가 크게 잘못될 것만 같았다. 물론 대학 진학은 실패로 그쳤다. 폭식과 구토라는 풀타임 직업과 공부를 병행할 수는 없었던 것이다. 그러나 그 실패는 결국 언니에 비해 성공적이지 못함으로써 안전하다는 느낌 또한 안겨주었다. 어머니는 그 어느 때보다 많은 사랑과 연민을 보여주었고, 나를 위해 많은 눈물을 흘렸다. 내가 다시 좋아진다면 그 사랑이 사라질 것만 같았다. 결국에 언니보다 내가 더 잘 되어간다면, 누가 아는가, 어머니가 그것을 전혀 기뻐하지 않을 수도 있는 것이다.

321

스스로를 열등한 존재로 유지하는 것이 어머니의 사랑을 획득하는 나의 전략이었다. 그 시절 나는 그렇게 생각했고 그렇게 느꼈으며, 그것이 나의 진실이었다. 물론 실제로는 그러하지 않았을 것이다. 나의 삶이 잘 풀려갔어도 어머니는 나를 여전히 사랑했을 것이다.

지금, 이제 정말로 내가 회복된 시점에서 나는 어머니가 여전히 나를 똑같은 마음으로 사랑한다는 것을 안다. 어머니는 나의 재능과 가능성들이 수면 위로 떠오른 뒤에도 여전히 많은 사랑으로 나를 품어주신다. 어머니와 나는 그 어느 때보다 튼튼한 사랑으로 맺어져 있다.

3

언니와 나는 농담 삼아 우리의 성격이 낮과 밤만큼이나 다르다고 이야기한다. 그러나 사실 우리 둘은 비슷한 성장 단계를 서로 다른 시기에 지나쳐 왔을 뿐이다.

언니는 12살 때까지는 매우 수줍고 불안정한 아이였다. 초등학교 시절, 그녀는 언제나 혼자였고 그룹 안에 섞이는 일이 거의 없었다. 친구도 거의 없었다. 추측건대 내가 네덜란드에 도착한 이후로 더 많은 외로움을 느끼며 스스로 충분하지 못하다고 생각했을 것이다. 내가 가족의 구성원으로 도착한 바로 그 순간부터, 모든 이의 관심이 나에게로 향했고, 학교에서는 누구나 먼 나라에서 온 새로운 아이와 놀기를 원했다. 초등학교 시절 나는 인기 있는 아이였다. 다만 언니는, 집 안에서는 여전히 자신감 있는 소녀로서 큰 언니의 역할을 해내고 있었다. 나는 언제나 언니한테 지는 동생이었다.

그러나 가족이 이사를 한 그 순간부터, 모든 것이 정반대의 상황으로 돌변했다. 새로운 학교에서 나는 12학년이 되었고, 언니는 14학년을 시작했다. 갑자기 언니는 동년배들에게 인기 있는 존재가 되어 자신감을 회복하고, 말이 많아지기 시작했다. 이제껏 집 안에서만 말을 하던 언니가 학교에서도, 다른 장소에서도 대화를 이끌기 시작했다. 나는 거칠고 고집 센 소녀가 되어 스스로를 군중 속의 고독을 느끼는 존재로 가두어버리고는, 계속해서 언니의 그늘과도 같은 존재로 머물렀다. 식사 시간이 되면 언니는 재잘대기를 멈추지 않았고 나는 학교에서처럼 침묵을 지켰다.

그러나 성장기 동안 두 사람 사이에 흐르던 경쟁심과 질투심에도 불구하고, 우리는 많은 시간 함께 놀았다. 특히 인형놀이를 많이 했는데, 그럴 때면 우리는 어머니와 아버지 흉내를 냈다. 사실 어머니와 또 한 명의 어머니 흉내를 냈다고 해야 옳다. 언니와 나는 언제나 어머니 역할만을 하고 싶어했다. 각자 어머니가 되어주어야 하는 인형을 가지고 있었다. 언제나 우리는 인형을 옷 안으로 넣어 배에 얹고 놀이를 시작했다. 아기가 어떻게 어머니 뱃속에서 나오는지 알지 못하던 때였으나, 어찌되었건 '배에서' 나온다는 것은 알고 있었다. 그리하여 배를 흔들고 옷을 털어 인형을 신속히 출산하고 난 다음, 엄마 놀이가 시작되곤 했다. 우리는 어머니에게 인형을 먹여야 한다며 요구르트 한 접시(우리가 가장 좋아했던 후식)를 달라고 했다. 매 숟갈마다 잠시 그것을 인형의 입에 댄 다음,

즉시 자신의 입으로 떠 넣었음은 물론이다.

  말 타기 놀이도 우리가 좋아하던 놀이 중의 하나였다. 의자 위에 방석을 놓고, 직접 제작한 발판과 의자 받침을 가지고 말의 머리를 만들었다. 거기에 고삐가 될 만한 것을 걸고 말을 몰았다. 말이 거침없이 달리는 동안 우리의 긴 머리가 바람에 휘날리는 것처럼 멋진 장면은 없을 터였다. 그러나 두 사람 모두 긴 머리카락을 가지고 있지 않았기 때문에, 파자마 바지를 머리에 둘러썼다. 그리하여 파자마의 다리 부분이 머리를 따라 흘러내리고는, 곧이어 바람에 펄럭거렸다. 때때로 파자마 머리를 손으로 흔들어 뒤에 남은 이들에게 인사를 고했다. 그것이 우리의 가장 신나고도 아름다운 장면 연출이었다.

  나이가 들어 어른이 되어가면서 언니와 나는 서로를 점점 더 존중하게 되었다. 우리는 서로가 매우 다르다는 사실을 받아들였고, 마침내 언니는 나 역시도 이해하기 힘들었던 아버지와의 관계를 이해해주었다.

  자주 만나지는 않아도, 우리는 서로가 서로를 사랑한다는 것을 안다. 그것은 가족이라는 이유로 자주 서로를 방문하는 것보다 훨씬 중요한 자각인 것이다…….

4

  어린 시절, 나는 내 한국 얼굴이 못생겼다고 생각했다. 큰 눈과 작은 코와 갸름한 얼굴형을 꿈꾸곤 했다. 내가 살던 작은 세계에서 한국인을 볼 일은 거의 없었고, 한국인이라는 종족은 못생긴 부류일 것이라 스스로 결론을 내렸었다.

한국에서 1년을 보내고 난 후, 많은 한국 사람들을 보고 또 무엇이 동양적인 얼굴에 맞는 스타일인지 어떤 헤어스타일이 아시아인의 얼굴에 어울리는지 배우고 난 뒤에야, 스스로 못생겼다는 생각을 접기 시작했다. 심지어 내가 한국인인 것이 자랑스러웠다.

그러나 열등한 존재라는 느낌은 내 안에 깊숙이 뿌리 내리고 있었다. 내가 충분히 좋은 사람이 아니라는 느낌에서 연유한 그 열등감. 따라서 스스로를 못생겼다고 생각하던 버릇이 사라진 뒤에도, 여전히 내면에서는 내가 못나고 나쁜 사람이라는 느낌을 가지고 있었다. 따라서 짧은 기간이나마 폭식을 하지 않고 보통의 사람처럼 스스로를 보살피고 난 후, 사람들에게서 받는 칭찬들로도 그러한 내면의 느낌들을 상쇄시킬 수가 없었다.

거울을 보고 거울 속에서 그럭저럭 예쁘고 상냥해 보이는 소녀를 발견한다. 그러나 나의 내면은 여전히 내가 못생겼고 나쁜 아이라고 생각하고, 그 느낌 때문에 나는 다시 폭식을 하고 게워낸다. 그러고 나면 내 얼굴은 나의 내면이 느끼는 것처럼 못생기고 못돼 보이는 얼굴이 된다.

그런 와중에 신에 대한 내 인식의 전환이 나를 도왔다. 깊어지는 영성 속에서 하느님을 다시 만날 수 있었던 것이다. 신은 언제나 지속적으로 나를 벌하는 존재일 뿐이었다. 네덜란드 아버지와의 관계 속에서 만났던 신은, 언제나 나를 벌하기만 했다. 그러나 신이 더이상 성난 아버지, 벌하는 아버지가 아님을, 그와는 반대로 나를 지극히 사랑하는 아버지, 아이가 행복해지기를 바라는 아버지라는 것을 느끼기 시작한 것이다. 언제나 나는 생각했었다. '다른 이가 불행에 빠져 있는데, 어떻게 내가 행복해질 수 있겠는가?' 그러나 차츰 내가 스스로를 폭식증에 가두어놓고 행복해지기를 거부하는 만큼, 다른 이들의 행복을 막고 있으며 그들을 나와 같은 비참함 속에 버려두는 것임을 자각하기 시작했다. 세상에 존재하는 불공평함은 내가 스스로를 불행 속에 버려둔다고 해서 줄어드는 것이 아니었다.

폭식증과 다른 모든 고통으로부터 스스로 놓여나는 것만이 여전히 고통 속에 있는 사람들을 위해 무언가를 할 수 있는 길을 열어줄 것이었다. 그리하여 나는 스스로 소중한 존재로 살기, 행복해지기, 내게 주어준 모든 재능과 방법을 동원하여 내 삶을 아름답게 만들고, 그럼으로써 다른 이들에게 행복해질 수 있다는 희망을 줄 수 있는 사람이 되자고 결심했다.

그러나 행복해지겠다는 결심, 스스로를 사랑하고 스스로를 잘 보살피겠다는 다짐만으로는 충분하지 않았다. 처음에는 여전히 나의 부정적인 사고들이 긍정적인 사고들과 함께 머물렀다. 그리하여 나는 뇌를 청소해내는 작업에 착수했다. 잘못된 사고들로 이루어진 뇌 세포 대신 새로운 삶의 세포들을 주입시켜야 하는 것이다.

계약서를 한 장 썼다. 기도 혹은 주문이라 해도 좋다. 긍정적인 나 자신과 스스로를 사랑하겠다는 다짐만이 가득한 글이었다. 총 7장이나 되는 그것을 프린트해서 옷장 안쪽에 붙였다. 처음에는 매일 두 번, 그러고 나서는 매일 적어도 한 번, 그것을 소리 내어 크게 읽었다. 크게 소리 내어 외치는 매 단어가, 몸 안의 모든 세포들, 특히 뇌 세포에 각인되었다. 그런 식으로 나는 새로운 사고를 먹었다. 그리고 어느 순간 나는 내가 말하는 것들을 진실로 믿게 되었다.

사람들을 향해 내 의견이나 생각을 표현하기란 언제나 두려운 일이었다. 나의 말들은 오직 내 안의 깊은 골짜기에 파묻혀 있을 뿐이었다. 그러나 점차 스스로의 의견과 생각들이 더이상 어리석어 보이지 않았고, 용기를 내어 밖으로 표현하기 시작했다. 그러면서 사람들이 내가 하는 말을 우습게 보지 않는다는 사실도 알게 되었다. 조금씩 조금씩 나 역시 함께 이야기하며, 스스로를 주장해도 된다는 사실을 자각해갔다. 그리고 점점 더 먹고 토하는 일이 삶에서 덜 중요한 역할을 하기 시작했다.

결국 나 자신이 다른 모든 사람들과 마찬가지로 재능과 존엄성을 지닌 존재라는 믿음에 가 닿았다. 나의 가장 큰 에너지는 나 자신에 대한 강한 믿음이었다. 내가 아무런 존재도 아니라는 강한 확신은 내 존재에 대한 강한 부정을 심어주었다. 그러나 내가 좋은 사람이라는 믿음이 주는 힘은 모든 것을 변화시켰다. 그리고 서서히 인간으로서의 존엄을 회복해갔으며 점점 더 강인한 한 여성, 자기 삶을 총체적으로 이끌어가는 여성으로서의 나를 느꼈다.

물론 내가 완전하지 않다는 사실도 받아들여야 했다. 사실 완전한 존재가 될 필요도 없는 것이다. 인간으로서 나의 취약한 부분들을 변화시키기 위해 노력하겠지만, 그것이 가능하지 않다면 그것을 나의 한 부분으로 받아들이면 되는 것이다. 나는 내가 어찌해볼 수 없었던 일들, 혹은 내가 갖지 못했던 것들로 인해 더이상 스스로를 증오하지 않았다.

치유의 길에서 매우 중요한 작용을 했던 것은, 나의 과거와 그 속에서 역할을 담당했던 이들, 그리고 나 자신을 용서하는 과정이었다. 과거에 들러붙어 있는 이는 한 걸음도 앞으로 떼어놓을 수 없는 법이다. 영원히 희생자로서의 자신을 느낄 것이고, 희생자란 어떤 것도 이겨낼 수 없는 존재다.

폭식증을 앓고 있던 동안, 나는 자기 연민에 빠져 허우적거렸던 것이다. 스스로에 대한, 스스로가 지나왔던 시간에 대한 연민들. 나는 스스로 불행 속에 머물 권리가 있다고(불행 속에 머물 책임이 있다고) 생각했다. 그리하여 다른 모든 것들(공부, 그리고 내가 거쳤던 그 많은 직장들)이 잘못되어가는 것에 대해 책임을 느끼지 않았다. 사실 어찌해볼 도리가 없기도 했다. 일들은 그저 나에게 닥쳐올 따름이었다. 내가 할 수 있었던 유일한 것은 그토록 불공평한 삶에 대해 분노하는 일뿐이었다.

희생자의 위치에서 승리자의 위치로 넘어서자, 하고 결심했다. 희생자의 삶 속에서는 언제나 가해자들이 주인공이 된다. 승자의 삶 속에서는 승자 자신이 주인공이 되는 것이다! 내 인생에 더이상의 가해자는 없었다. 오직 나 자신과 나를 도와주는 사람들이 있을 뿐이다. 내가 스스로 만들어가는 영화 속에서 말이다.

그리하여 나에게 슬픔을 준 모든 이들을 용서하기로 했다. 누구보다도 나를 힘들게 했던 아버지조차 용서하기로 했다. 용서란 용서한다고 말하는 것으로 완성되는 것은 절대 아니다. 진정 가슴으로부터 용서하는 것이어야 하며, 다시는 그 이전으로 되돌아가지 않는 것을 의미한다. 나는 아버지를 내 가슴으로부터 용서했다. 아버지에 대한 용서는, 스스로에 대한 용서를 가능하게 해주었다.
 나 역시 나 자신에게 많은 잘못을 저질러왔던 것이다. 유년기의 일들에도 불구하고, 성장하여 집을 떠나던 순간 이후, 스스로의 삶을 선택할 수 있었다. 그러나 계속해서 자신의 삶을 부정하기만 했다. 당시 그밖에 다른 방법을 알지 못했기 때문이다. 나는 스스로에게 화가 나서, 생의 그 많은 순간들에 자신을 화장실 변기 앞에 세워두었던 것이다.
 그러나 오프라 윈프리가 말했듯, "그 순간, 나는 내 고통과 슬픔을 잠재우는 다른 방법을 알지 못했"던 것이다. 그리하여 나는 나 자신을 용서했다.

5

 나는 폭식증의 화신이었다. 폭식증은 나 자신이 되어 있었다. 이제 서서히 폭식증이 없어지는 지금, 무엇이 내 안에 남아 있는가? 나는 누구인가?
 폭식과 구토를 멈춘 직후, 나는 내 앞에 아름다운 생이 시작될 것이라고 믿었다. 그토록 희망하고 기대했던 그러한 삶. 그러나 나는 여전히 친구 하나 없이 외로운 인생이었다. 백마를 탄 나의 왕자님은 나타날 생각을 하지 않았고, 매일 반복되는 직장 생활은 지루하기 짝이 없었으며, 그 무엇도 흥미롭지 않았다. 삶이 무척이나 불공평하다는 생각이 들었다. 그토록 최선을 다해 여기까지 왔는데 지금 나에게 남겨진 것은 무엇인가? 여전히 불행하고 여전히 외로울 뿐, 삶이 더 나아진다는 보장도 없었다. 폭식과 게워내기를 멈추면, 매일 아침 흥분에 가득 차 침대에서 '튀어' 일어나고, 수첩은 약속으로 가득 차 있고, 꿈꾸던 직장을 찾을 수 있으리라 생각했다. 먹고 토하느라 잠자고 있던 나의 모든 재능이 드디어 발현되고, 사람들은 나의 가치를 알아볼 수 있게 되리라. 그러나 현실은 그렇지 않았다. 너무도 일하고 싶은 직장에서 면접을 보면, 과거 끝내지 못한 공부와 여기저기 옮겨 다녔던 경력이 발목을 잡았다. 그러고는 여전히 내 삶에서 변한 것은 아무것도 없다는 균형 잡힌 결론에 이르게 되었다. 아침이면 여전히 온종일 침대에서 뒹굴고 싶었고, 먹을 것을 대신하는 그 무엇인가를 찾아야만 했다. 그리하여 꽤 상당 기간 토하지 않고 살아냈으나, 결국 다시 예의 그 익숙한 패턴으로 귀환했다. 먹으면서 불행을 느끼는 것이, 먹지 않으면서 불행을 느끼는 것보다야 나은 삶이 아닐까…….

그러나 다시 한번 깊은 슬럼프를 겪고 난 나는, 스스로에게 이 삶에서 무엇을 원하고 있는지 질문을 던졌다. 나를 즐겁게 하는 것은 무엇이며, 내가 중요하게 생각하는 것은 무엇이고, 나의 꿈은 무엇이며, 내가 필요로 하는 것과 열망하는 것들은 도대체 무엇인가?

도대체 무엇을 하고 싶은가? 바로 전 내가 저질렀던 실수는, 폭식하지 않고 그저 의자에 앉아 기다리기만 하면 삶이 나에게 무언가를 가져다주리라 기대했던 것이다. 행복이 내 방문을 두드릴 때까지 기다리기. 그리고 그런 일이 일어나지 않자, 원하는 것을 얻지 못한 아이처럼 다시금 해서는 안 될 일을 해버린 것이다. 구석에 처박혀 끝없이 먹어대기.

다시 한번, 이번에는 아주 강하게 섭식 장애에서 벗어나리라 다짐했다. 스스로에게 물었다. 인생에서 무엇을 기대하고 있는가, 무엇을 하고 싶은가? 지난 생의 기간 동안 오직 먹고 토하는 것에만 집착했던 나이기에, 어떻게 생을 즐길 수 있는 것인지 전혀 알 수가 없었다. 지루함으로 미칠 것만 같았고, 외로워서 죽을 것만 같았다. 지난 수차례 동안에는 수동적으로 기다리기만 하다가 지루함과 고독에 함몰되어서 무언가를 찾아 채워 넣으려 했다. 아이처럼 그것들을 이겨낼 수 있는 것이면 무엇이든 찾아내려 했다. 한동안은 십자수를 배우러 다녔다. 그리고 무엇인가에 한번 열중하면 중지하기 힘들 만큼 빠르게 빠져드는 나 자신을 발견했다. 할머니들이 질투할 만한 속도로 패턴들을 섭렵해 나갔다. 결과물이 항상 좋게 나오는 것은 아니었다. 단지 시간을 보내기 위해 십자수에 열중했기 때문에 십자를 잘 놓고 있는지, 잘못된 방향으로 수를 놓고 있지는 않은지 따위를 잘 살피지 않았던 것이다. 그림 하나를 모두 채워 실을 다 쓸 때까지 수를 놓았다. 그러고는 몇 시간 동안 시접을 처리한 후 그대로 내다버렸다. 그런 식으로 완전히 질릴 때까지 수를 놓았다. 그 다음으로 조각그림 맞추기를 했다. 천 개의 조각들을 맞추어 돌고래와 고양이, 말 들을 완성해갔다. 그리고 어느 순간 내가 수놓기나 조각그림 맞추기를 전혀 좋아하지 않는다는 사실을 발견했다.

왜 무엇인가를 그토록 열중해서 해야만 하는가. 나는 스스로에게 되물었다. 왜 계속해서 무엇인가를 하고 있어야만 하는가? 왜 그저 소파에 누워 뒹굴거리며 음악을 듣고 있을 수는 없는가. 그리하여 일이 끝난 후 집에 돌아와 아무것도 하지 않는 날들이 시작되었다. 때로는 그저 스스로를 바라보거나 음악을 따라 부르거나, 이어폰을 끼고 긴 산책을 했다. 수년 동안 찾지 않았던 도서관의 회원으로 다시 등록하고 책을 빌려왔다. 처음에는 잔뜩 빌려온 책들을 읽지도 않은 채 그대로 반납했다. 당시 나는 무엇인가에 집중하는 데 장애가 있었고, 생각한 것들을 실행에 옮길 수가 없었다. 얼마가 지나자 책을 끝까지 읽어낼 수 있게 되었다. 처음에는 이해력을 십분 발휘하지 않아도 되는 연애 소설을 주로 읽었다. 그러다가 후에는 자기계발, 영성과 건강에 관한 많은 책들을 읽어나갔다. 그런 식으로 내가 독서에 흥미를 느낀다는 사실을 발견했다. 물론 폭식증에 대한 자기 치료 서적, 다른 섭식 장애에 대한 책들, 삶을 변화시키기 위해 정신적인 길을 안내해주는 책들도 많이 보았다. 그것들에서 많은 도움을 받았다. 스스로에게 적용해보았던 많은 전략들을 얻고, 내가 가지고 있지 않은 다른 이들의 재능을 흡수하기 위해 전적으로 독서에 의존했음을 강조하고 싶다. 그리하여 드디어 내 열정이 어디에 놓여 있는지 발견할 수 있었던 것이다. 내가 좋아하고 내가 잘할 수 있는 일. 그것은 글을 쓰는 일이었다. 내 모든 느낌과 사고를 그대로 기록하는 일기를 쓰기 시작했다. 그러고 나서 나의 삶을 간단히 묘사해보기 시작했고, 이어서 분위기와 색과 디테일들을 더했다. 그것은 간단한 이야기를 넘어서, 한 권의 책의 모양새를 갖춰나가기 시작했다. 글쓰기에 대한 커다란 열정을 느꼈고, 그것은 어느새 취미 삼아 하는 작업에서 내 삶의 중대한 그 무엇으로 변화되어 있었다. 시작했으니 끝을 맺어야 하는 무엇, 내가 태어나 처음으로 끝을 내겠다고 결정한 일!

6

　섭식 장애를 가졌던 사람들은 아무것도 하지 않는 기간 동안, 삶 속에서 매일의 리듬을 발견하고 편안한 구조를 찾아내기 힘들어한다. 무엇이든 다 해야 한다고 강박적으로 스스로를 몰아대며 스스로를 최대한 바쁘게 움직인다.

　나는 일하지 않고서, 나를 행복하게 만드는 일만을 하면서 내가 어떻게 반응하는지 확인해보고 싶었다. 그리하여 3주간의 휴가를 얻고, 바캉스를 떠나는 대신 자신이 좋아하는 일만을 찾아서 하기로 결정했다. 행복한 일들만으로 내 삶을 채워나간다면 나는 어떠한 모습일까. 그리하여 시험이 시작되었다.

　매일 아침 제시간에 잠자리에서 일어났다. 그렇게 해야만 하기 때문이 아니라, 그날 하고 싶은 일이 너무 많았기 때문이다. 그리고 매일 체육관으로 향해 달리기와 운동을 했다. 언제나 머리는 단정히 묶고 좋아하는 옷을 입었다. 폭식증의 기간 동안에는 외모를 거의 가꾸지 않았다. 그럴 만한 가치가 있는 존재라고 생각하지 않았기 때문이다. 변변치 않은 차림새에 스스로도 못생겼다고 자주 생각했었다. 그러나 스스로를 테스트해보기로 결심한 기간인 만큼, 보기 좋은 화장과 헤어스타일과 차림새로 내가 얼마나 매력적인 여성이 될 수 있는지도 시험해보기로 했다. 그러나 그것은 함정과도 같은 테스트였다. 오랜 시간 공들여 치장을 해야만 기분이 좋았다. 뭔가 서둘러야 될 일이 있어서 외모에 신경을 쓰지 못한 날은 그야말로 기분 꽝인 날이 되어버렸다. 그런 날에는 스스로 무가치하고 못생겼다 생각했으며, 다시금 불안정한 내가 되는 것이다.

그리하여 나는 화장을 하지 않고 일정 기간 동안 지내보기로 결정했다. 말총머리에 편안한 차림새를 하고서 매일 의도적으로 거울을 보았다. 거울에 비춰지는 내 모습이 마음에 들지 않았으나 스스로에게 웃음을 보내며 말했다. "주희, 정말 예쁘구나. 사랑한다!" 서서히 나는 있는 그대로의 나 자신을 좋아하기 시작했다. 지금 나는 자유롭다. 화장을 하고 싶으면 화장을 하면서 실컷 시간을 낭비하고, 시간이 없으면 그저 게으른 여자의 모습을 하고 지낸다. 어느 쪽이든 나쁘지 않다.

그밖에 나는 많은 시간 컴퓨터 앞에서 무언가를 쓰거나, 책을 들여다보거나 혹은 한국 영화를 보며 지냈다.

하루 세 끼의 식사에 나는 많은 정성을 들였다. 그리고 한 입, 한 입을 즐기면서 먹었다. 그러면서도 먹지 않고 지내는 것이 전혀 어렵지 않다는 사실을 알게 되었다. 할 일이 많은 동안은 음식이 필요하지 않았다. 식사 뒤에 무언가를 더 먹어댈 필요도 느끼지 않았다. 놀랍게도 나는 스낵을 즐기는 스타일이 아니었던 것이다!

개인적으로 나의 함정은, 무언가를 먹고 있는 순간에 놓여 있었다.(먹고 있는 것이 무엇인지는 중요하지 않다.) 일단 먹기 시작하면 멈출 수가 없었다. 그리하여 일정 기간 자가 테스트를 거친 후, 하루 세 끼의 식사를 매번 매우 배불리 흡족하게 먹어 만족감을 높이는 것만이 효과적인 해결책이라는 것을 알게 되었다.

구토를 멈춘다면 살이 찔 것이라는 것이 내 최대의 두려움이었다. 그러나 실제로는 정반대의 일이 일어났다. 많이 게워내는 시기는 그만큼 폭식을 하고 있는 시기이기도 했으므로, 항상 살이 쪄 있었다. 구토를 멈추고, 규칙적으로 하루의 활동에 필요한 건강한 음식들을 배불리 먹기 시작하자, 다이어트를 하지 않고도 체중이 서서히 줄어들었다. 물론 자연이 내게 선물한 내 몸 그 자체를 생긴 대로 받아들이는 것도 중요했다. 폭식과 구토를 멈추자 원래의 내 몸이 되돌아왔다. 작은 엉덩이와 얇은 다리에 비해 상대적으로 통통한 상체, 약간 볼록한 뱃살. 두 가지를 시도해볼 수 있었다. 내 몸을 받아들이기, 아니면 몸매를 저주하고 그것을 변화시킬 수 있는 모든 방법을 시도해보기. 후자는 결국 폭식과 게워내기로 이어져 스스로의 인격을 변화시키고, 마침내 아주 불행한 한 존재를 만들어낼 것이었다.

폭식증을 앓던 기간 중에는, 성적인 부분이 내 인생에서 전혀 중요한 요소가 아니었다. 우선은 폭식과 구토가 성에 대한 나의 욕망을 다른 모든 감정들과 함께 억압하고 있었으며, 스스로도 성적으로 전혀 매력이 없는 존재로 취급하고 있었다. 그 기간에 맺은 성적인 관계는 단지 나의 사랑을 상대에게 표현하는 수단일 뿐이었고, 상대가 나를 사랑한다는 증명이 될 뿐이었다.

스스로도 자신이 매우 섹시하다고 느끼지 않았다. 섹스에 대해 생각하는 일도 거의 없었으며, 따라서 섹스는 전혀 중요한 것이 아니었다. 당시 나에게 섹스 없는 삶과 나를 무지막지하게 살찌우는 초콜릿으로 가득한 삶 중에서 하나를 선택하라 했다면, 후자를 택했을 것이다.

남자가 나에게 흥미 있는 눈빛을 보이거나, 어떤 성적인 관심을 표명하면 언제나 두려웠다. 그 아우라는 그 순간 나 스스로 느낀

것이 아니라, 아버지와의 관계에서 경험했던 두려움이 만들어낸 것이었다. 폭식증은 성적인 것들로부터 비껴나 있을 수 있는 하나의 수단이었다.

　이제 폭식증이 많이 완화되고, 점차 나 자신의 존재 가치와 자신감을 되찾아가는 순간을 맞은 나. 더이상 스스로의 성과 매력이 두렵지 않다. 이제는 나의 성을 내가 사랑하는 사람과 함께 아름다운 사랑 안에서 나눌 수 있을 것이다. 그리고 그의 관심과 사랑을 즐길 수 있을 것이다. 이제 알겠다. 스스로를 매력적이라고 생각하면, 다른 이들도 당신을 매력적으로 본다. 스스로 사랑하는 사람에게서 존중받고 사랑받을 가치가 있다고 여기면, 사랑과 성의 즐거움이 저절로 찾아올 것이다. 그것은 음식이나 심지어 먹어도 살찌지 않는 경이의 초콜릿으로도 대신할 수 없는 어떤 것이리라.

7

　물론 나는 이따금 내 삶이 왜 그런 식으로 흘러왔어야 했는지 질문을 던져본다. 섭식 장애를 가지지 않았더라면, 입양 보내지지 않았더라면, 나는 어떤 사람으로 성장해 있을까. 그러나 삶의 모든 사건들은 그저 우연하게 일어나는 일이 아니었으며, 그렇게 흘러갔어야 하는 이유를 가지고 있는 것이라 나는 믿는다.

　내가 통과해나와야 했던 것들을 다른 누군가가 겪지 않기를 간절히 바란다. 그러나 나의 과거가 지금의 나를 만들었음도 사실이다. 지금의 내 모습에 만족하는 것은, 과거에 내가 짊어지고 있었던 것들이 나를 강하게 만들었고, 내 삶에 어떤 가치 있는 전망을 가져다주었기 때문이다.

되돌아보면, 섭식 장애라는 일종의 도피가 내 성격 대부분을 형성하는 기제가 되고 있다. 도피자들은 가장 쉽게 닿을 수 있는 비상구를 이용하게 되어 있다. 중학교 이후로 나는 매우 내성적인 아이였고, 그것이 아마도 외향적인 아이들이 가지기 쉬운 잘못된 친구들, 범죄자가 될 가능성, 술과 마약과 섹스, 담배에 젖어들 수 있는 가능성, 심지어 성 매매자가 될 가능성 등에서 나를 지켜주었는지도 모른다.

나는 외출하는 것에 전혀 관심이 없었다. 술, 담배, 마약은 한 번도 내 주의를 끌지 못했으며, 시도조차 해본 적이 없다. 잘못된 인성의 사람들에게 영향받지 않았던 점도 운이 좋았다고 할 수 있겠다.

섭식 장애와 함께 자라온 나는, 덕분에 건강과 질병, 사람들의 심리에 관한 책들을 많이 읽었다. 나는 그런 분야의 책들에 엄청난 흥미를 느꼈다. 건강과 음식에 관한 커다란 관심은 이미 빠르게 성장하여, 내가 스스로와 원만한 관계 속에 있을 때면 나와 다른 이들을 건강하고 강하게 만드는 데 긍정적으로 작용하고 있다.

스스로 전혀 통제 불가능한 불안정한 세계에 놓여 있다는 느낌을 받을 때면, 내 유일한 관심거리, 즉 음식과 건강에 관한 지식들은 스스로를 파괴하는 데 이용되었다. 그러한 자기 파괴적인 행동들이 사라지면 다시금 나는 스스로를 사랑하는 법을 배우고, 스스로의 존재 가치와 자기 존중을 회복했다. 그러나 그러한 내 행동 패턴에 상관없이 음식과 건강에 관한 관심은 언제나 나를 떠나지 않았고, 지금 나는 그러한 지식들을 스스로를 잘 보살피는 데 활용하고 있다. 그리하여 내 몸과 마음에 그 가치에 합당한 좋은 것들을 줄 수 있도록 말이다.

많은 여성들이 쇼핑과 옷, 보석, 신발과 화장품, 브랜드에 지대한 관심을 가지고 있다. 그러나 그런 것들은 내게 아무런 흥미도 유발시키지 않는다. 쇼핑은 내 취미가 아니며, 바겐세일 딱지가 붙은 브랜드 옷들로 가득 찬 매장 한가운데에서도 내 심장은 두근거리는 일이 없다. 옷가게 점원으로 일해본 적이 있는데, 딱 이틀 만에 그만둘 정도로 지루하기 짝이 없었다.

그러나 유기농 슈퍼마켓에 들어서면 나는 장난감 가게에 들어선 어린아이처럼 흥분되기 시작한다. 그곳에서 나는 몇 시간 동안 지치지 않고 물건들을 살펴볼 수 있다. 대지의 사랑을 먹고 자란 아름다운 음식들, 화학 비료 없이 자연적으로 숙성된 그토록 순수한 것들, 인간을 위해 너무도 가치 있는 그것들!

나는 그것들을 경이로움으로 바라본다. 신은 그토록 아름답고 완벽한 자연을 창조하였으며, 신성한 그 모든 것들을 우리에게 선사했다.

건강한 유기농 식품들은 인간을 위한 좋은 음식이며 치료제이다. 내가 열정을 느끼는 분야이기도 하고, 앞으로 일하고 싶은 분야이기도 하다.

그렇다면 유기농 식품이라는 주제를 떠나 음식이란 내 삶에 어떤 역할을 하고 있는가? 내가 진실로 한국인임에는 틀림없다. 다른 한국인들처럼 나에게도 음식이 삶 속에서 점점 더 중요한 역할을 차지해가고 있으니 말이다.

나는 이제 폭식증에서 완전히 벗어났다고 단언할 수 있다. 그러면 사람들은 묻는다. '정말로 폭식증이 완치되었는가?' 이 책에는 오직 정직한 이야기만을 써왔기 때문에 이 질문에 대해서도 정직한 대답을 할 수 밖에 없다. '나는 어느 날 갑자기 폭식과 구토를 중단할 수 있는 슈퍼우먼이 아니다'라고. 수년에 걸쳐 나의 증상은 조금씩 조금씩 나아지고 있을 뿐이다. 백 퍼센트 자연스럽게 음식을 먹을 수 있을 때, 섭식 장애에서 완전히 치유되었다고 말할 수 있다.

　나에게 있어서 음식은 여전히 삶의 핵심적인 요소이다. 그러나 스스로에게 고통을 가하는 중독 대상물로서는 아니다. 그저 매일 입 안에 들여놓는 것에 대해 의식적으로 숙고할 뿐이다. 이제 스스로를 사랑하는 사람으로서 건강한 음식을 먹으려고 노력한다. 더 이상 환경과 나 자신에게 나쁜 온갖 쓰레기들을 쓸어넣지 않으려 하고 있다.

　건강한 음식을 먹는 순간은 즐겁다. 그것이 나에게 좋을 뿐만 아니라, 맛도 있기 때문이다. 스스로 행복하다고 느끼는 동안에는 (이즈음에는 매우 자주) 폭식의 욕구를 전혀 느끼지 않으며 따라서 화장실 변기 위에 매달려 있을 필요도 없다. 그러나 섭식 장애에서 놓여났다고 해도, 삶이 항상 장밋빛으로 둘러싸인 달빛 아래를 통과해가는 것은 절대 아니다. 다른 모든 이들처럼 좋은 때도 있고 나쁜 때도 있는 것이다. 따라서 슬프거나 고통스럽거나 힘든 시기가 찾아오면, 가끔은 슈퍼마켓으로 달려가고 싶은 나 자신과 심각하게 싸워야 한다. 그러나 더이상 폭식증 환자가 아닌 다른 내가 되었기에, 음식 없이 스스로의 감정과 싸워나가고 있으며 보통은 그 싸움에서 이긴다.

　솔직히 여전히, 그리고 앞으로도 음식은 항상 나의 민감한 부분이 될 수밖에 없음을 고백해야겠다. 알코올 중독자였던 이가 힘든 일이 있을 때마다 한 잔의 술을 생각하듯, 나 역시 기분이 좋지 않을 때면 우선 음식 생각부터 난다. 나는 음식이 주는 위로와 연상을 놓아버리기 힘들다는 것을 발견했다.

　폭식증을 앓고 있던 동안, 나는 종종 나와 결혼을 결심할 만큼 나를 사랑해주는 사람을 만날 수 없을 것이라는 두려움에 사로잡혔었다. 가령 외로움이 견딜 수 없어질 때면 사랑하는 한 남자를 상상했다. 사랑하여 함께 아이들을 낳고 가족을 이룬 우리. 그러면 나는 그와 아이들을 위해 오후 내내 부엌에 서서 온갖 것들을 만든다. 건강한 유기농 식사를 내 남자와 아이들을 위해 준비하는 것보다 더 행복한 순간은 없을 것이다. 그러고는 요리들을 테이블로 옮긴다. 식탁 위의 냄비와 팬들을 바라보는 나. 그것들은 정성이 가득한 음식들로 꽉 채워져 있다. 한국인 남편과 함께 나를 '엄마'라 부르는 사랑스러운 한국 아이들을 바라본다. 아주 잠깐 동안이지만. 그리고 결국 그 환상들은 모든 것을 혼자서 먹어치우는 것으로 끝이 났다. 음식을 함께 먹을 남편과 아이들이 있을 리가 없으니까…….

　때때로 일정한 음식들이 불러일으키는 추억들이 나를 위로하기도 했다. 그 음식들은 어떤 상황이나 혹은 사람을 기억하게 만들었다. 가령 갑작스럽게 매일 꿀 바른 빵을 먹어야 하는 시기가 있었다. 꿀 바른 빵을 먹으며 매번 네덜란드 외할아버지 생각을 했다.

　외할아버지와 외할머니는 빵집을 운영했다. 당연히 언니와 나에게는 외가에 가는 날이 큰 파티처럼 느껴졌었다. 외할아버지는 항상 우리 군것질거리를 준비해두었고, 외할머니는 내가 아는 한 가장 맛있는 쿠키를 구워두었었다. 외할머니의 요리는 특별할 것도 없는 평범한 것들이었으나 파티에서 먹는 음식들이 그런 것처럼 언제나 집에서 먹는 것보다 맛있었다. 그런 외할머니를 무척 좋아했던 나였지만, 내가 가장 좋아했던 사람은 외할아버지였다.

네덜란드 외할머니는 마른 체형에 사랑스러운 여성이었다. 긴 머리를 한국의 할머니들처럼 틀어올려 쪽을 졌고, 언제나 "반만 덜어주세요"라고 말했다. 무엇이든 남들 먹는 것의 반 정도만을 드셨다. 거식증 따위를 앓고 있었기 때문이 아니라 그것이 그녀의 식사량이었다. 언니와 나는 "반만 덜어주세요"를 따라하면서 할머니를 놀리곤 했다. 할머니는 언제나 이야깃거리를 잔뜩 가지고 있었으며, 남에 대해 평하기를 좋아했다.

외할아버지는 외할머니와 정반대였다. 뚱뚱한 대머리 할아버지. 모자와 지팡이 없이는 외출하는 일이 없었다. 나와 함께 걸을 때면, 언제나 한 손에는 지팡이를, 다른 손에는 내 작은 손을 꼭 쥐고 계셨다. 외할아버지는 과묵한 분이었다. 그는 조용히 앉아서, 관찰하고 생각을 고르는 스타일이었다. 나는 그런 할아버지를 무척이나 사랑하고 존경했다. 제2차 세계대전 동안 그는 저항 조직에 가담해서 일했으며, 그의 집은 레지스탕스들의 근거지였다. 할아버지가 무언가에 대해 열정적으로 말하는 순간이 있다면, 그것은 모두 전쟁과 독일인들에 대한 것이었다. 그러나 스스로의 영웅적인 역할에 대해 언급하는 법은 결코 없었다.

매일 아침, 외할아버지는 6시 정각에 일어나 언제나 똑같은 아침

식사를 했다. 꿀을 바른 빵. 늘 일찍 일어나는 아이였던 나는, 외가에서 머무는 날이면 할아버지와 함께 아침 6시에 일어났다. 그러고는 다른 이들이 모두 잠들어 있는 시간에 할아버지와 함께 앉아 빵에 꿀을 발라 아침식사를 했다.

우리는 서로 아무 말도 건네지 않았다. 사실 말이 필요없는 순간이었다. 할아버지와 나는 서로를 무척이나 좋아했고, 앉아 있는 공간의 고요조차도 함께 즐길 수 있었다.

매번 혼자서 꿀 바른 빵을 먹을 때면 할아버지와 앉아 있던 그 순간의 고요를 느낄 수 있었다. 할아버지 곁에서 느꼈던 안정과 사랑이 그 고요 속에서 나를 찾아왔다.(그때와 다른 점이라면 빵 하나를 통째로 먹고 있다는 점뿐이었다…….)

책을 출간하며

왜 이 책인가?

아직 이 책을 읽지 않은 미래의 독자들은 (그리고 이미 책을 다 읽은 독자들 또한) 내가 어떤 생각으로 개인적인 이야기를 털어놓았는지 궁금해할 것이다.

물론 이 책을 쓰기로, 또 출판하기로 결심하는 데는 오랜 시간이 걸렸다. 책을 쓰는 일은 치유의 과정을 밟는 것과 흡사했다. 섭식장애에서 치료되어갈수록, 나 자신의 인간으로서의 능력과 재능을 발견해간다는 점에서 말이다. 사람들은 내가 매우 특별한 이야기를 사뭇 능숙한 솜씨로, 읽기 좋게 써냈다는 것을 발견했다. 일단 책을 읽은 사람들은 매우 열정적으로 다른 이들에게 추천하고 싶다고도 했다. 그리하여 급기야 스스로도 무언가 매우 특별한 일을 해냈다고 생각하기에 이르렀다. 슬픈 이야기를(10년 이상 화장실 변기에 머리를 박고 산 이야기이지 않은가) 독특한 유머로 풀어냈다는 자각이 찾아온 것이다. 무엇보다 내가 무엇인가를 끝맺었다는 사실! 그 사실 역시 내게는 상당한 의미가 있다.

그러나 무엇보다도 나는 희망을 갖는 것조차 버거웠던 '폭식증 치료'를 끝내고 행복하고 강한 여성이 된 나 자신이 자랑스럽다. 이 책은 사실 내가 거둘 것이 확실한 승리, 그 승리를 축하하는 케이크 위에 얹힌 크림 같은 것이다. 자신과의 싸움에서 거둘 커다란 승리!

또한 이 책을 집필한 중요한 이유 중의 하나는 한국인들에게 내 이야기를 들려주고 싶었기 때문이다. 그들에게 외국으로 입양되는 것이 어떤 것인가를 보여주고 싶었다. 내 꿈은 한국의 아이들이, 단 한 명도 부모에게서 버림받지 않는 것이다. 아이를 부양할 수 없는 상황의 모든 이들에게는 사회적인 지원이 있어야 한다.

내 이야기가 입양에 대한 새로운 인식과 실천에 아주 조금이라도 기여할 수 있다면, 몇 개월에 걸친 고생에 대한 대가로 충분하다. 내가 겪은 고통과 슬픔이 어떤 가치 있는 목적에 쓰일 수 있는 것이다. 내 한국 어머니가 통과했던 고통과 죄책감과 수치심의 시간 역시 가치 있는 것이 될 수 있을 것이다. 그렇다면 나는 내 삶이 그렇게 흘러온 것에 감사할 수 있다.

이 책을 쓴 또다른 이유는 사람들에게 섭식 장애의 심각성을 알리고 싶었기 때문이다. 점점 더 많은 여성들이 다이어트에 매달리고 있는데도, 대부분의 사람들은 그것이 어떤 것인지 전혀 모르고 있다.

섭식 장애는 거식증, 폭식증, 요요 현상, 과체중, 지방과다 등을 모두 포함한다. 모두 수월한 삶을 사는 데 장애가 되는 증상들이다. 이러한 장애를 가진 사람은 매일 자기 자신과 치열한 싸움을 하고 있다.

음식을 먹는 것은 즐거운 일이지만 과식을 하는 것은 전혀 즐거운 것이 못 된다. 지나치게 과식하는 사람들은 그것이 맛있게 느껴져서가 아니라, 내부에 고통을 안고 있기 때문이다. 그들은 그 고통을 어떻게 다루어야 하는지 모른다. 보통의 사람들과 다른 식사 패턴을 가진 이들에 대해 좀더 많은 이해가 있었으면 좋겠다. 뚱뚱한 사람들도 그들의 가치를 인정받아야 한다.

내가 느꼈던 모든 것들은 책 속에 다 풀어놓았다. 책에 쓴 모든 이야기들은 나 자신의 경험에서 나온 것이다. 책을 쓰면서, 그리고 내 삶이 기술되어 있는 그 책을 읽으며, 나는 그것이 내가 생각해온 나 자신이었음을 깨달았다. 다른 이들이 나에 대해 생각했던 이미지들은 절대로 나 자신이 아니었다.

자기 자신과의 싸움에서 승리한 것, 지금 나는 나 자신이 매우 재능 있고 가치 있는 존재라는 것을 알고 있다. 나는 스스로의 삶을 가치 있게 만들어나가는 동시에 다른 이들에게도 그 가치 발견의 길을 열어줄 수 있는 것이다! 바로 그것이 내가 이 책의 출판을 결심한 이유다.

무엇보다 내가 지나온 고통에 아무런 이유가 없다고 생각하지 않는다. 그 고통의 경험들은 내가 모든 것을 종이 위에 털어놓을 수 있는 힘과 능력을 가져다준 것이다. 그것은 나 스스로를 위한 치료 요법이기도 했다. 이제 나의 글이 나 자신뿐만이 아닌 다른 이들도 도울 것이라 믿는다.

때때로 지금 내가 느끼는 행복이 어느 순간 모두 사라질 수도 있을 거라 생각한다. 그러나 두렵지는 않다. 스스로 빛을 따라 삶을 꾸려갈 수 있기 때문이다. 삶이란 지구본과 같다. 어두운 쪽이 있다면, 다른 쪽은 밝을 것이다. 당신이 언제나 태양의 길을 따라 인생길을 선택한다면, 언제나 빛으로 환한 삶을 살 수 있는 것이다.
물론 때로는 삶에 실망하기도 한다. 그러나 나를 실망시키는 모든 것은 나를 시험하여 그것을 이겨냈을 때, 열 배의 행복을 안겨주는 계기가 될 수도 있다. 고통스러운 모든 것들에 폭식과 구토로 반응한다면, 삶은 더욱더 고통스러워질 뿐이다. 나는 이제 전자의 방식을 선택한다.

내 양아버지는 다른 모든 부모들이 그러했던 것처럼, 실수를 저질렀다. 그러나 그는 자신의 실수를 인정하고 용서를 빌었으며 그 실수를 통해 많은 것을 배웠다. 그런 그를 존경한다. '나는 아버지를 진정으로 용서했으며, 아버지가 가장 좋은 삶을 살아가길 진심으로 바란다.'
양어머니와 나는 서로를 무척이나 사랑한다. 나는 어머니가 나를 얼마나 사랑하는지 잘 알고 있다. 우리 가족은 입양으로 인해 모두 힘든 시간을 통과해나왔다. 어머니, 아버지, 언니와 나. 그러나 모두 각자의 방법으로 낯선 여자아이를 가족으로 받아들이기 위해 노력했다. 어머니는 언제나 모든 것을 잘 해나가는 나를 특별히 돌볼 필요가 없는 아이라고 생각하는 과오를 저질렀다. 반면에 언니는 학교에서도 대인관계에서도 어려움을 겪는 아이라고 생각했기에 언니에게 상대적으로 많은 관심을 기울였다. 그런 어머니의 태도를 나는 사랑하는 정도의 차이에서 오는 것이라고 오해했었다. 그러나 지금은 어머니가 언니와 똑같이 나 역시 사랑한다는 것을 잘 알고 있다. 나는 그녀의 진짜 딸이며, 그녀는 내가 아무도 닿지 못하는 깊은 곳으로 침전해버렸을 때도 끝까지 포기하지 않았다.

한국의 어머니와 동생들은 내 자랑이다. 그들은 내가 책을 출판하려는 것에 대해 전혀 부끄러워하지 않았다. 어머니는 모든 한국 사람들에게 '윤주희가 내 딸입니다' 하고 말할 수 있다 했다. 그들 모두를 무척 사랑한다. (이 책 덕분에) 한국에 장기간 머물 수 있게 된다면 집중적으로 한국어를 공부하고 싶다. 그리하여 한국의 가족들과 문제없이 소통하고 싶다. 함께 있어도 늘 그것이 그리웠다.

내가 여전히 살아 있다는 사실에 무한히 감사한다. 폭식증은 매우 치명적인 병이다. 많은 여성들이 정기적으로 구토를 일삼고 있다. 그 위험은 심장병이나 발작, 식도암이나 위암과 같은 것들로 이어질 수 있다. 10년이 넘게 구토를 했음에도 별다른 이상 증세를 가지고 있지 않은 것은 거의 기적에 가깝다. 작은 문제를 가지고 있기는 하다. 장이 굉장히 많이 늘어났기 때문에 열심히 운동을 해도 멋진 복근이 생기지 않는다. 그리고 아무리 먹어도 포만감이 잘 느껴지지 않는 것도 문제다. 평균적으로 사람들이 배가 부르다고 느낀다는 한 접시 정도를 먹고는 무조건 수저를 놓는 노력이 필요하다. 그밖에도 구토할 때 올라오는 위산으로 치아가 상해 뜨겁거나 차갑거나 신 것을 먹을 때는 고통스럽다는 점, 이가 몽땅 누렇게 변색되었고 부서진 데가 있다는 것 정도다.

아무튼 모든 것이 훨씬 심각한 지경에 이를 수도 있었을 것이다. 그러나 나는 살아 있다. 그것도 건강하게 살아 있는 것이다!

마지막으로 이 모든 것을 가능하게 하신 분께 감사하고 싶다. 하느님.

골짜기에서 기어나와 지금의 내가 될 수 있는 힘을 스스로 발견했다고 생각했었다.

그러나 지금은 그 힘을 하느님이 주신 것이라 믿는다.

하느님이 나의 기도를 들어주신 것이다.

지금의 나는 알고 있다.

내가 저질렀던 무수한 과오들에도 불구하고, 스스로를 사랑해야 한다는 것.

많은 것을 할 수 없을지라도, 할 수 있는 것에 대해 자랑스러워해야 한다는 것.

가지고 있는 것들을 즐기라는 것.

자신의 재능과 가치를, 스스로의 행복과 성공을 위해 이용하라는 것.

그러나 그 모든 것은 신으로부터 온 것이며, 그것에 대해 매일 감사해야 한다는 것.

추천사

진정한 사랑은 이해에서 시작됩니다

최일도(시인, 다일공동체 대표)

윤주희 님의 이야기를 처음 전해들은 것이 따뜻한 봄날이었습니다. 네덜란드로 입양이 되었다가 자신을 찾기 위해 한국에 왔으며 밥퍼나눔운동본부와 다일천사병원에서 매일 봉사를 하며 지내고 있다고…….

만 여섯 살에 낯선 나라로 떠났다가 서른이 넘어 돌아온 어머니의 나라.

그 느낌이 어땠을까?

한동안 그녀의 이야기가 제 마음속에서 떠나질 않았습니다. 그러고 나서 윤주희 님이 책을 냈다는 이야기를 전해 들었고, 그런 이야기를 들은 후 이 책을 받아보니 윤주희 님의 과거와 미래가 제 마음속에 그림처럼 그려졌습니다.

네덜란드 사람도 아니고, 그렇다고 한국 사람도 아니었던 혼란

속에서 이제는 자신을 찾겠다고 한국으로 온 윤주희 님의 마음이 참으로 대견하게 느껴졌습니다.

외부에서 보기에는 이전과는 비할 수 없이 잘사는 나라인 한국, 그래서 자신을 버린 어머니가 사는 곳이라는 것이 받아들여지지 않았을 것이고, 자신을 버렸다는 것이 도저히 이해가 되지 않고 용서되지 않았을 것입니다. 그렇지만 이제 직접 와보니 한 끼의 밥을 먹기 위해 밥퍼나눔운동본부를 찾는 사람들이 있고, 병원비가 없어 무료병원인 다일천사병원을 찾아오는 이들을 만나면서 자신을 떠나보낼 수밖에 없었던 가난한 어머니를 이해하게 되었다고 합니다.

저는 다일자연치유센터에서 한 달에 한 번 열리는 영성수련을 통해서 다양한 분들을 만나게 됩니다. 그곳에서는 많은 사람들이 살아오면서 받았던 여러 가지 상처들을 스스럼없이 드러내기도 합니다. 그리고 그런 상처를 준 사람은 대부분 가족인 경우가 많았습니다.

참 많은 사람들이 가족 때문에 상처를 안고 살아가고 있고, 그것을 해결하지 못해 어쩔 줄 몰라 하며 지내는 분들이 얼마나 많은지 매번 확인하곤 합니다.

가족 사랑은 이해에서 시작됩니다.

『다녀왔습니다』에서는 작가가 가족을 이해하고 한국을 이해하게 되는 아름다운 과정을 만날 수 있습니다. 그래서 이 책은 결국 어머니와 한국을 함께 사랑하게 되는 눈물겨운 삶의 고백서이기도 합니다.

자신이 한국인임을 확인하고 그런 자신을 사랑하게 된 윤주희 님.

그녀는 이제 행복하다는 말을 연신 되풀이합니다. 환경을 떠나 자신의 존재로 인해 진정한 행복을 찾은 윤주희 님이기에…….

『다녀왔습니다』를 통해 만난 그녀의 솔직한 삶과 치유되고 회복된 인생은 다른 나라로 입양된 수많은 사람들과 가족을 그리워하는 모든 이에게 새로운 희망의 증거가 될 것입니다.

옮긴이 **박상희**
고려대학교 국어국문학과를 졸업하고, 서울대학교에서 국어국문학과 석사과정 수학했다. 현재 네덜란드에 있는 LG전자 유럽규격센터에서 근무 중이다.

다녀왔습니다
ⓒ 2007 윤주희

초판인쇄	2007년 7월 19일
초판발행	2007년 7월 27일

지은이	윤주희
펴낸이	김정순
책임편집	이은정
펴낸곳	(주)북하우스
출판등록	1997년 9월 23일 제406-2003-055호
주소	413-756 경기도 파주시 교하읍 문발리 파주출판도시 513-8
전자메일	editor@bookhouse.co.kr
홈페이지	www.bookhouse.co.kr
블로그	blog.naver.com/bookhouse1
전화번호	031-955-2555
팩스	031-955-3555

ISBN 978-89-5605-196-3 03810

이 도서의 국립중앙도서관 출판도서목록(CIP)은 e-CIP 홈페이지(http://www.nl.go.kr/cip.php)에서 이용하실 수 있습니다. (CIP제어번호 : CIP2007002118)